中国名茶文化

正山堂茶经
金骏眉

徐庆生　徐希西　著

金　言色示质喻价
骏　表形彰源寄望
眉　显精现技耐泡

中国农业出版社

图书在版编目（CIP）数据

正山堂茶经 金骏眉 / 徐庆生，徐希西著. -- 北京：
中国农业出版社，2017.9
ISBN 978-7-109-23295-2

Ⅰ. ①正… Ⅱ. ①徐… ②徐… Ⅲ. ①红茶－基本知
识－福建 Ⅳ. ①TS272.5

中国版本图书馆CIP数据核字(2017)第203536号

中国农业出版社出版
（北京市朝阳区麦子店街 18 号楼）
（邮政编码 100125）
责任编辑　孙鸣凤

————

北京通州皇家印刷厂印刷　　新华书店北京发行所发行
2017年9月第1版　　2017年9月北京第1次印刷

————

开本：787mm×1092mm　1/16　　印张：22.25
字数：650千字
定价：98.00元
（凡本版图书出现印刷、装订错误，请向出版社发行部调换）

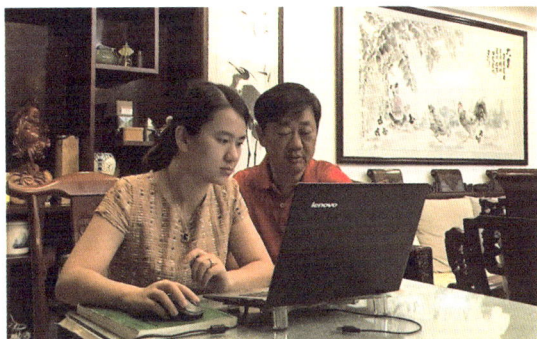

作者简介

徐庆生，江西广丰人，硕士研究生，
副研究员、高级评茶师、福建省茶叶学会会员、厦门茶叶学会副会长、厦门百人评茶团团长。
公开出版有《走进三农》《中国名茶　金针梅》
《中国名茶丛书　名门双姝》《茶叶对外贸易实务》《品读通仙》等书籍，
现供职于厦门海洋职业技术学院。

徐希西，女，祖籍江西广丰，华侨大学旅游管理专业茶文化方向硕士研究生，
酷爱红茶文化，现供职于厦门烟草公司。

二人合作公开出版了《中国名茶　元正金骏眉》《中国历史名茶　铜钹山河红》。

中国是茶的故乡，也是茶文化的发源地。世界各地引种的茶种、采用的栽培方法、加工的工艺、品饮的方式，以及茶礼茶仪、茶俗茶风、茶艺茶会、茶道茶德，直接或间接都是由中国传播出去的。可以说，茶已成为中国一个具有鲜明特征的文化符号。

正山堂江氏先祖始创红茶，开创了世界红茶之源，名为正山小种，被公认为红茶鼻祖；后流传于世，漂洋过海，成为世界统饮名茶。

2005年，正山小种第二十四代传人江元勋先生，颠覆传统红茶制作工艺，用奇种茶树品种的芽尖，研究创制了金骏眉。它的创新与突破，开启了中国顶级红茶的业界传奇，引发了国内的红茶热，为中国红茶的重新崛起做出了贡献。如今的金骏眉，已成为中国红茶卓越品质的代表和象征。

徐庆生从武夷山下走出来，虽非专业茶人，却在茶界游走已久。他不仅喜茶爱茶，对茶文化亦颇有研究，且著述颇丰。先后公开出版了《中国名茶 金针梅》《中国名茶 元正金骏眉》《中国名茶丛书 名门双姝》《茶叶对外贸易实务》《品读通仙》《庄夏礼茶文化传承》《中国历史名茶 铜钹山河红》等茶书，有诸多独到的见解。

在《中国名茶 元正金骏眉》的基础上，庆生经过多年潜心钻研，这次又与徐希西一起撰写了《正山堂茶经 金骏眉》一书。该书分十章，以历史为起点，条分缕析，客观系统地介绍了金骏眉红茶的历史渊源和传承发展，内容丰富，史料翔实，图文并茂，融专业性、理论性、实用性、可读性于一体，有一定的学术价值。相较于2011年出版的《中国名茶 元正金骏眉》，无论是在广度、深度，还是在高度、精度上，都有很大提升，我认为值得一读。相信它的出版会受到社会各界的欢迎并产生积极的影响。

"就坐不知香在屋，推窗时有蝶飞来。"《正山堂茶经 金骏眉》再次让我心生感慨，金骏眉不仅似充满青春活力的韶颜稚齿，后韵悠长；而且还似穿越千年风霜的耄耋老者，内涵厚重。愿武夷红茶在融入国家"一带一路"的征程中，勃发新姿展新颜！

以上是我初读《正山堂茶经 金骏眉》的点滴感受，权当为序。

刘德章

2017年6月1日于福州
（刘德章系中共福建省委原常委、福建省人民政府原常务副省长；
福建省人大常务委员会原党组书记、副主任）

序二

茶者，形似简而意实深。

就表象而言，栽种丘林高山，根植丰沃土壤，在风霜雨雪中成长，在青云薄雾间繁茂。滋味或甘润悠柔，或醇厚馥郁，从秦汉三国作为药食，到魏晋南北朝渐成佳饮，一盏清茶，就能寻见烟尘俗世的市井人生，品味尘埃飞扬的生活百态。

从内质来看，承纳天地玉露，涵容日月精华，是乾坤之气的酝酿，更是阴阳之道的调和。可聚友汇客，可安神清心，从宋代品茶社团兴盛成风，到明清年间茶道文化普及，一间茶室，可作超然物外的精神悠游，感悟天地人融通的法理探义。

"茶"的内涵丰富多彩，包罗万象、绵延无穷，围绕其生发出的千万茶事，更是璀璨纷呈。无论是种茶、采茶、制茶等各种茶业，还是茶器、茶艺和茶理等诸般茶道，都说明了人们对茶的极致追求绝不仅仅是为了享受舌尖愉悦，更是为了体验生命百味。茶香氤氲之间，正是中国千年茶道的悠悠绽放。

然而，茶虽为国饮，且好茶者众，但真正识茶、懂茶的人却不多，多数人对茶的生长习性、研制技法、发展历史和文化含义知之甚少，这对于具有广博深邃的茶国"至精至美"茶道精神民族而言，确是一件憾事。有感于此，我的挚友徐庆生先生，早年在武夷山市委任职期间，就潜心钻研，不懈探求茶文化的普及与推广，做了大量扎实而富有成效的工作，他编著的《中国名茶》系列丛书，通过对源远流长历史的回顾追溯和琐碎繁复资料的钩沉整理，条分缕析地呈现了中国茶的百态事象和万千道义，至今仍是人们了解和掌握茶文化知识的重要著作。

庆生对茶如痴如醉，源于他早年学农，曾著有《走进三农》赠我，然更与武夷丹山碧水密切相连。千壑竞秀的三十六峰云蒸霞蔚泻飞翠，蜿蜒婉转的九曲溪水碧波涟漪荡流光，生长于斯的万世灵芽，正是武夷山水馈赠当地百姓的瑰宝。如果说，奇秀甲东南的碧水青山孕育了武夷茶"流华净肌骨，疏瀹涤心原"的曼妙生命，那么天地人和谐统一的儒释道文化更赋予了武夷茶"无须攀月桂，不假树庭萱"的明睿精魂。武夷茶不仅品类众多，汇集了大红袍、肉桂、水仙、正山小种红茶、金骏眉等，而且品质独特，名扬九州。早在17世纪上半叶，武夷茶就顺着海上丝绸之路南下横穿印度洋远销英国，并几乎同一时期，沿陆上"万里茶道"北上挺进俄罗斯，从而迅速成为欧洲人、尤其是英国皇室生活不可缺少的必备品，由此开启了世界红茶兴盛之源……在这名副其实的"茶都"中生活过的人，如何能不倾心于茶事、醉心于茶艺、执着于茶道？

而在这个风景秀美的茶都，人们口耳相传、念之思之的，除了岩茶之外，就是红茶中的翘楚——金骏眉。这款由正山小种红茶第二十四代传人江元勋先生于2005年带领团队在传统工艺基础上精心研制出的红茶，采摘自武夷山国家自然保护区内的高山原生态小种新鲜茶芽，经过一系列复杂的萎凋、摇青、发酵、揉捻等加工步骤而得以完成。其优质的种植环境和严苛的选材条件，全程手工精细制作过程，金汤清雅、韵味高贵的品鉴效果，使金骏眉成为难得的茶之珍品。为了让更多人进一步了解和品赏这份珍宝的异彩，庆生携徐希西编著了《正山堂茶经　金骏眉》一书，全面系统地记述了金骏眉的生态风貌、培育特征、加工技法、品饮艺术、风俗礼仪，乃至药用价值及存储之法等，内容翔实，图文并茂，细致生动地展现了金骏眉的前世今生，对于促进金骏眉茶文化的进一步繁荣、助推武夷茶产业深入发展壮大具有重要意义。

陆游有诗吟："矮纸斜行闲作曹，晴窗细乳戏分茶。"品茶是门学问，识茶更是道行，不仅是晓茶事、辨茶器、懂茶艺，更是解茶情。洋洋洒洒一本茶经，看似品鉴金骏眉，实则酝酿着大智慧：溯源红茶历史中有对往来古今的瞭望观取，考察珍品精心培育间是对世事代谢的洞察体会，畅谈品饮文化时更涵对人情事象的悉心熨帖……正是一杯两盏清茶，三番五轮人生。相信无论是否喜茶爱茶识茶之人，翻阅此书，都将借着"金骏眉"这一机缘，或见山水天地，或见世故人情，或见悠悠古今，或见烟火微尘，各有所得，各领所悟。

虽寥寥数语，然寄盼甚切，是为序。

2017 年 6 月 20 日
（陆永建系中国作家协会、文艺评论家协会会员，
福建平潭综合实验区文联党组书记、主席）

武夷山大王峰　徐庆生摄

人才举事，生态助事，福地成事。

武夷山因其独特的丹霞地貌形成了"三三秀水清如玉，六六奇峰翠插天"的自然景观而位尊八闽，秀甲东南。它历史悠久，经历了以架壑船棺为象征的古越族文化时期、以城村古汉城为标志的西汉文化时期和以朱熹为代表的宋明理学文化时期，人文丰富，名流辈出。一代又一代的武夷山人，用聪明才智，在这块神奇的土地上，创造了一个个可歌可泣的伟大业绩，谱写了一行行震撼人心的壮丽诗篇，留下了一座座值得自豪的历史丰碑。

独特的地理气候和自然生态环境，造就了武夷茶与众不同的品质。它是大自然对武夷山人的厚爱和馈赠，更是武夷山人与自然和谐相融、"天人合一"的结晶。武夷山人凭借茶的智慧，独创出了武夷岩茶和正山小种，回报自然，奉献人类。大红袍雍容华贵，清高醇厚，如古寺钟声，浩荡悠远；正山小种甘滑爽口，舒坦绵长，如大山云雨，润沁心脾……

竹韵茶馨　赵占东作

烟云供养　杨剑书

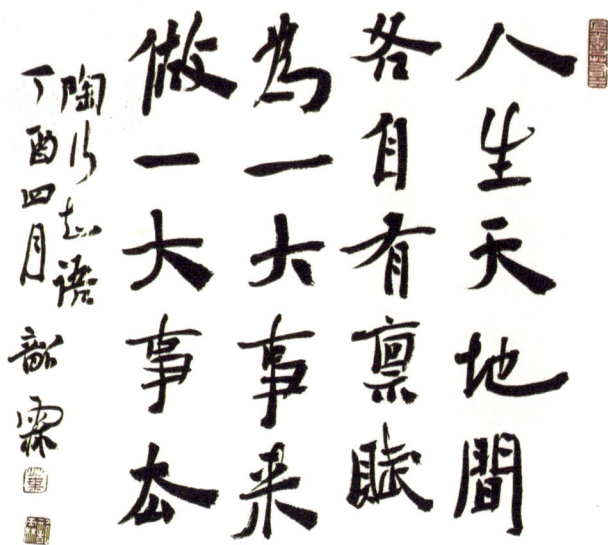

陶行知句　叶韶霖书

　　正山小种是世界红茶的鼻祖，其发源地在武夷山星村的桐木。四百多年前，正山堂江氏先祖始创正山小种，开创了世界红茶之源；后流传于世，漂洋过海，成为世界统饮名茶。红茶的兴盛，演绎出了世界性的"下午茶"文化，它为古丝绸之路中华文明、印度文明、阿拉伯文明和欧洲文明的交相辉映，生动创造和诠释了中国智慧。

　　2005年，正山小种第二十四代传人江元勋先生，颠覆传统红茶制作工艺，用奇种茶树品种的芽尖，研究发明了金骏眉。它的创新与突破，开启了中国顶级红茶的业界传奇；它填补了中国长期以来没有顶级红茶的空白，引发了国内的红茶热，为中国红茶的重新崛起做出了贡献。如今金骏眉，已成为中国红茶卓越品质的代表和象征。

　　2013年秋天，习近平总书记根据全球形势深刻变化，统筹国内国际两个大局，提出共建丝绸之路经济带和21世纪海上丝绸之路的倡议，得到国际社会广泛关注和积极响应。顺应时代潮流，

"正山堂杯"全国茶文化楹联书法展暨"一带一路"茶文化研讨会

骏马奔腾 杨宏汉画/叶韶霖字

全面谋划对外开放大战略，以更加积极主动的姿态走向世界，是保持国内经济持续健康发展，实现中华民族伟大复兴和中国梦的重大举措。

中国是世界产茶大国，但不是出口贸易强国。全国现有茶叶企业7万多家，规模小，多为区域性品牌；行业标准缺失，市场扩张缓慢；在国际市场上，没有一个占据绝对优势、叫得响的民族品牌，引起了国人的深思。

正山堂有着悠久红茶历史文化传承，如今已在国内发展崛起成为驰名品牌的茶叶企业。江元勋并没有满足现状，而是主动出击，把唤起"一带一路"国家和地区人们对古代丝绸之路以正山小种为代表的中国红茶最广泛的记忆为己任，立志为世界制作最好红茶，重振中国红茶之雄风。

在江元勋的眼里，要做大做强中国红茶产业：一是必须要有全球的视野，要站在全球的高度，跳出区域有限资源的禀赋，通过技术输出整合优质资源，做大做强中国红茶优势品牌；二是要因地制宜，制定国际社会认可，符合中国红茶企业发展的行业标准；三是要把茶叶作为文化产业来运作。茶叶既是饮品，也是文化符号。它是健康的饮料、友谊的纽带、文明的象征，弘扬宣传、推广普及茶文化，有助于提高中国茶的附加值。

在这一理念的指导下，正山堂一是谱写了正山堂之歌、凝练出了金骏眉茶道、组建了正山堂书画院、申请成立了中国楹联学会武夷山茶文化交流中心、建立了正山堂红茶博物馆等，广泛开展金骏眉诗词、楹联征集，书画、摄影大赛，优秀作品巡回展，新春佳节对联大赠送，茶与旅游、养生相结合等系列活动，宣传普及、弘扬推广中国茶文化，形成了颇具特色的正山堂文化体系；二是联合中华全国供销合作总社杭州茶叶研究院、武夷山市茶业同业公会、武夷山市茶业局、福建农林大学等单位，制定发布了金骏眉红茶的行业标准；三是通过品牌、技术、市场和文化的输出，融入"一带一路"，研发推出了正山堂信阳红、正山堂普安红、正山堂会稽红、正山堂新安红、正山堂闽南野生茶、正山堂齐儒红、正山堂潇湘红、正山堂红安红等系列红茶产品，把金骏眉制作技术推向全国，展示了古代丝绸之路上以正山小种为代表的中国红茶的雄风。它带动了区域经济文化的发展。

这种以标准为纽带、技术为指导、质量为生命、品牌为核心、文化为灵魂，旨在从分散到规模、从粗放到规范、从投机到品牌的整合与变革，不仅聚合了各方的力量，获得了更高的平台，形成了促进正山堂产业集群发展的合力；同时，赢得了更为广阔的消费认同，既提升了正山堂的品牌价值，又促进了正山堂茶产业的转型升级和综合实力的提升。它为区域茶品牌的扩展与提升提供了可借鉴的路径。

相信无需时日，正山堂就会成为承载中华文化精华，荣耀在"一带一路"上的一张靓丽名片。

目录

壹

地蕴之灵说桐木

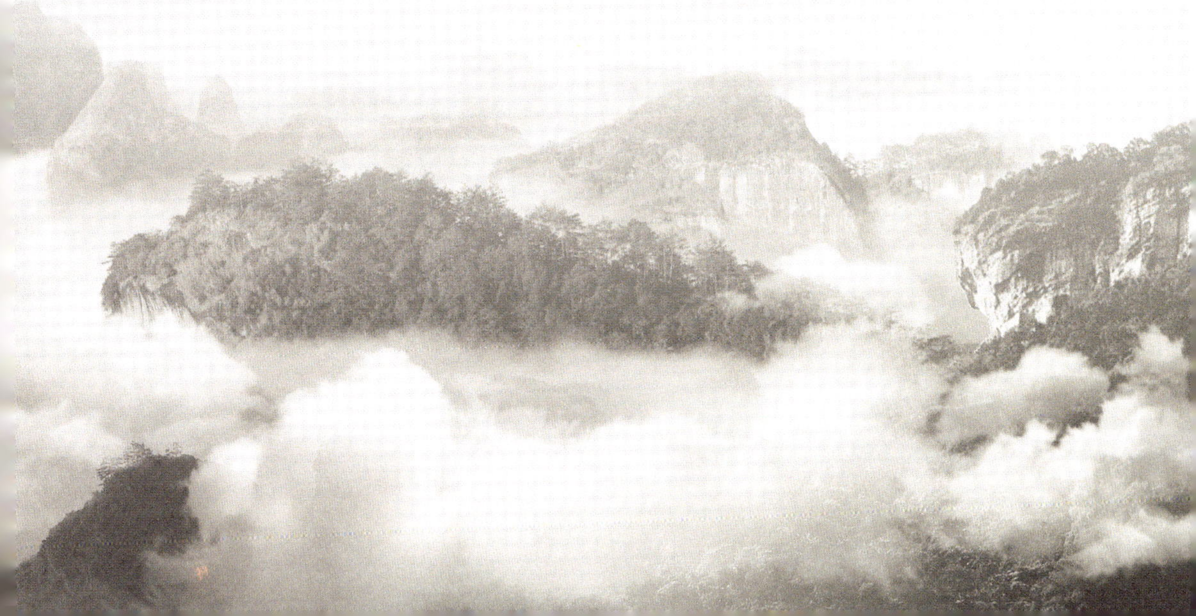

正山堂茶纪
金骏眉

ZHENGSHANTANG CHAJING
JINJUNMEI

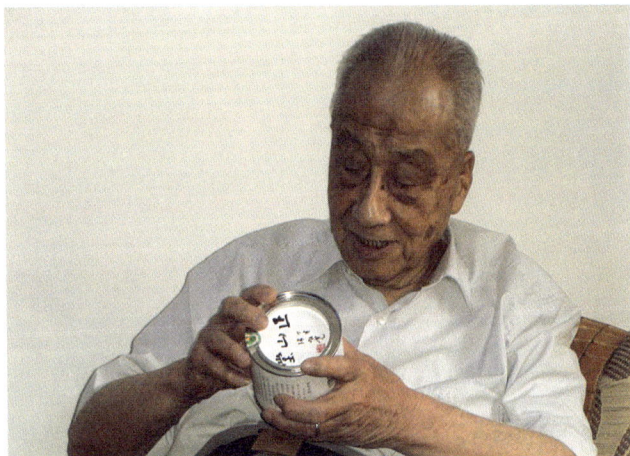

世纪茶人张天福 *正山堂提供*

　　我国茶叶经历了由咀嚼鲜叶、生煮羹饮、晒干收藏、蒸青做饼、炒青散茶的发展过程，按制造方法和品质上的差异，有绿茶、红茶、青茶、白茶、黄茶、黑茶六大类茶之分。红茶属全发酵茶，在世界各类茶中，销量最大，约占世界茶叶消费及贸易量的85%。

　　红茶有小种红茶、工夫红茶、红碎茶之分。先有小种红茶，后有工夫红茶。小种红茶作为特种茶，由武夷茶派生衍变而成。许多欧美国家的人是喝了武夷茶（Bohea）后，开始了解中国；也因为有了武夷茶而有了红茶和正山小种的称呼。世纪茶人张天福在巩志所著《中国红茶》序言中说："17世纪，正山小种红茶从其发源地武夷山桐木关走出国门，漂洋过海，在国外就以 Black Tea 称中国红茶，以 Souchong 称正山小种。18世纪国内已演化成工夫红茶 Congou，出现了闽红、祁红、滇红、宜红、川红工夫和传统红茶等。众多红茶享誉西欧，扬名世界，乃是中国茶叶走向世界的重要一步。"

　　桐木村位于武夷山国家级自然保护区内，地处闽赣两省交界，是武夷山风景名胜区九曲溪的源头，距市区65千米。全村有山林面积31.5万亩[①]，人口1 578人，有12个村民小组，33个自然村，散落分布在南北长35千米、东西宽25千米的桐木大峡谷断裂带内。辖区内有始建于明代正统年间、至今已有700多年历史的双泉寺，以及建于1990年、占地面积1 673米^2、内有各类珍稀生物标本1 000余件的武夷山自然博物馆。全村现有茶园6 806亩，占星村镇茶园总面积的14.3%，占保护区内茶园总面积的85.08%。其中菜茶3 653亩，占53.67%；水仙3 146亩，占46.23%；肉桂7亩，占0.1%。有347户农民种茶，占全村农民总户数的88%；2016年全村茶叶生产总值超4亿元，人均茶叶纯收入10万元。

---

① 亩为非法定计量单位，15亩=1公顷。下同。——编者注

黄岗山大峡谷　余泽岚摄

一、地理位置特殊

　　桐木村纬度较低，海拔较高，山峦重叠，山势高峻，群山林立，坡度一般为75°～80°，落差极为悬殊，最高处与最低处相差逾1 700米；溪流侵蚀，深度可达500米以上，地形十分复杂，平均海拔800米。境内黄岗山主峰海拔2 157.8米，是整个华东地区的最高山峰，被誉为"华东屋脊""武夷支柱"。桐木关是武夷山脉断裂垭口，海拔高度1 100米，闽赣古道贯穿其间，系古代交通与军事要地，为武夷山八大雄关之一。立关北望，可见两侧高山耸峙入云，V形的大峡谷犹如一道天堑，直向江西铅山县延伸。这是地质活动造成的桐木关断裂带，为我国著名断裂带之一，景致极为雄奇壮观。

在黄岗山东南坡，海拔高度超过2 000米的山峰有8座，超过1 500米的山峰有112座。山脉呈东北—西南走向。这种地势，在冬季，对南下的冷空气和寒潮起着一定的屏障作用；在夏季，对来自海洋的暖湿气流有显著的阻挡作用。桐木村位于武夷山脉的东南坡，降水充沛，相对湿度大，气候温暖湿润。年平均气温12～18℃，无霜期235～272天，全年≥10℃的有效活动积温为3 500～4 000℃；年降水量一般为1 486～2 150毫米，相对湿度平均在78%～84%，全年雾日长达120天。具有年均气温低、四季温度变幅小、中午热、早晚凉、昼夜温差大、雾日长、漫射光多、紫外线强，小气候明显的特点，十分有利于茶树的生长。

二、生态环境优越

桐木村属典型亚热带季风湿润气候，植被发育状况最为良好，且保存完整。我国已故著名茶叶专家、原国家茶叶质检中心主任骆少君女士称："如今，在我国能保存这么一块未受污染的世界环境保护的典范，是茶界的福气。"

桐木关 **李少玲摄**

秋之润　正山堂提供

（一）天然植被好

未遭受第四纪冰川侵袭，森林覆盖率高达96.3%，常绿阔叶林带、针阔混交林带、针叶林带、山地矮曲林带、山地草甸五个植被类型带在这里依次分布。

从现存的一些珍稀子遗植物，如银杏、南方铁杉、香榧等古遗树种看，有的树龄已在5 000年以上，有的胸径在15米以上。这些树种，在第三纪及以前，曾广泛分布于北半球各地，第四纪冰川时期大多被毁灭，只有部分在我国一定的地理环境下得以保存。据科学考察，目前在武夷山自然保护区内生长的古遗植物有50多种，故武夷山又有"第三纪及以前古植物避难所"之誉。

（二）负氧离子多

空气中负氧离子的含量，是国际上评价一个地方空气质量好坏的重要指标。正常情况下空气中负氧离子的含量在700个/厘米^{3}以上，就让人感到空气清新，有益人体健康。武夷山由于植被丰富，生态环境好，负氧离子含量高。2002年5月，中国森林旅游资源和开发建设委员会、中南林业大学森林旅游研究中心等单位的专业技术人员对武夷山空气质量进行监测，负氧离子含量平均为10 000个/厘米^3，超正常值13倍。桐木村的桃源谷负氧离子含量竟高达11.2万个/厘米^3，居全市之首，有"天然氧吧"之称。

（三）土壤肥力高

桐木村土壤属山地黄壤和山地黄红壤。pH在4.5～5，呈酸性；土层厚度一般在30～90厘米，由高海拔向低海拔呈逐渐递增状态。该地带土壤肥沃，土质疏松，呈团粒结构，排水性能好。其土壤养分的高低随海拔的降低而减少。1993年杨式雄等人关于武夷山土壤酶活性垂直分布与土壤肥力关系的研究表明，土壤养分高低的顺序是：山地草甸土＞山地黄壤＞山地黄红壤＞山地红壤。海拔750～1 800米地带，0～20厘米表土层有机质含量为5.04%～8.36%，全氮含量为0.346%～0.562%，速效钾含量为132.1～150.6毫克/千克，有效磷含量为14.32～17.16毫克/千克；腐殖质含量占全土的1%～4%。养分齐全，自然肥力高。

花溪　正山堂提供

（四）生物链协调

由于境内保有完好的森林生态系统，这里形成了协调的生物链，各种生物相互依存、相互制约、高度制衡，没有出现病虫害成灾的现象。而在境外由于大量采伐天然林，大面积营造人工纯林，林相结构十分单一，许多生物因失去赖以生存的自然条件而灭亡，以致产生大面积的森林病虫害。如前些年，区域外频发的马尾松松毛虫灾害，面积达数万亩，有些年份甚至还越县、跨区、出省蔓延几十万亩，以致不得不动用飞机来进行灭虫。

就茶树生长而言，良好的森林生态系统造就了昆虫种类的多样性，为茶园构筑了"天然的保护屏"。福建省有关科研人员在桐木茶园进行的病虫害试验研究表明：区域内茶树害虫有50种，而天敌就有72种。茶树许多害虫在这里都有天敌，制衡性高。因此，无需使用农药，就能保证茶树良好生长。这种特有的生态环境优势，是其他很多茶区无法比拟的。

幸福之家　正山堂提供

三、生物资源丰富

　　桐木村地处武夷山自然保护区内，生物资源十分丰富，有"世界生物之窗""鸟的天堂""蛇的王国"和"昆虫世界"之称。一百多年来，中外生物学家已先后在此发现1 000多种生物新种（包括新亚种和模式标本）。中华人民共和国成立后，中国科学院的有关研究所及部分省市的高等院校及有关研究单位都相继来此采集生物标本，进行科学考察。

（一）生物资源

　　已知的维管束植物有198科，798属，1 904种，48变种。其中：种子植物152科，773属，1 536种，41变种。竹子种类22属，166种，占我国竹子种类的50%以上，是我国和世界竹类起源中心之一。拥有28种濒危、渐危植物，20种国家重点保护植物。

（二）动物资源

　　有哺乳动物24科，46属，100多种，占全国同类动物总数的1/4；鸟类约400余种，占全国总数的近1/3，仅在挂墩地区就有160余种，集中了整个保护区鸟类总数的1/3以上。其中有40余种为本区所发现的新种，如白鹇、黄嘴角鸮、竹啄木鸟、挂墩鸦雀、白额山鹧鸪等；白背啄木鸟、橙背鸦雀、赤尾噪鹛、滇绿鹨等为挂墩特有种。有两栖和爬行动物约100余种，其中崇安髭蟾、蝾螈、三港雨蛙、大头平胸龟、丽棘蜥等均为世界罕见的特有种。已知的蛇类有61种，占全国蛇类总数的37%，其中我国特产的剧毒五步蛇，估计不下50万条。鱼类也有30余种。昆虫的丰富程度是我国其他地区少有的，全国昆虫32个目，保护区采到的就占31目、240科、20 000多种，而大竹岚一带已发现的昆虫达300多个科，占全国昆虫总科数的1/3。有国家重点保护的珍稀动物57种，如黄腹角雉、金斑喙凤蝶等，国际候鸟保护网的动物有101种；1978年还发现过濒临灭绝物种华南虎的踪迹。

（三）茶树资源

武夷山国家级自然保护区得天独厚的自然生态环境，是茶树赖以生存的基础。这里茶树的品种丰富。现已查明的山茶科植物有10属35种。2007年5月17日，福建茶叶学会、福建武夷山国家自然保护区管理局、武夷山市一堂茶叶有限公司、全国供销合作总社杭州茶叶研究院周玉璠、邹新球、刘德荣、叶兴渭、汤鸣绍、付锐英、叶常春、骆少君等人，根据建阳市黄坑镇坳头村干部提供的线索，组成考察组，对位于保护区内、海拔1 600米平坑顶上的两株古茶树进行了实地考察，确定距今已有300年的历史。

桐木现有的茶树品种多属有性繁殖群体。这些群体由于经过长期的自然授粉杂交，不断分离，呈现多样性，演变出许多优良单株，具有茶多酚、咖啡因含量低，氨基酸含量高的特点。仅以叶形为准，就有武夷菜茶代表种、小圆叶种、瓜子叶种、长叶种、小长叶种、水仙形种、阔叶种、圆叶种和苦瓜种9种类型，现已列入福建省茶树优异种质资源保护区加以保护。

四、自然景观优美

桐木境内山峦起伏，深山古木，山环水绕，溪流纵横，清泉、飞瀑、山涧随处可见，终日云雾弥漫，缭绕如幻，孕育灵气。步移景换，令人流连忘返。黄岗山上的云雾更是千姿百态，风情万种，变幻莫测。时而波涛浩瀚为海，时而朦胧缥缈如纱，"千山烟霭中，万象鸿蒙里"。置身其间，如入蓬莱方丈、太虚幻境，令人浮想联翩。

探海　正山堂提供

五、世界红茶的发源地

世界红茶起源于中国，原产地在武夷山桐木。桐木小种红茶自明末清初出现以来，至今已有400多年的历史。它品质优秀，口味独特，1610年进入欧洲；1640年输入英国，直接影响了英国"下午茶"的产生。

原中国农业科学院茶叶研究所所长、中国茶叶学会理事长程启坤研究认为："在茶叶制造发展过程中，发现日晒代替杀青，揉后叶色红变而产生红茶。最早的红茶生产是从福建崇安的小种红茶开始的"，"自星村小种红茶创造以后，逐渐演变产生了工夫红茶"。

星村镇桐木村东北5 000米处的江墩、庙湾自然村，是历史上正山小种红茶的原产地和中心产区。江墩因江姓而名。江姓自宋末由河南固始入闽，后迁居江墩，至今已有400多年的历史。江氏家族世代经营茶叶，有"茶业世家"之称。据其第二十四代传人江元勋先生讲述：

> 约在明末，时值采茶季节，北方军队路过庙湾强行驻扎茶坊，睡在工厂，耽搁了茶青及时处理的时间。江公心急如焚，这可是一家的生计所在啊！待官兵开拔后，茶青已发红。江公急中生智，组织家人赶忙把茶叶搓揉后，用当地盛产的马尾松柴块烘干。烘干的茶叶呈乌黑油润状，并带有一股松脂香味。因当地一直习惯于喝绿茶，不愿饮用这另类茶。于是，便把烘好的茶挑到距庙湾45公里外的星村茶市贱卖。没想到第二年便有人给2～3倍的价钱定购该茶，并预付银两。之后，红茶便越做越兴旺。

关于红茶起源的这一传说，已于1992年载入由中国工程院院士陈宗懋主编的《中国茶经》中。庙湾现立有由茶界泰斗张天福先生题写"正山小种发源地"的石刻。

红茶的对外传播发展，是从桐木核心区向外围，从正山向外山，从周边县市向省内，从省内向省外扩散，逐步发展起来的。

清代刘靖在《片刻余闲集》中记述："山之第九曲处有星村镇，为行家萃聚。外有本省邵武、江西广信等处所产之茶，黑色红汤，土名'江西乌'，皆私售于星村各行。"当代茶圣吴觉农所著《茶经述评》详细记载了红茶的传播："其传播的主要路线，可能是先由崇安传到江西铅山的河口镇，再由河口镇传到修水，后又传到景德镇，后来又由景德镇传到安徽的东至，最后才传到祁门。"

后来，我国红茶品种不断增多，除江西的河红、安徽的祁红，主要还有江西的宁红、福建的闽红、云南的滇红、湖北的宜红、湖南的湖红、广东的英红、浙江的越红、江苏的苏红等。20世纪50年代末，我国开始试制红碎茶。

六、金骏眉从这里诞生

正山堂江氏先祖始创红茶，开创了世界红茶之源，名正山小种，被公认为红茶鼻祖；后流传于世，方才有红茶漂洋过海而成世界统饮名茶。因红茶的兴盛，方渐兴影响世人生活的下午茶风尚。

2005年，在正山小种第二十四代传人江元勋先生的带领下，颠覆传统红茶制作工艺，用单个芽尖，研究创制出了中国首泡极品红茶——金骏眉。它的突破与创新，使红茶基于厚德而跃于巅峰；开启了中国红茶的业界传奇，创造出了红茶乃至整个茶行业的新高度。不但填补了中国长期以来没有高端红茶的空白，更引发了国内的红茶热，为中国红茶的重新崛起做出了贡献。如今金骏眉，已成为中国红茶卓越品质的代表和象征。

贰

百魅仙姿有玄机

正山堂茶纪
金骏眉

ZHENGSHANTANG CHAJING
JINJUNMEI

　　有世界公认"生物之窗"美誉的武夷山国家级自然保护区，是1979年7月3日经国务院批准正式成立的我国第一个国家级自然保护区。它位于武夷山脉北部最高段，北纬27°35′～27°55′，东经117°24′～117°53′之间。地处福建省武夷山、建阳、光泽三市（县）境内，与邵武市和江西省铅山县毗邻，总面积56 527.4公顷，平均海拔1 200米，是福建省目前最大的自然保护区。1987年，被联合国教科文组织"人与生物圈"国际协调理事会接纳为"世界生物圈"保护区；1999年被列入世界自然与文化双遗产名录，成为全国唯一的一个既是"世界生物圈"保护区又是"世界自然与文化遗产"保护地的保护区。它的建立，与桐木小种红茶的产生和中国茶叶对外贸易的兴起繁荣，有着密不可分的联系。

一、关于正山小种

　　正山小种红茶在初期称小种红茶，是中国最早入欧的茶，被荷兰、英国人誉为"史王茶"。它外形条索肥实，色泽乌润，泡水后汤色红浓，香气高长带松烟香，滋味醇厚。带有桂圆汤味，加入牛奶，茶香味不减，形成糖浆状奶茶，液色更加绚丽，特别深受欧美消费者的喜爱。

　　威廉·乌克斯在《茶叶全书》记载中说，武夷正山小种为红茶中珍品，作为拼配之用。"法国——一种寻常品质之拼和红茶所用只是中国茶，其组合成分为15份良好中国之正山小种红茶，3份华南红茶及2份武宁红茶。"

日本红茶品饮专家高野健次，对武夷正山小种红茶是这样评价的："拉普山（武夷山）小种红茶，以福建省为大本营。茶叶呈黑色，叶片较大，只经过轻度的揉捻。气味乍闻之下近似'征露丸'（日本一种茶名），实际上这个味道是用松木当燃料去烘干茶叶时所得到的熏香，而在烘干后再次进行干燥，就完成了所谓拉普山小种的制作。当您在自行调制时，可以在印度或锡兰茶里面加入少许的拉普山小种，您就能享受到它独特的气味。"

（一）外国人眼中的武夷红茶

外国人知道中国茶，始于欧洲人。早先的茶叶都是从荷兰和葡萄牙转口输入；输入的茶叶来自福建厦门港，"茶"字的英语发音，就是以厦门方言称茶为"Tea"。光绪时期以前出口的茶叶，基本是武夷红茶，以致一些欧洲国家把中国茶叶概称为"中国武夷（Bohea）"或"红茶（Black Tea）"。

外国人对武夷红茶的崇敬可以用"膜拜"和"礼赞"四字加以形容。

威廉·乌克斯《茶叶全书》载：1607年，荷兰东印度公司首次从中国岭南的澳门采购武夷红茶，经爪哇转口销售欧洲。当时欧洲的茶叶市场主要是日本的绿茶，武夷红茶因味香醇厚而压群茗。因此，武夷红茶很快就占领了欧洲的茶叶市场。以后，英国人也到福建厦门采购武夷红茶，迅速风靡英伦三岛。这是对中国茶叶出口的最早记录。

16世纪中叶，威尼斯作家Ramusio及葡萄牙人Gasper Da Cruz首次把中国茶作为珍贵饮料，并以文字形式传到欧洲。不久，在法国也奏起了茶之歌，1653年法国神父Aiexander de khodes《传教

長在雲山始得仙液三分味
浴於玉盞猶帶蘭苍幾許香

何永哲联　毛选选书

外国人眼中的金骏眉红茶　李少玲摄

士旅行记》出版，该书较详细地叙述道："中国人之健康与长寿，当归功于茶，此乃东方所常用之饮品。"随后，法国著名作家P. Petit发表了题为《中国茶》的长诗，誉茶为与圣酒、仙药相媲美的神草，从而激发了欧洲人对中国茶的向往与追求。

《崇安县新志》云："英吉利人云，武夷茶色红为玛瑙，质之佳过锡兰、印度甚远，凡以武夷茶待客者，客必起立致敬。"足见武夷红茶在当时上流社会备受青睐的程度。

英国人亲切地把茶叶称为"香草"，上至贵族，下至平民，都十分钟爱红茶。武夷红茶进入英国，最初是在伦敦一家叫加威的咖啡馆，向市民出售，价格高达6～10英镑，其在销售海报中云："质地温和，四季皆宜，饮品卫生、健康，有延年益寿之功效。"1658年9月23日，伦敦《政治公报》在一则广告中说："中国的茶，是一切医士们推崇赞赏的优良饮料，在伦敦皇家交易所附近的斯威汀兰茨街'苏丹王妮'咖啡店内有货出售。"

1662年葡萄牙公主凯瑟琳嫁给英国国王查理二世，武夷红茶也随之进入英国皇室。从此，喝武夷红茶成了皇室家庭生活的一部分。随后，安妮女王提倡以茶代酒，把饮用红茶引入上流社会，武夷红茶开始在英国及西方国家流行。

凯瑟琳皇后虽不是英国饮用武夷红茶的第一人，但却是引领英国宫廷和贵族饮用红茶风尚的开创者。她宠茶、爱茶、嗜茶，被世人称为"饮茶皇后"。当时，震惊英伦的"红茶案"，就是由武夷红茶引发的。相传葡萄牙公主凯瑟琳在嫁给英国国王查理二世的盛大婚礼上，频频举起盛满红汁液的高脚杯，回谢王公贵族们的祝贺。高脚杯里的红汁液到底是什么？参加婚礼的法国皇后为了解这秘密，派卫士潜入皇后寝宫，卫士探得皇后天天饮用的小碎叶是中国武夷红茶，决意偷点回去献给法国皇后，不料被英国宫廷卫士当场捉住。法国卫士说出了潜入皇宫的动机，为的是探听红茶的秘密，后被处死。它使中国红茶一下在英国家喻户晓。

人类学家艾伦·麦克法兰等在所著《绿色黄金》一书中认为："茶叶创造了英国，并使英国成为世界上最大的帝国。"1660年英国开始征收饮茶税，1689年开始征收茶叶关税，1768—1772年按原价的64%征收关税，1773—1777年平均为106%，1783年达114%，最高年份的1784年竟达

119%，遂有"掷银三块，饮茶一盅"之说。其后为抵制茶叶走私，茶税从119%降到12.5%，这带来了英国茶叶消费的大繁荣，为英国获取了巨大的经济利益。据研究，从1815年起，英国东印度公司每年在茶叶贸易中的获利都在100万英镑以上，占其商业总利润的90%，提供了英国国库全部收入的10%。

1795年戴维斯在《农工状况》中云："在恶劣的天气与艰苦的生活条件下，麦芽酒昂贵，牛奶又喝不起，唯一能为他们软化干面包的就是茶。"英国人诺顿说："喝正山小种红茶胜过饮人参汤。"朱自振在《我国茶馆的由来和红茶之始》中云："在清代中后期我国茶叶出口的鼎盛阶段，红茶成为我国输英和向西方各国输出的主要茶类；在红茶中'武夷茶'成为'武夷红茶'的专名和中国出口茶叶中最受欧美欢迎的抢手商品。有一个时期，只要东印度公司运输茶叶的船只一到伦敦，不日，伦敦街头就能听到一声声'武夷茶，先生，新到的武夷茶'的叫喊声。"

诗人拜伦喝过红茶后，在他的长诗《唐瑛》中写道："我觉得我的心儿变得那么富于同情，我一定要去求助于武夷的红茶。"

1711年，英国诗人Alexander Pope将赞美武夷红茶的心情写成诗：

佛坛上银灯发着光，
中国瓷器里热气潮漾。
赤色炎焰正烧着辉煌，
突然地充满了雅味芳香。
银茶壶泄出火一般的汤，
这美妙的茶话会真闹忙！

1725年，Edward Yung作诗描述美女品饮武夷红茶的情景：

鲜红的嘴唇，
激起了和风；
吹冷了武夷茶，
吹暖了情郎，
大地也惊喜了。

法国著名作家巴尔扎克，对中国武夷红茶的崇拜，更是达到了神乎其神，无以复加的地步。有

一壶乃大　寒隐作/王清南供

　　一天，巴尔扎克招待亲朋好友，他神情庄严地端出一个雅致的木匣，小心翼翼地从木匣里取出一只绣着"九叠纹"汉字的黄绫绸包，一层一层地打开绸布，拿着一小杯金黄色的优质红茶。"诸位，这是中国某地的特产极品茶，一年仅产几百克，专供大清皇帝享用。"巴尔扎克神秘地说，"采茶必须在日出前，由一群妙龄少女采摘和加工制作，并且一路歌舞送到皇帝御前。"宾客们听得如痴如醉。"大清皇帝舍不得独饮，馈赠了几十克给俄国沙皇。途中武装护送，以防止被歹徒劫掠，好不容易才到沙皇手上。"巴尔扎克越讲越神秘，"沙皇再分赐给诸位大臣和外国使节。我通过法国驻俄国使节，几经辗转才搞到这一丁点儿。""啊哟，好名贵呀！"宾客们听得目瞪口呆，啧啧称奇。神乎其神的巴尔扎克，继续滔滔不绝地说："别看它茶少，但有神效，绝不可放怀畅饮。假如连喝三杯，必盲一目；连饮六杯，则双目失明……"说得高朋满座，将信将疑，俯首帖耳，不敢多喝一口。巴尔扎克他手上的红茶，就是产于武夷山桐木关的武夷红茶。

　　"一切东方人，心里乐开了花，骆驼驮来了——武夷红茶。"这是俄国著名诗人马雅可夫斯基对武夷红茶的赞美。

　　《武夷山市志》（1994年，中国统计出版社）载：明崇祯十一年（1638年），俄国大使斯塔尔科，在恰克图以貂皮、麝香等物，从蒙古商人门塞手中换得武夷茶 64 斤[①]带回彼得堡，献给沙皇，从此沙皇及朝廷贵族便爱上武夷茶。随后俄国就从中国进口茶叶。清康熙三年（1664年），俄国商人向英国国王送了1普特[②]中国武夷红茶，受到皇室的青睐。1745 年 1 月 11 日，瑞典哥德堡号从广州启程回国，在距离家乡大约 900 米的海面上触礁沉没，损失惨重。后来，人们从船上捞起30 吨茶叶（大部分是武夷红茶）、80 匹丝绸和大量瓷器，在市场上拍卖后竟然足够支付"哥德堡号"广州之旅的全部成本，甚至有所获利。

（二）武夷红茶对外贸易的兴起与发展

　　明末清初是我国茶叶开始向世界传播的重要年代。先是由荷兰人直接从中国运茶回国；1618年英国首先将东方所产之茶运往西欧，开创了中国茶向世界传播之先声。1650年茶叶由荷兰人贩运至北美。作为商品输出，茶叶在这一时期，数量极为有限，尚未流行。《清代通史》："康熙二十三年，东印度公司通知英商云：现时茶已通行，望每年购上好新茶五六箱运来，盖此仅作馈赠之用。"

①斤为非法定计量单位，1斤=500克。下同。——编者注
②普特为沙皇时期俄国的主要计量单位之一，是重量单位，1普特≈16.38千克。

最早的茶叶贸易合同

《武夷正山小种红茶》："早期的伦敦市场只有武夷红茶，别无其他茶类。"武夷红茶作为东方的一种珍奇物产，它价格昂贵异常，在当时只有宫廷贵族、商人等上流社会人士才能享用得起。威廉·乌克斯《茶叶全书》载："最初茶叶只能从中国购办，系一种极名贵之物品，在馈赠帝皇、王公及贵族之礼物当中，偶而可以发现此种世界之珍宝。"武夷山自然保护区原党委书记、林业高级工程师邹新球先生研究推算认为：17 世纪末，荷兰、英国两个国家年进口量约 3 万镑，折合中国计算单位为 22 500 斤，只相当于 750 亩茶山的生产量。

17世纪中叶后，中国茶叶开始进入直接输出时期。特别是1684 年清政府正式取消海禁，外国船舶可直接停靠厦门港进行贸易，加快了武夷红茶的对外贸易。1689年英属东印度公司直接从厦门将武夷红茶运往伦敦；同年，中俄签订《尼布楚条约》，1753年开通华茶陆路输俄；1784年美国"中国皇后号"商船首航中国，从厦门运回武夷红茶等物品。

据《中英早期茶叶贸易》统计：在18世纪的前 50年，英国年平均进口中国红茶65.56万斤，是17世纪末最后五年年均进口量的76倍。18世纪的后50年，武夷红茶出口量较前50年大幅增加，1792年达1 560万斤，占当年华茶出口总量的85%，是17世纪末年均出口量的 815 倍；以当年每担出口价30两银计，这年武夷红茶的出口值达468万两白银，独统天下。

随着茶叶出口量的不断增加，武夷山"商贾云集，穷岸僻径，人迹络绎，哄然成市矣"，漫山遍野，茶愈种愈多。

19 世纪是中国红茶迅猛发展的时期，武夷红茶亦于19世纪中叶达到鼎盛。1838 年仅自广州口岸出口的武夷茶就达 3 000 万斤；以当时红茶平均出口 80%的比例计算，武夷红茶占 2 400 万斤，这是武夷红茶贸易史上最为辉煌的时期。据史料记载，这期间武夷山桐木村正山范围内，以茶为厂（户）的有六七百户，每年生产正山小种红茶有 3 000 多万斤，大小茶庄、茶行约有二三十家，茶树种植如火如荼，每年茶季由江西到武夷山来的采茶、制茶工人，超过万人。

19 世纪末，武夷红茶由盛转衰。一是 19 世纪初，由于红茶的需求急剧扩大，一些绿茶产区也开始改制红茶，先后出现了江西、湖南、湖北红茶产区，接着19世纪70年代安徽祁门红茶产区出现，各地都创出自己的品牌。武夷红茶从19世纪为中国红茶总称的地位跌落，在中国外销红茶中的比例不断下滑，影响逐渐降低。二是20世纪60 年代，由于小种红茶制法繁杂，费时费工，各产区逐渐改进，简化加工步骤，创造了工夫红茶。随后闽东红茶产区崛起，不仅产量超过闽北，而且在质量上也有提高。工夫红茶的出现，标志着武夷红茶在省内的影响力也在逐渐降低。三是印度、锡兰红茶的崛起对武夷红茶产生冲击。印锡出产的红茶，初期成本高昂，茶质不佳，很难打开局面。但由于印锡茶业几乎为英国人经营，实为英国茶业。而英商掌握着市场，控制着外销大权，由于华茶对外销的依赖，英商一方面肆意低压茶价，另一方面，英国对华实行歧视性关税，打击华茶。在国内，清政府腐败无能，苛捐杂税加重茶农负担。内忧外患下的国内茶业以小农经济落后的生产方式与大规模先进的资本主义生产方式竞争，华茶的衰败是不可避免的。仅 60 年的时间，印度红茶输出便在 1900 年首次超过华茶，结束了 300 多年来华茶的垄断地位。此后锡兰急起直追，1917 年锡兰超过中国成为世界第二大茶叶输出国，最多的一年（1920 年）锡兰茶输出量竟是华茶输出量的 4.5 倍。1918 年爪哇位列中国之上，成为世界茶叶输出国三大巨头之一。1918 年，印茶输出量是华茶输出量的 6 倍，占世界茶叶总输出的 45.89%，而华茶仅占 7.57%。

19世纪一连串重大事件带来的影响，便是武夷红茶生产在20世纪后半期的快速跌落。虽然19 世纪 80 年代中国红茶外销达到鼎盛，但茶价从 70 年代起便日益跌落。光绪中期"福州茶商多至亏本"，1887 年福州附近 100 斤袋茶售价只有 7～8 元，尚不够工钱。1889 年最为亏本，许多人完全破产。光绪末年，闽北茶区"多有枯枝，蔓草荒芜，人皆芟除，隙地之处，兼栽番薯"，"茶园十荒其八"。

关于正山小种红茶的产量在《武夷山市志》中有多次记载：

清光绪六年（1880年）：桐木红茶（包括正山小种 15 万公斤，价值 15 万元）
民国三年（1914年）：数万公斤
民国五年（1916年）：2.5 万公斤
民国二十八年（1939年）：4 万公斤
民国三十年（1941年）：0.05 万公斤
民国三十六年（1947年）：1.25 万公斤
民国三十七年（1948年）：0.15 万公斤

由此可见，由光绪入民国，武夷红茶产量大幅跌落，其在茶叶市场的影响日渐低微。新中国成立后，正山小种红茶的生产得到逐渐恢复。1992 年，桐木村的正山小种红茶年生产量已达41万斤，且全部出口。进入21世纪，武夷山的知名度越来越大，和世界各国的交往愈来愈频繁，历史名茶武夷正山小种又声名鹊起。据武夷山市茶叶资源普查的结果，2009 年，桐木村茶园已达6 806亩，年产正山小种干毛茶59.12万斤，超历史最高水平。

（三）武夷红茶在世界权力结构变化中的角色

武夷红茶由荷兰人几乎同时传入英国、法国、德国等西方国家。英国人赋予武夷红茶优雅的形象，在长期品饮的进程中形成了独特华美的品饮方式，演绎出了内涵丰富的红茶文化，同时通过殖民活动，向世界更大范围传播，使红茶成为国际性饮料。这不但从根本上改变了人类的生活方式，而且还影响了世界的经济和文化，并在世界权力结构格局变化中扮演了重要的角色。英国因为茶与荷兰发生了多次战争，成为"日不落帝国"；美国借助茶，爆发了独立战争，崛起为世界霸主；中国由于茶引发了鸦片战争，进而走向衰败。

1. 英荷战争

荷兰原是西班牙的属地，1609 年才彻底独立。独立后的荷兰利用西班牙衰落和英国忙于内战之机，迅速发展经济，并垄断了世界贸易。

荷兰造船业极负盛名，仅在首都阿姆斯特丹就有几十家，全国可同时开工建造几百艘船只，其造价要比技术先进的英国低三分之一到二分之一。所以，荷兰很快成为欧洲的造船中心。那时，世界各国间的贸易交往主要依靠海上交通。荷兰商船队拥有 1.6 万余艘船只，占欧洲商船总吨位的四分之三，占世界运输船只的三分之一，德意志的酒类、法国的手工业品、西班牙的水果和殖民地的产品，均由荷兰运往北欧，且荷兰完全垄断了世界的茶叶贸易，被称为"海上马车夫"。

茶叶由荷兰人带去欧洲，传入英国，品茶成为时尚。由于需求量的大幅度提升以及茶叶贸易诱人的利润，英国于 1651 年通过了《航海条例》，规定："一切输入英国的货物，必须由英国船只载运，或由实际产地的船只运到英国。"荷兰反对英国的《航海条例》，英国拒绝废除《航海条例》，两国矛盾空前激化，导致了英荷海上大战。

1652年5月，两国舰队在多佛海峡发生冲突，7月8日正式宣战。英国海军封锁了多佛海峡和北海，拦截荷兰商船，荷兰则组织舰队护航；双方海战逐渐由封锁反封锁的贸易战，发展为主力舰队间争夺制海权的决战。1653年8月，荷兰集中海军力量与英国决战落败，英国控制了制海权，使依赖贸易生存的荷兰经济瘫痪。

1654年4月，两国签订《威斯敏斯特和约》。荷兰承认英国在海上的霸主地位。这场战争打破了荷兰人在海上茶叶贸易的垄断权，使英国茶叶的进口量得以不断增加。

为争夺海外殖民地，1664—1667 年英国与荷兰再度爆发战争。1664 年英军攻占北美的新阿姆斯特丹，改名纽约。荷兰立即进行反击。同年8月，攻占被英军占领的西非据点。1665 年6月22日两国再次开战，英国舰队随后在洛斯托夫特海战中重创荷兰舰队，法国、丹麦与荷兰结成反英同盟。

1666 年5月，经过修整恢复的荷兰舰队击败了英国舰队，8 月荷兰舰队进入泰晤士河攻打伦

敦，遭到英国岸炮和海军的联合打击，英国重获制海权。同年 9 月 10 日伦敦发生大火，城市大部遭焚毁，无力继续战争，试图与荷兰和谈。荷兰舰队趁机于次年 6 月 19 日进入泰晤士河偷袭了伦敦，歼灭了驻泰晤士河的英国舰队，破坏了船厂，并封锁了泰晤士河口。1667 年 7 月，英国被迫签订《布雷达和约》，在贸易权上做出了让步，并重新划定了海外殖民地。

1672 年 5 月，英法联合对荷兰宣战，分别从陆地和海上发动进攻。荷兰无法抵挡法军进攻，被迫掘开海堤淹没国土，才使法军撤退。1673 年 3月荷兰海军击退英国舰队。6月英法联合舰队与荷兰进行了两次斯库内维尔德海战，8月法国退出战争，英荷都无力继续战争，于1674年2月签订《威斯敏斯特和约》，第三次英荷战争结束。

英国通过多次战争耗尽了荷兰的贸易和海军实力，夺取了海上霸主地位，建立了海权—贸易—殖民地的帝国主义模式。从此，国际茶叶贸易改由英国垄断。英国对国际茶叶的垄断主要是通过支持、授予东印度公司的茶叶专营权和征收高额茶税来牟取暴利的。

英国东印度公司是一个由英国政府特许设立的对东方（主要是对印度、中国）经营垄断贸易、进行殖民掠夺的组织，且拥有军队。茶叶是英国东印度公司最大宗、最能赚钱的生意。马克思在《资本论》中说，这个公司"除了在东印度拥有政治统治外，还拥有茶叶贸易、同中国贸易和对欧洲往来货运的垄断权"。据统计，1760—1774年，英国东印度公司从中国输出了价值近300万两白银的茶叶，超过其贸易总额的80%，每年创造的利润达150多万英镑。

英国东印度公司设立于1600年，1669年被英国政府授予茶叶专营权，1689年开始从厦门直接进口茶叶，1834 年被取消垄断权，1858年解散，存在258年，真正垄断东方茶叶贸易时间长达100多年，富可敌国。日本角山荣在《红茶西传英国始末》（《中国茶文化》专刊号，1993年4期）中统计："1721—1750 年的30年间，英国东印度公司共进口武夷红茶18 828 551磅，平均每年进口627 618磅（4 708 担）。"萧致治、徐方平在《中英早期茶叶贸易》（《历史研究》，1994 年3期）中统计研究："1792年英国东印度公司自华输出红茶 156 000担，占当年华茶出口的85%，是前50年平均数的28.8倍。"

2. 美国独立战争

英国东印度公司由于有政府授予的茶叶专营垄断权，把从中国获取来的茶叶运售国内，同时也销往美洲殖民地，获取暴利。武夷茶被视为"上品"和"救命之品"，从现仍保存在马萨诸塞州历史学图书馆的一份请求准予购茶的特批许可证，便可获知予以证实。该特许证文曰：

查Baxter夫人请求发给购买武夷茶四分之一磅之证明书，鉴于彼之年迈体弱情形，自当不在本会限制之列，特此证明。

美国最早由荷兰人管辖。1664 年新阿姆斯特丹城为英军所占领，并改名纽约。它承袭了英、荷人饮茶的习惯。

1773 年英国政府通过了《救济东印度公司条例》。该条例明令禁止殖民地贩卖"私茶"。东印度公司因此垄断了北美殖民地的茶叶运销，引起北美殖民地人民的极大愤怒。12 月 16 日寒夜，波士顿革命分子塞缪尔·亚当斯领导的一个由三组、每组 50 个当地人组成的组织——"自由之子"，打扮成印第安人偷偷摸上三艘船，将英国人带来的价值 18 000 英镑的 342 箱茶叶全部倒入海里，这就是著名的"波士顿倾茶事件"，又称"波士顿茶党事件"，它拉开了美国独立战争的序幕。

1776 年 7 月 4 日美国宣布独立。独立后的美国花费 12 万美元，打造了第一艘驶向中国的船只——"中国皇后号"。"中国皇后号"于 1784 年 2 月 22 日起航，经过 188 天的航行，同年 8 月 28 日抵达中国。"中国皇后号"出发前，当时的《纽约时报》在报道中说："由于这个严寒的季节，商业往来已经停滞了很长一段时间。仅仅从观众的表情就可以看出，美国人心底都充满着喜悦之情。"船长格林在接受《独立公报》记者采访时说："这是一个对外交往的里程碑式的航行。虽然前面有许多困难，不得不面对，但这是这个新生的国度开往地球上那个富饶而遥远的地方的第一艘商船。"诗人菲利普·弗兰诺写下了这样一首诗：

> 从此，芬香的茶叶满载而去
> 英国的许可不需要再思量
> 还有镶嵌着金饰的瓷器
> 制作它们的模子是多么精良
> 她为我们的国家运回大量商品
> 足以迎合人们对各种品位的向往

1785 年 5 月 15 日满载中国茶叶、丝绸、瓷器的"中国皇后号"回到纽约。在这批货物中，武夷茶是大头，700 箱、2 286 担，价值 42 000 美元，占全部货物总价值的一半还多，从此武夷红茶直接进入了北美市场。

首次航行的"中国皇后号"，扣除所有费用及一切开支，最终盈利 27 583 美元。随后，"中国皇后号"船只又以 6 250 美元被出售。"中国皇后号"的成功之旅，在美国引发了中国热，并产生了示范效益。之后，美国"试验号""土耳其皇后号""同盟号"接续来到中国，购买茶叶，获利丰厚。有人做过统计，1784—1790 年六年间就有 14 艘美国船只来到中国。1799 年中国对美茶叶贸易达 33 769 担，1833 年 10 万担，1836 年上升为 20 万担。1890 年之后，美国成了中国的第二大贸易国。

3. 鸦片战争

中国学者余秋雨认为："改变中国历史的'鸦片战争'，其实就是'茶叶战争'；英国人喝中国茶上了瘾，离不开它，由此产生贸易逆差，只能靠贩毒来抵账。"18 世纪中国茶叶贸易的发展，使白银源源不断地流入中国，给大清帝国带来了巨大的财富。根据邹新球先生计算，武夷红茶在18世纪出口最高年份为 60 万担，加上其他产区的红茶，最高年份达到 165 万担，每担按大约可售 30 两白银计算，需支付白银 4 950 万两。另据庄国土先生估算：1700—1823 年，英国东印度公司共输出白银 5 387.5 万两到中国来。1700—1840 年，从欧洲和美国运往中国的白银约 1.7 亿两。

有资料显示，鸦片战争前的80年间，仅广州港就有 5 100 多艘外国商船前来交易。他们除在以物易物的置换贸易中获得一些茶叶外，大部分茶叶需要采用白银支付，以致驶往中国的外国商船装载的百分之九十都是白银。如 1730 年英国东印度公司有 5 艘商船来华，共载白银 582 112 两，货物只值 13 711 两，白银占 97.7%。《中英早期茶叶贸易》载：1708—1760 年，东印度公司向中国出口白银占对华出口总值的 87.5%。世界百分之八十的白银都聚集在中国，一度出现了不可思议的"钱贵银贱"现象。

为平衡贸易逆差，英国决定对华输出鸦片。仅 1790—1838 年，就向中国输入价值白银 23 904.5 万两的鸦片。通过鸦片输入，英国人不仅得到了想要的茶叶等物质，还获取了暴利。据《鸦片战争前中英通商史》载：1773—1785 年十二年间英国东印度公司从鸦片贸易中共获利 53.4 万英镑。

鸦片的输入导致中国白银的大量流出，为保住银子，1838 年（清道光十八年）冬，道光帝派湖广总督林则徐为钦差大臣，赴广东查禁鸦片。林则徐到任后，严行查缴鸦片 2 万余箱，并于虎门海口悉数销毁，打击了英国走私贩的嚣张气焰，同时，也影响到了英国的利益。

为打开中国市场大门，英国政府以此为借口，决定派出远征军侵华，英国国会也通过对华战争的拨款案。1840 年 6 月，英军舰船 47 艘、陆军 4 000 人，在海军少将懿律、驻华商务监督义律率领下，陆续抵达广东珠江口外，封锁海口，鸦片战争开始。

云南大学茶马古道文化研究中心研究员周重林和世界茶文化交流协会副会长太俊林在所著《茶叶战争》中说："1840 年鸦片战争，就经济意义看来无疑是场茶叶战争。最初的问题都是茶叶输入英国产生的贸易逆差而引起的，为了扭转这种逆差，英国才向中国输出鸦片。茶是因，鸦片是果，鸦片的输入又导致中国白银的大量流出，为了银子，中国有了禁烟运动。茶、银、鸦片的循环，最终引发鸦片战争。" 战争的结果是以中国失败并赔款割地而告终，并签订了中国历史上第一个不平等条约《南京条约》，五口通商，其中福建占了两个口岸——厦门和福州，这是英国人最希望得到的。它改变了中国在外贸中一直处于贸易顺差的地位。

（四）武夷红茶输出路径的变迁

武夷红茶的输出路径，伴随三次海禁的变化而变迁。

明朝以海疆不靖为名，实行了严厉的海禁，只在广州、泉州、宁波设市舶司。后来为避倭患，又关闭了泉州、宁波的市舶司。清政府建立后，开始时也曾实行严厉的海禁，但随着"三藩之乱"的平定和台湾问题的解决，1685年解除海禁，设立闽、江、浙、粤四海关，开海贸易。武夷红茶主要由厦门海关直接外销。安徽农业大学教授詹罗九在研究江西河红发展的过程中也认为："这一时期，江西红茶售于崇安星村，以武夷茶经厦门输出。"

乾隆二十年（1755年）左右，英国商人"移市入浙"，引起清政府的不安。为抵制外船北上、防范外商、保证税收、利于统治，乾隆下令："对浙海关税收增加一倍"，无果；1757年，清政府宣布关闭闽、江、浙三海关，仅保留粤海关，"嗣后口岸定于广东"，夷船"只许在广东收泊贸易，不得再赴宁波"。于是，粤海关便成为全国通商的唯一海关。全国的进出口商品贸易，

江西铅山河口

都由广州一口经营，史称"一口通商"。为适应对外贸易的发展，在广州还成立了专门经营对外贸易的机构——十三行。1762 年起，陆路仅开放恰克图一地对俄贸易。它改变了当时中国对外贸易的地点，使得茶叶外销的路径也随之转变为陆路运输和内河运输。

这一时期，武夷红茶和福建其他地方输往广州的红茶，先在崇安（星村、下梅、赤石）集中后，翻越武夷山各关隘进入江西铅山的河口镇，进行加工精制、拼配包装，再用船沿信江西下鄱阳，分两路：南路经鄱阳湖出九江或湖口即进入长江；由鄱阳湖溯赣江而上至大庾，越大庾岭入北江抵广州，由广州十三行办理出口，全程约 1 400 千米。北路有"万里茶道"之称，据《山西历史地图集》记述：万里茶道"由福建崇安过分水关，入江西铅山县河口镇，顺信江下鄱阳湖，穿湖而出九江口入长江，溯江抵武昌，转汉水至襄樊，贯河南入泽州，经潞安抵平遥，过祁县、太古、忻州、大同、天镇到张家口，贯穿蒙古草原到库伦至恰克图，这是一条重要的茶叶商路"，全长 12 000 千米，是堪与唐代丝绸之路媲美的国际商路。英、俄等国不少茶商，为了多购武夷红茶，不远万里亲赴河口或武夷山购茶。

江西河口这个在明中期前只有两三户人家的小地方，由于所处独特的地理环境，成了"万里茶路"第一镇。英国商人福钧说："河口是一个繁华的大市镇，茶行林立，全国各地茶商云集于此，英国商人也来此采购河红茶。"清人程鸿益《河口竹枝词》云："狮江妇女趁新茶，鬓影衣香笑语哗。齐向客庄分小票，春葱纤剔冻雷茶。"《中国近代对外贸易史资料》对此是这样记载的："（明清）河口是一个繁华的大都市，茶行林立，全国各地茶商云集于此，许多茶商就在河口收购茶叶，不再前进了。……中国各地商人都到河口购茶叶，或者把茶叶运往其他各地。"河口九弄十三街，茶栈茶铺栉比林立。"舟车驰百货，茶楮走群商。"自清康熙二十四年（1685年）粤海关成立到鸦片战争前的 150 年里，尤其是到乾隆二十二年（1757年），限定广州一口通商的 80 年间，是河红茶大发展和对外贸易的大发展时期。由于红茶始终是中国对英和向西方各国输出的主要茶类，在丰厚利益的驱使下，各地茶区都把红茶作为制销的首要目标。"河帮茶师"因在红茶制作技术和工艺上享有盛名，分赴两湖、安徽等地教制红茶，促进了各地红茶的发展。有人做过统计，如果说整个18世纪欧洲运往中国购买红茶的白银多达 1.7 亿两，经河口加工后的红茶或经河口转销到欧洲市场的红茶，绝对足有三分之二还要多。据陶德臣统计："在鸦片战争前夕的1838年，自广州出口的武夷茶就达 30 万担。"

君子相依图 陈楚作

　　鸦片战争后，五口通商，使茶叶的对外贸易格局发生了根本性的变化。武夷红茶逐渐改由厦门、福州等口岸出口；福州沿江往武夷山，水路距离只有 300 多千米。1843 年福州开埠，但 10 年内没有输出武夷红茶。在 1853 年以前武夷红茶仍只走广州线，以后转走上海线。为何放弃通畅便捷的福州口岸不走，而舍近求远呢？

　　武夷正山小种研究专家邹新球先生，研究认为：一是鸦片战争中国失败后，国人反英情绪强烈。认为英国人到中国来主要是为了攫取武夷红茶，应以终止茶叶贸易来对抗。清直隶总督琦善说："（外夷）盖地土坚刚，风日燥烈。又曰以羊牛肉磨粉为口粮，食之不易消化，大便不通立死。每日食后，此为通肠之圣药。"林则徐说："茶叶大黄，外国所不可一日无也，中国若勒其利，而不恤其害，则夷人何以为生？"

　　这种以茶为武器的观点，一直是清廷朝野的共识。如曾任两江总督的大臣梁章钜听说英国欲辟福州为商埠，极力反对，上书说："该夷所必需者，中国之茶叶，而崇安所产，尤该夷所醉心。即得福州，则可渐达崇安。此间早传该夷有欲买武夷山之说，诚非无因，若果福州设码头，则延津一带，必至往来无忌。"道光皇帝曾提出以泉州代替福州，但英国"坚执不从"。

　　二是依赖负运茶叶及商货的数十万力夫"都害怕在新的通商条约实施和通商口岸开放后，将陷于失业，因此他们发誓坚决反对有损于他们利益的种种措施"。由于从武夷山到福州的茶路与去广州和上海的茶路相比要短得多，这其中可以"免去陆路运费以及在原价以外所附加的内地通过税"，英国人还是下决心要打通这条通路，因此派遣了一些间谍由福州深入武夷山探路。英国罗伯特·福钧，就是一个披着植物学家外衣的间谍。

外国人在做出周密部署后，在 1853 年春借口上海小刀会起义，武夷红茶到上海的路被阻之机，美国旗昌洋行首先派买办携款深入武夷茶区，收购茶叶经闽江下福州，他们的尝试获得成功。此后其他商行也照样仿行。武夷茶用小船顺江而下，8～10 天即可达福州，一时间"福州之南台地方……洋行茶行，密如栉比……"不几年时间里，福州的茶叶出口迅速增加。1856 年以后，就将广州抛在后面，居国内第二，甚至在 1859 年还超越上海，居全国茶叶出口量第一大港之地位，是年茶叶出口近 4 700 万磅（352 599 担）。遂使福州港成为驰名世界之茶叶贸易港。

武夷红茶自1853年起，改由福州直接出口；1880年达鼎盛，武夷红茶及这时已出现的工夫红茶共计出口635 072担。

二、中国红茶 Black Tea 与正山小种茶名的由来

武夷茶、武夷红茶、中国红茶三者所表达的茶类是有区别的。

武夷茶：是武夷山现在所产各类茶的总称。它包括武夷岩茶、红茶（正山小种）和其他各类茶。

武夷红茶：17世纪正山小种红茶传到海外，因产于武夷山，故称Bohea Tea（武夷茶），专指武夷红茶。

中国红茶：在18世纪之前，国内尚无其他红茶出现，因而武夷山所产红茶（含正山小种），福建省其他地方仿制的红茶都称武夷红茶，同时也是中国红茶的总称。

（一）关于中国红茶 Black Tea 茶名的由来

关于中国红茶茶名的由来，我国著名茶文化研究学者巩志先生，通过查阅大量的资料，对此作了全面深入准确的研究，现从其所著《中国红茶》一书中予以转录，以飨读者：

红茶的发源地应是福建省武夷山。据当代茶圣吴觉农《茶经述评》第三章"茶的制造"的第三节"制茶工艺和茶类的发展"中说："至于红茶，只有《多能鄙事》曾有'红茶'的记载，但由于《四库全书总目提要》认为该书系伪托，故不拟引以为据。"纪昀系康熙年间早期的大臣，即使该书系伪托，也可说明，在康熙朝以前已经出现了红茶。在现在生产红茶的各省各县的地方志中，可以查到的最早记述红茶的只有湖南、湖北、江西的几个县，例如湖南《巴陵县志》载：道光二十三年（1843年）与外洋通商后，广人每挟重金来制红茶，土人颇享其利。日晒者色微红，故名红茶。湖南《安化县志》载：咸丰七年（1857年）九月，县令陶燮成制定红茶章程。湖北《崇阳县志》载：道光三十年（1850年）粤商买茶。其制，采细叶暴日中，揉之不用火焰（炒），雨天用炭烘干，往外洋卖之，名红茶。江西《义宁洲志》载：道光间（1821—1850年）宁茶名益著，种蒔殆遍乡村，制法有青茶、红茶、乌龙、白毫茶砖。遗憾的是，红茶发源地的福建省及崇安县，在地方志中尚未查到有关这方面史料，有的又与乌龙茶混淆不清。主要原因在于各地志书多系后来写的，未了解前因后果，以致很难得出定论。

17 世纪初，中国武夷茶率先冲出国门，漂洋过海，销售西方，外国人把茶叶分为红茶与绿茶两种——"武夷"与"贡熙"，其武夷茶即含红茶与青茶。当时在市场上的译名不一。红茶产生的年代，国内有的认为是 19 世纪。而乌克斯《茶叶全书》的"茶叶年表"则把记述红茶的年代提前了 100 多年。1705 年爱丁堡金匠刊登广告"红茶（Black Tea）三十先令"。英传记家玛丽·迪兰尼夫人记当时茶价为红茶（Bohea）20～30 先令。

《茶经述评》引《茶叶字典》"武夷"（Bohea）条的注释为："武夷（Bohea），中国福建省武夷（WU—I）山所产的茶，通常用于最好的中国红茶（China Black Tea），以后用于较次的中国红茶，现在用于含梗的粗老爪哇茶（Java Tea），在十八世纪，此名也用于茶叶饮料（Tea Drink），发音 Bo-Hee。"

《茶经述评》又说："这一注释如属正确，那末就须把国外资料中 Bohea 一词，全部译为红茶。笔者在编译《茶叶全书》时，曾把大部分译为红茶，一部分则译为武夷，主要是因为原书往往同时出现 Bohea 和 Black Tea 两词，不得不加以区别。"

从《茶叶全书》来说，则"武夷"的含义除包括武夷（Bohea）茶外，也包括红茶（Black Tea）。红茶 Black Tea 一词，可能是从海外由广东通过泉州港口传入的。

国际茶叶分类中，红茶为什么叫 Black Tea 呢？从《茶经述评》得知，是从我国茶叶外销的历史来考证的。

17 世纪初，中国武夷茶率先销售国外，首先是武夷茶的小种红茶大量出口，与青茶、红茶分不清，当时在市场上的译名很不统一，有的译为黑叶工夫（Black Tea Congon），有的译为黑龙（Black Dragon），有的译为乌龙工夫（Oolong Congon）等，19 世纪以后为了有别于真正乌龙，而把小种工夫红茶照原译的英文统译为 Black Tea 红茶。20 世纪 60 年代，上海一些茶叶店还把祁门红茶称作祁门乌龙，九曲红梅称为九曲乌龙，这都说明红茶译名 Black Tea 实由原来武夷黑茶（红茶）而来，这是红茶早于乌龙茶的有力证据。

（二）正山小种茶名的由来

正山小种红茶，最早在桐木关一带被称为"乌茶"。西方饮茶之风日盛，促进了茶叶，特别是红茶出口贸易量的不断增加，武夷红茶因"味香醇厚，压倒群茗"，各地茶商纷至武夷，使得周边地区大量仿制武夷红茶。清人王梓《茶说》载："岭邑近多栽植，运至星村墟贾售，皆冒充武夷。更有安溪所产，尤为不堪，或品尝其味不甚贵重者，皆以假乱真误之也。"

为区别外产仿制品与武夷山产正品的不同，将武夷山产的红茶称为"正山小种"，非武夷山产的仿制品称为"外山小种"或"人工小种""烟小种"。

"小种"指的是茶树的品种。陆廷灿《续茶经》载《随见录》："武夷茶，在山上者为岩茶，水边者为洲茶，……其最佳者，名曰工夫茶。工夫之上，又有小种，则以树名为名。每株不过数两，不可多得。"

所谓"正山"，乃真正高山地区所产之意。其涵盖范围以武夷山桐木村的庙湾、江墩自然村为中心，北至江西铅山石陇，南到武夷山曹墩百叶坪，东至武夷山大安村，西至光泽司前干坑，西南

桐木教堂　李少玲摄

至邵武龙湖观音坑，方圆 600 千米^2。现大部分在福建武夷山国家级自然保护区内。

这些地方"因土壤之宜，品质之美，终未能攘而夺之"。产于政和、福安、屏南、古田、沙县等地，仿制正山小种工艺生产的红茶，因质地相对较差，统称"外山小种"或"人工小种"。"人工小种"现已被市场淘汰，唯正山小种百年不衰。

坦洋、屏南、政和、沙县、古田等地红茶的出现，改变了福建唯有武夷红茶的局面，武夷红茶名称在对外销售中渐渐不再使用，桐木所产红茶则单独称"正山小种"。

正山小种红茶，因是经过松材薰焙工艺而成，福州地方口音对松材发"Le"的音，以松材薰焙则发"Le Xun"的音，称产自桐木的正山小种红茶为"Le Xun"小种红茶。1853 年福州港开始出口茶叶，国外便以福州地方口音称武夷正山小种为"Lapsang Souchong, Lapsang"即为"Le Xun"的谐音。福建师范大学文学院苏文菁教授研究认为："立顿红茶，'立顿'，就是用'Le Xun'的谐音命名的。"至今为止，正山小种出口一直使用"Lapsang Souchong"或"Lapsang Black Tea"名称。英国《不列颠百科全书》称该名词出现于 1878 年。

三、探秘红茶技术与发现生物宝库

探寻红茶秘密一直是西方人梦寐以求的事情。作为红茶贸易源头的桐木村，更是外国人寻奇探幽的目的地。同时，这里茂密的森林和丰富的物种，吸引了他们的眼球。

（一）发现生物宝库

据载早在1699年红茶贸易开始大发展的时期，英国人杰克明·萨姆（Jcamin Tham）进入武夷山桐木一带采集植物标本，表面看他是生物学家、传教士，但往往在这些身份的掩盖下，进行着探寻红茶秘密的活动。

1823年，法国神父罗文正在挂墩建立教堂，采集珍稀植物标本31 000多号。还有时任协和大学生物系教师的美国人F. P. Metcalf、奥地利人H. Hand Mazz等。采集动物标本最著名的是曾在四川宝兴发现中国大熊猫和鸽子树珙桐的法国传教士P. A. David（谭微道），1873年他来到挂墩采集了大量的动物标本，回国后发布了若干鸟类和哺乳类动物新种，这些标本现存于巴黎自然博物馆，他使崇安桐木挂墩闻名于世。

P. A. David之后，曾在福州海关任税务司的英国人J. D. La Touhe于1896—1898年多次到挂墩采集动物标本，还把挂墩周围最高的一座山峰命名为大卫山（Mountain David）。与此同时，他们还在三港、挂墩设置教堂，作为收购标本的转运站。稍后进入桐木采集动植物标本的还有英国医生斯坦利（A. Stanley）、美国纽约自然博物馆两栖爬行动物学者波普（Clifford H. Pope）、英国标本商史密思（F. T. Smith）、德国昆虫学家克拉帕利希（Klapperich）等，先后发现了近千种动植物新种，遂使桐木挂墩、大竹岚地区成为蜚声国际的"生物之窗"。

鸦片战争以后，英、法、美、德等国的传教士、生物学家纷纷又来到武夷山采集标本。大规模的采集有两次，一次是德国人在1937—1938年，采到昆虫标本16万号，至今还保存在德国的波恩博物馆；另一次是在抗日战争期间，中国昆虫学家马骏超先生在大竹岚一带采集数年，连同他在国内其他省内采集的，共采集昆虫标本60万号、4 000多种昆虫，如今大部分保存在台湾省台中农业试验所。此外，抗日战争期间迁至邵武的前协和大学生物系，在郑作新教授的主持下，也采集和向当地农民收购了一些标本，共有20余万号，现保存于福建农林大学生物防治研究所。

（二）红茶技术被窃

为扭转巨大的贸易逆差和已经丧失的长期经营中国茶叶进口的垄断权，英国人费尽心力，一方面，生产鸦片，倾销中国，遭到有识国人的抵制，堵住了英国人的财路；另一方面，成立茶叶委员会，着手在印度发展茶叶种植和加工，不过始终没有成功，因为印度生产的茶叶质量太差，根本无法与中国红茶匹敌。于是，便派经济间谍潜入中国进行盗窃。

法国2002年3月出版的《历史》月刊披露了一个惊天秘密：英国罗伯特·福钧（Robert Fortune）当年窃取了武夷红茶制茶技术。

福钧（1813—1880），又译福琼，也有译复庆。1842—1845 年，他曾作为伦敦园艺学会领导人在中国待过一段时间，对中国比较了解，回国时带走了 100 多种西方人没有见过的植物标本。1843 年 7 月，他在武夷山采集植物标本时，对武夷山九曲风光十分迷恋，绘有一张九曲风光图，破例发表在国际植物学杂志上。

像这样一个有着植物学家头衔的英国绅士，人们很难把他和间谍挂起钩来。1848 年 7 月 3 日，英国驻印度总督达尔豪西侯爵命令福钧："你必须从中国盛产茶叶的地区挑选最好的茶树和茶树种子，由你负责将茶树和茶树种子从中国运送到加尔各答，再从加尔各答运到喜马拉雅山。你还必须尽一切努力，招聘一些有经验的种茶人和茶叶加工者；没有他们，我们将无法发展在喜马拉雅山的茶叶生产。"福钧在东印度公司付给他 500 英镑报酬的诱惑驱使下，撕下绅士的外衣，充当起了经济间谍的角色。

1848年9月福钧抵达上海，然后到黄山，尔后又到了宁波。1848年12月15日，他在写给驻印

那山、那雪、那云 正山堂提供

度总督的信中，高兴地报告："我已弄到大量的茶种和茶树苗。"1849 年 2 月间，福钧又秘密潜入武夷山，住宿在一些寺庙里，打听到了红茶生产的过程和核心制作技术，弄清了此前西方并不了解的"绿茶与红茶是同一种植物"。同时，还为打通武夷山红茶运往福州的通道出主意。他写道："在这些山中，海拔三四千尺处，发现了我急欲找到的红茶产区。""如果英国商人肯在这里（指福州）住下来，并让中国人感到英国资本在他们当中流通的好处，我们就能够直接获得武夷茶，而免去陆路运费以及在原价以下所附加的内地通过税。"他还招聘了8名中国工人，于 1851年3月16日乘坐满载茶种和茶苗的船只抵达加尔各答。

经过三年的努力，终于在印度成功制作出"武夷红茶"。至此，被称为"近五千年历史的诀窍"的武夷红茶种植加工技术流传到海外。由于印度茶叶种植面积的迅速扩大，产量的急剧上升，武夷红茶的出口市场日益萎缩，从历史最高点的1880年的60万担降到1890年的约25万担。1939 年武夷红茶出口降到最低点，大约只有 25 000 担。1866 年，在英国人消费的茶叶中只有 4%来自印度，到了 1903 年这个比率却上升到了59%，使中国茶叶受到了严重的打击。昔日武夷红茶一统天下的风光不再。

福钧回到英国后，发表了他的旅行手记，删去了原稿中他与间谍使命有关的细节。福钧晚年默默无闻。英国王室既没有给他颁发勋章，也没有让他从英国带来的贸易收益中提取分成。但他的日子过得并不拮据。现在，在中国，只有在杭州茶叶研究中心才能看到福钧写的书，但并没有很多人知道他曾在中国充当英国间谍，偷走了我们的茶。

赵修复（中）在保护区考察

四、武夷山国家级自然保护区建立

武夷山桐木的挂墩和大竹岚一带，是世界闻名的生物标本采集胜地，一百多年以来，这里发现了大批的动植物新种，有“昆虫的世界”“鸟的天堂”“蛇的王国”“研究亚洲两栖和爬行动物的钥匙”等美誉，是世界公认的“生物之窗”。

然而在是非颠倒的年代，这座举世瞩目的生物宝库也难逃被破坏的厄运。1959年，这里设立了一个桐木国营伐木场，年采伐木材6 000米^3，再加上当地村民每年木材采伐量也超过6 000米^3，使得这里每天锯声隆隆。到20世纪70年代末，这里的原始森林遭受严重砍伐，生态环境和自然资源受到极大的破坏，生物宝库濒临毁灭的危险。

我国著名昆虫学家赵修复[①]对武夷山情有独钟，最早提出建立“武夷山自然保护区”。早在抗日战争时期，就从武夷山市（当时的崇安县）大竹岚傅家收购并保藏了许多昆虫标本。在这批标本中就有他后来鉴定并命名的许多新种，如棍腹蜻蜓25个新种，蝽茧蜂2个新种，长柄茧蜂4个新种，柄腹茧蜂22个新种等。1977年前后，他多次深入武夷山桐木等核心区考察，看到伐木场无休止地乱砍滥伐，表示极大的担忧。1978年全国科学大会召开，9月福建省召开科技大会，他在会上发出了呼吁：“希望党中央、国务院和省有关部门采取紧急的措施，把武夷山挂墩和大竹岚一带作为自然保护区封闭起来，为后代保留一块极为难得的生物资源调查研究的基地。”赵教授的呼吁引起了科学界、学术界的极大反响。

① 赵修复是我国著名的昆虫学家。1939年毕业于燕京大学生物系，后留学美国。1951年获马萨诸塞州立大学昆虫学博士学位。同年回国，历任福建农学院教授、植物保护系主任，福建省植物保护学会、昆虫学会理事长，福建省科协副主席，民盟福建省委主任委员、中央委员，福建省第五、六届政协副主席，中国昆虫学会理事，曾被聘为英国皇家学会会员。与李来荣、卢浩然、周可涌，被后人尊称为福建农学院的“四大金刚”。他长期从事蜻蜓和寄生蜂分类及生物防治研究工作，先后发现昆虫新种80多种。编写出版了中国第一部蜻蜓分类专著，是中国蜻蜓和寄生蜂分类研究的开拓者。

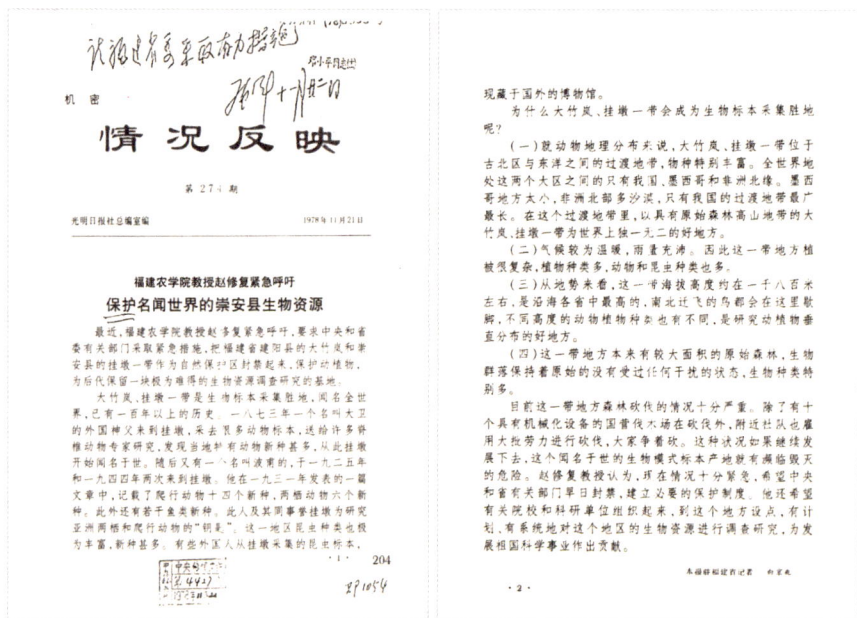

光明日报社1978年11月21日《情况反映》第274期与邓小平的批复

时任《光明日报》驻福建记者站记者白京兆①获悉后，出于对武夷山生态环境的热爱和记者的职业敏感，意识到赵修复教授呼吁建立武夷山自然保护区的重要性和紧迫性，采访了赵教授，并把赵修复教授的建议写成内参送中央领导传阅。

1978年11月21日，一篇题为《福建农学院教授赵修复紧急呼吁保护名闻世界的崇安县生物资源》的光明日报社内参第274期，摆在了邓小平同志的案头。1978年，正是邓小平同志重新复出工作的第二年。这一年他不仅解决扭转了许多历史遗留问题，最重要的是召开了中共十一届三中全会，作出了改革开放的重大战略决策，为国家今后发展指明了方向。这一年，邓小平可谓日理万机。然而，当他看到光明日报社内参《情况反映》上的这篇文章后，当即作了"请福建省委采取有力措施"的重要批示，并在"保护"二字下面划了重重的两条杠。

小平同志没到过武夷山，却以巨大的影响力开创了我国生态保护的新局面。他的重要批示，不仅挽救了武夷山这座生物宝库，更是挽救了武夷山这方山水和世代生活在这里人民赖以生存的自然环境。

1978年11月25日，中共福建省委接到批示后，省委廖志高同志迅速向中共建阳地委（今南平市委）、中共崇安县委（今武夷山市委）做出指示，坚决贯彻落实小平同志的指示，要求重视赵修

① 白京兆，1949年出生于北京，编审。1976年毕业于福州大学，历任光明日报记者、福建省新闻出版局版权局副局长、出版总社副社长、社长、福建省人大常委，享受国务院政府特殊专家津贴，被评为中国版权产业风云人物。2009年被授予"武夷山荣誉市民"。

武夷山自然保护区博物馆　李少玲摄

复教授的呼吁和建议，并指出，省里原则同意建立大竹岚、挂墩自然保护区。严禁任何单位或个人在这一地区乱砍滥伐。各地类似的自然资源，都要采取有效措施加以保护，破坏森林的现象要抓紧制止。

崇安县（今武夷山市）政府迅速采取有效措施，撤销桐木国营伐木场，实行封山育林；颁发《护林防火管理办法》等许多地方法规，加强森林管理保护。

1979年4月，福建省批准成立武夷山自然保护区，直接归属福建省林业厅管理。7月，国务院批准武夷山自然保护区为我国首批国家级自然保护区，保护区面积为56 527公顷。这种以不同寻常的速度建立的武夷山自然保护区，在我国自然保护区建设史上是绝无仅有的。

武夷山自然保护区建立后，得到了党中央、国务院和全国各界的关心支持。1983年11月，国家主席李先念视察了武夷山自然保护区。此后，彭真、万里、乔石等30多位党和国家领导人先后到保护区视察。福建省人大制定了《福建省武夷山世界文化与自然遗产保护条例》，福建省政府出台了《福建武夷山国家级自然保护区管理办法》，使保护区的资源保护与管理步入法制轨道。

世代以茶为生、在桐木村经营正山小种红茶的江元勋说："武夷红茶的品质取决于其良好的生态环境和特殊的加工工艺，如果没有邓小平的批示保护，不仅生物资源没了，就连农民赖以生存的茶树生长环境也会消失。"

为纪念邓小平同志为建立武夷山自然保护区做出重要批示30周年，2008年12月22日原光明日报社记者白京兆，在《光明日报》上发表了题为《邓小平同志重要批示挽救武夷山生物宝库》的文章。通过这篇文章，我们可清楚地知道当年武夷山自然保护区建立的经过。现予转录：

邓小平同志重要批示挽救武夷山生物宝库

白京兆

今年11月22日，是邓小平同志为建立福建武夷山自然保护区作出重要批示30周年的日子。

1978年，全国科学大会的召开迎来了科学的春天。这年金秋，在福建省召开的科学大会上，我国著名昆虫学家、福建农学院教授赵修复呼吁，有关部门立刻采取紧急措施，把福建省崇安县（今武夷山市）的挂墩和建阳县（今建阳市）的大竹岚作为自然保护区封禁起来，保护动植物，为子孙后代保留一块极为难得的生物资源调查研究基地。赵教授的呼吁引起科学界、学术界的极大反响。

当时，作为光明日报驻福建记者，深感有必要把这一情况向中央反映，于是会后立即采访了赵教授。在他简朴的寓所，赵教授搬出了一摞资料和昆虫照片，详细介绍了大竹岚、挂墩在世界生物学界的重要地位。

武夷山的大竹岚、挂墩一带是世界闻名的生物标本采集胜地，已有百年以上的历史。早在19世纪40年代就有外国传教士和生物学家到这里采集动植物标本，自19世纪70年代以后又有大批动植物新种被发现，有着"昆虫的世界""鸟的天堂""蛇的王国""研究亚洲两栖和爬行动物的钥匙"等美誉，是世界公认的"生物之窗"。

然而在是非颠倒的年代，这座举世瞩目的生物宝库也难逃被破坏的厄运。赵教授痛心疾首地说:目前这一带森林砍伐得十分严重，这种状况如果继续发展下去，过不了几年，这个闻名于世的生物模式标本产地就有濒临毁灭的危险。"你一定要把这一紧急情况尽快向中央反映"。

1978年11月21日，一篇题为《福建农学院教授赵修复紧急呼吁保护名闻世界的崇安县生物资源》的光明日报内参第274期，摆在了邓小平同志的案头。当时中共中央正在召开工作会议，筹备即将召开的具有重大历史意义的十一届三中全会，多少重大问题都在等待着小平同志决策。然而，小平同志远见卓识没有忽略内参中提到的武夷山区这两块小地方，他对文中一些重要句段画了横线，并在标题"保护"二字下重重画了两道横线，在内参上批示:"请福建省委采取有力措施。邓小平十一月廿二日。"

第二天，中央办公厅即把小平同志批示传到福建省，省委立即采取了有力

江元勋与保护区管理局局长杨佑生等人在一起

的落实措施，有关部门仅用4个多月的时间就完成了实地考察和各项准备工作。1979年4月，迎着改革开放的第一个春天，福建省武夷山自然保护区正式成立。两个多月后的7月3日，国务院批准将武夷山自然保护区列为国家重点自然保护区，成为我国第一个国家级自然保护区。这种以不同寻常的速度建立的武夷山保护区，在我国自然保护区建设史上也是仅有的特例。

小平同志的重要批示，不仅挽救了武夷山这座生物宝库，而且标志着我国自然保护区事业由此进入了一个快速发展的新时期。

30年来，福建省委、省政府历任领导都对武夷山保护区的建设和发展倾注了大量心血。保护区成立时保留下来的2.9万公顷原生性森林植被，成为我国东南大陆也是地球同纬度带中保存面积最大、保留最为完整的中亚热带森林生态系统。1987年联合国有关机构将武夷山保护区纳入世界生物圈保护区，1992年又被确认为具有全球保护意义的A级保护区。1999年，武夷山保护区与武夷山风景区联合申报世界自然和文化遗产获得成功，武夷山自然保护区成为我国仅有的一个既是世界生物圈保护区又是世界双遗产保留地的保护区。

叁

三代执着修正果

正山堂茶经
金骏眉

ZHENGSHANTANG CHAJING
JINJUNMEI

茶業世家

題贈武夷元勋茶厂创業纪念

张天福
二〇〇二年
时年九十三

伟大的发明创造往往肇始于偶然。正山小种的产生完全是出于江元勋先祖对茶的热爱和不经意间的偶然发现。中国作家协会会员、武夷山原市委书记张建光先生在《茶之红》中写道：

　　一位茶农出于对茶的热爱，不经意间实现茶叶史上一场伟大的革命。如果从其日后对世界的影响看，这一小小技术变化不亚于任何一个重大发明创造，就武夷山而言其意义更是不可估量。

正山小种是中国茶叶的一朵奇葩，它有辉煌骄人的历史，风靡欧洲社会几百年，在欧洲的影响力至今未衰。年产值230亿人民币的世界第一大茶企业——立顿，就是由正山小种红茶衍生而来的。然而，由于各种因素，从19世纪末开始，正山小种红茶就受到冲击，对英销售节节败退；20世纪更是每况愈下，民国时期跌入低谷；积年累月的战争使正山小种红茶几乎面临绝迹。新中国成立后，正山小种的命运也几经波折，80年代还差点因销售问题面临危机。为保护这一特殊的茶产，重树正山小种的历史地位，江氏三代人在吴觉农、张天福等老一代茶界宗师和以骆少君、叶兴渭、叶启桐、祖耕荣等为代表的著名茶叶专家的指导下，以及各界有识之士与当地政府的支持下，倾注心血，不懈努力，为正山小种红茶的保存、恢复和发展做出了贡献。

諸族是也八一公生子三長子一公遷
蘭溪次子五公居石塘三子七公居安
仁縣與梁橋生子三長子七三公次子
十九公三子百三公生子二長子孟五
公居廣信府次子孟九公居貴溪湖林
橋生子一寽懷公傳五代玄孫鑒六公
生子五長子益一公徙居崇安桐木關
下江墩之祖次子益二公居本邑貴溪
花橋三子蓋三公遷居九江四子蓋文

一、江润梅延续正山小种生产

在桐木，只要谈起江氏家族，给人的第一印象，自然就会想起正山小种。正山小种与江氏家族现已融为一体。茶界泰斗张天福先生称桐木江氏家族为"茶业世家"。

据《江氏族谱》记载：桐木江氏家族，最早发源于河南潢州（光州）固始（闽王王审知故里），北宋后迁至江西，南宋后期又从江西迁至今天的武夷山桐木关。盖一公为桐木江氏家族的始祖，江氏家族在桐木历代都是以茶为生。

江润梅是江氏家族中一位杰出的人物，被誉为是延续正山小种红茶的"一代大家"。其父江春波种茶、制茶、卖茶，一生奔波于上海、福州、广州等地，为正山小种的发展不辞努力。

1960年21代正山传人江春波夫妇与其子江润梅、其孙江素生合影　江元勋提供

江润梅的儿子江素生生前回忆说："我父亲江润梅早年醉心仕途，根本无意制茶，无奈祖父病重期间，将产业尽数托付给他。我父亲在接手家族产业时，清朝国势已衰败，正山小种红茶根本就抵挡不住印度、锡兰红茶的冲击，加之国内军阀又连年混战割据，民不聊生，桐木正山小种红茶几乎走到了灭绝的边缘。"

1938年，国民党政府为开辟财源，补充军需，财政部设立贸易委员会，以土特产争取外汇。时苏联方面愿意，以易货方式进口中国茶叶。同年6月7日，财政部贸易委员会公布《管理全国茶叶出口贸易办法大纲》。在战时体制下，对茶叶实行统购统销。正山小种作为中国的特种茶，在对苏联出口直接易货和对英美出口直接交货的茶类中，是最受欢迎的，同时也是价格最贵的。

此时的桐木，由于战争的影响，穷乡僻壤，道路崎岖，土匪出没，人烟稀少，与世隔绝，茶园荒芜，正山小种几乎绝迹。据《武夷山市志》载：到1941年，正山小种红茶的产量仅0.05万公斤。

吴大琨及其编译的《大众政治经济学》

1938年由张天福创办的省属福安茶叶改良场迁到崇安（今武夷山市）。1940年并入中国茶叶总公司与福建省政府合资创办的福建示范茶厂，仍由张天福任厂长。

为发掘和恢复中国特有正山小种红茶的生产，1941年张天福先生和随从，身带大笔生产贷款资金，冒着生命危险，从星村出发，翻山越岭，途经曹墩、黄竹坳、皮坑口、高桥等地，借宿荒野人家，在桐木建立"正山小种红茶示范基地"，由正山小种第二十二代传人江润梅先生具体负责。

是年秋，张天福深感零星分散于山村小户的茶叶生产是没有发展前途和市场优势的。要扩大规模，保证稳定品质，只有把他们集中起来进行技术指导、科学管理，才能求得生存与发展。在江润梅的建议下，张天福在桐木的庙湾、龙渡、三港成立了三个茶叶生产合作社，共有社员代表及社员40余人。分别由江润梅、张金发、傅贵发任理事主席，张如清、温其玉、邓文亮为监事主席，徐义兴、傅根旺、雷隐渔为经理，生产资金由示范茶厂给予直接贷款。1942年星村制茶所共收进桐木三个合作社正山小种干毛茶54 166斤，发放贷款40 478元，应得价款41 135.73元；按甲、乙、丙、丁四个等级，甲级的占13.6%、乙级占59.4%、丁级占8.4%、丙级占18.6%，收购工作公开、公平、公正，大家非常满意。它使已濒临衰亡的正山小种有了生机。

1942年7月，福建示范茶厂由国民政府接管，更名为财政部贸易委员会茶叶研究所，吴觉农任所长，张天福调福建协和大学任教。

"财政部贸易委员会茶叶研究所"的前身，是"东南茶叶改良总场"。1941年由吴觉农带领中国茶叶公司技术处大批人员离开重庆，在我国东南地区的浙江衢州万川设立。

临行前，救国会沈钧儒委托吴觉农到东南后，要设法营救救国会的重要成员吴大琨。

吴大琨（1916—2007）为中国著名经济学家、经济史学家、中国人民大学经济学院资深教授，有中国经济学泰斗之称。1936年，20岁的吴大琨从日本回国参加抗日救亡运动，任全国救国会宣传部总干事，编辑《救亡情报》，并参加宋庆龄领导的保卫中国大同盟上海分部，支援新四军

亦有所思　老等作

的工作。1939年受上海人民之委托，到新四军驻地慰问，被当时国民党第三战区军队所绑架。皖南事变后被囚禁在"上饶集中营"，与冯雪峰、郭敬唐、王闻识、计惜音、叶亦辛、杨良瓒，被称之为"集中营里的七君子"。

吴觉农到衢州后，多方活动找到孙晓村，得知集中营已迁至建阳的徐市镇。吴觉农利用第三战区高级参议的关系，得到顾祝同批准，让吴觉农以叔侄名义保释吴大琨。1942年春，因日军大肆进攻浙赣铁路沿线，"东南茶叶改良总场"几度选址，最后迁至福建崇安（今武夷山）赤石街。崇安与建阳毗邻，与当时为了营救吴大琨不无关系。是年，吴大琨保释出狱后，由吴觉农介绍到建阳国立暨南大学文学院任教。

吴觉农育有二子（吴重远、吴甲选），二女（吴谷茗、吴肖茗），全家于1942年由香港经上海到崇安。1946年上半年，崇安茶叶研究所工作结束后，吴觉农携家乘车至杭州转上海，结束了在武夷山五年的工作生活。

崇安茶叶研究所设立后，张天福原创办在桐木的"正山小种红茶示范基地"，连同之后在庙湾、阴坑一带建立的小种红茶品种园，仍交由江润梅家负责管理。吴觉农每次进山都住在江润梅家，两人交往甚密。

江润梅是个爱钻研、悟性高、脑子灵，对茶特别有缘之人。张天福、吴觉农等我国茶界前辈相继来到桐木，在技术上给予指导，在资金上给予帮助，使得江润梅有条件对正山小种红茶的种植、采摘、加工、销售等一系列问题进行深入探索，很快便成为桐木制茶第一人。

此后，在江润梅的带领下，桐木正山小种红茶逐步得以恢复和发展。有资料显示：1954年桐

木村生产的正山小种已达10.142万斤；1954—1972年，年均生产量为16.864万斤，最高年份的1968年达34.82万斤。

1972年10月15日，江润梅去世。临终前交代其子江素生，"吴觉农、张天福是中国著名的茶叶专家，我们交往甚深，不能忘记！有机会要找到他们，他们能帮助正山小种重振雄风"。但由于受当时各种因素所限，一直没有取得联系。

二、江素生苦觅桐木茶叶出路

1978年12月18日，是一个彪炳史册的日子。中国共产党十一届三中全会隆重召开。全会确立了解放思想、实事求是的思想路线，果断停止使用"以阶级斗争为纲"的口号，做出把党和国家工作中心转移到经济建设上来，实行改革开放的历史性决策。它如春风吹拂了大地，改变了中国，影响了世界。同时，也唤醒了桐木这个古老的茶区。

1980年，桐木村生产正山小种红茶26.56万斤；1983年达41.46万斤，出现了卖难问题。福建省茶叶进出口公司准备砍掉设在崇安的正山小种红茶的生产加工计划。

作为福建省政协委员的张天福，得知这一情况后，于1984年3月12日在给福建省政协的提案中提出："应保留生产闽红三大工夫（政和工夫、坦洋工夫、白琳工夫）和正山小种红茶。""清醒认识'倒牌容易创牌难'……正山小种是福建省唯一独特的外销产品……不能单凭眼前经济效益去衡量得失，应慎重考虑从全局长远和生产发展的观点出发，保持福建省茶叶种类多、出口货源丰富多彩的优势。"

建议保留生产闽红三大工夫和正山小种红茶

提案人：张天福

附议人：李润梅　林承周

理由：

五六十年代福建省主要生产红茶。自1970年起，为适应市场需要，实行红改绿后，历年仍保留生产部分工夫红茶1.2万担，正山小种0.3万担。其目的：一是不使历史传统名茶绝迹于国际市场，二为今后扩大销售，积极创汇，提供有利基础。在省茶叶学会第三届代表会上，建阳和宁德地区的代表反映：1984年外贸部门对三大工夫和正山小种，因出口成本换汇率低，采取"一刀切"，全部砍掉停止生产。我们认为这样处理不妥，不论从生产观点和长远眼光来看，这两种红茶，生产历史悠久，在国际市场早负盛名，其中闽红三大工夫早在国内就与"祁红""滇红"并列驰名于世界。这种具有独特风格的中国工夫红茶必须保持出口，占领市场，何况"祁红""滇红"等产量都比我们多，现仍始终保持历年出口，唯独福建仅留极少量的工夫红茶，不留余地全部砍光，把三大工夫绝种于我们这一代，我们总感到"倒牌容易创牌难"。至于正山小种更是福建省唯一独特的外销产品。市场容纳量多了不行，少了也不行。据传英国皇后每天早晨起床后第一件事，就是要先泡一杯正山小种，这使其成为贵重的珍品。且正山小种在国内外是我们福建独家经营的商品，因此我们对上述两个品种红茶的砍留问题，不能单凭眼前经济效益去衡量得失，应慎重考虑从全局长远和生产观点出发，采取定点定量发展生产，努力提高品质，积极开拓市场，增加出口品种花色，合理调剂外贸出口盈亏汇率或向省财政部门申请拨补扶植生产款（特别正山小种是产于崇安桐木关老区根据地），以求保持福建省茶叶种类多、出口货源丰富多彩的优势。

办法：

建议请省外贸部门从全局长远和生产观点出发，会同省茶叶公司商讨，采取定点定量保留生产，努力提高品质，积极开拓市场，合理调剂出口盈亏换汇率或向省财政部门申请拨补扶植生产款加以解决。

1984年3月12日

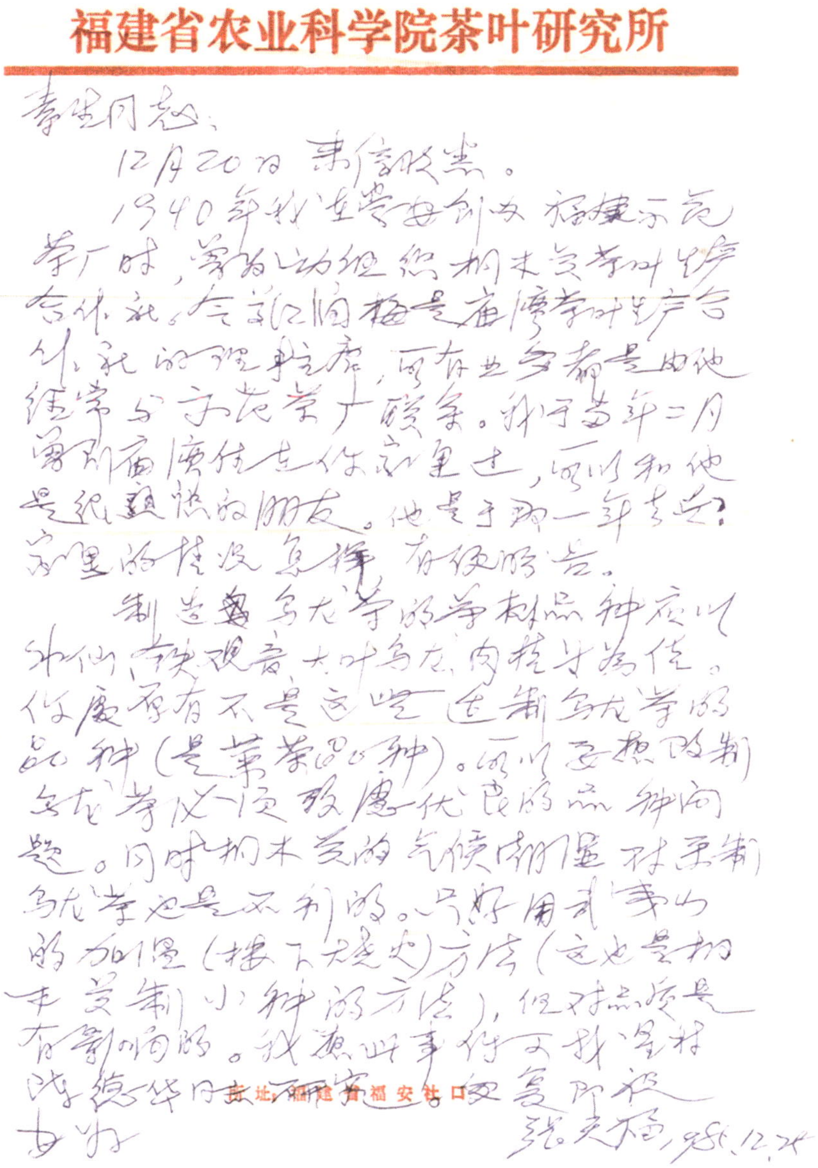

福建省农业科学院茶叶研究所

素生同志：

12月20日来信收悉。

1940年我生当年创办福建示范茶厂时，曾约动组您柯木笔茶叶修合作社，大记得梅是广汽茶叶生产合作社的经理科康，而有些多都是由他经营与子芳芳士碳茶。我于当年二月曾到福清住在你那里过，所以和他是认熟悉的朋友。他是于哪一年去世家里的情况怎样，有便盼告。

制造乌龙茶的茶树品种应以水仙、铁观音、大叶乌龙、肉桂才为佳。你废原有不是这些适制乌龙茶的品种（是草茶品种），所以要热改制乌龙茶必须改用优良的品种问题。同时柯木笔的气候湘温材茶制乌龙茶也是不利的。只好用式手山的加温（揉下搓灶）方法（这也是柯木笔制小种的方法），但对品质是有影响的。我将此事作了我笔社谢德华同志转，希复所询，古好

张天福 1988.12.26

张天福给江素生的信

吴觉农与江素生合影

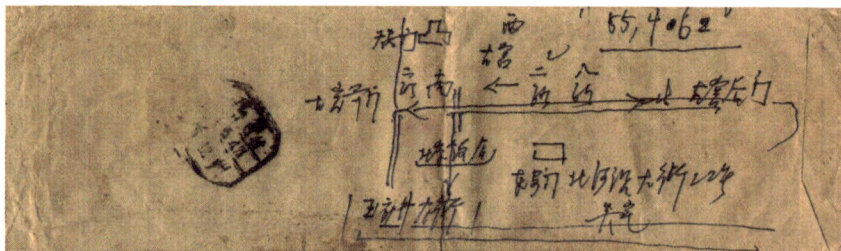

吴觉农手绘家庭住址方位图

　　1984年，茶叶严重滞销。1985年，村里有人建议改制乌龙茶，让江素生写信请教张天福。张天福在回信中说："制造乌龙茶的茶树品种，应以水仙、铁观音、大叶乌龙、肉桂等为佳；你处原有不是这些适制的乌龙茶品种（是菜茶品种），所以要想改制乌龙必须考虑优良的品种问题。同时，桐木关的气候潮湿，对采制乌龙茶也是不利的……"

　　看到山外乌龙茶青叶的价格，明显高于桐木茶青的价格，而且好销。1986年春，江素生还是抱着试试看的心态，在桐木庙湾发龙坑种了10亩的肉桂、水仙。

　　为确保正山小种红茶生产加工出口计划的保留，1985年当地政府让桐木村打报告，然后层层上转，最后转给吴觉农。吴觉农作了批示。江素生生前回忆说："当时村干部给我说，吴觉农在报告上批了字，大体内容是：'我已将你们要解决的问题反映给有关部门。正山小种品质好，历史悠久，在国际市场上还是有竞争力的。四十年代在我手上想恢复，但没有恢复起来，希望你们努力，在提高品质，做细作精上下功夫。顺问江润梅还在否？'原件看后就收回县了，当时我只抄了个吴觉农的地址：'北京东华门北河沿大街二十号。'"

　　随后，桐木村让江素生给吴觉农写信。10天后收到吴觉农的回信和手绘家庭住址方位图。村委会遂决定派江素生、江素忠兄弟进京找吴觉农。江素忠因在南京走散，由江素生一人北上。1985年12月中旬，江素生在北京，见到了吴觉农。

　　吴觉农看了江素生带去的正山小种后说："太粗了！正山小种可以做出好茶，你们要注意提高品质，要搞新产品开发，搞小包装，组织茶业产销合作社，把茶叶做精。"并介绍江素生去找福建茶业进出口公司的庄任，庄任后来又介绍江素生去找原武夷茶场场长姚月明，让姚月明帮助具体指导桐木的茶叶的生产。

第 页

素生同志：

6日5日来信收到。

关于耐氟芽茶叶参考资料方面问题这么
多，单靠说方案，坊市费年日给你写信。请你。
姚日旺场长处去多些帮你解决一些问题那就太
好了。是请信找我教师。前面又几年一住教授
朱福建接这事去也还是靠他们多联络。飞趴去
不和会别家去车号

飞趴接坊　事业有成

阖府安乐，

庄任
1986.6.24.

庄任给江素生的信

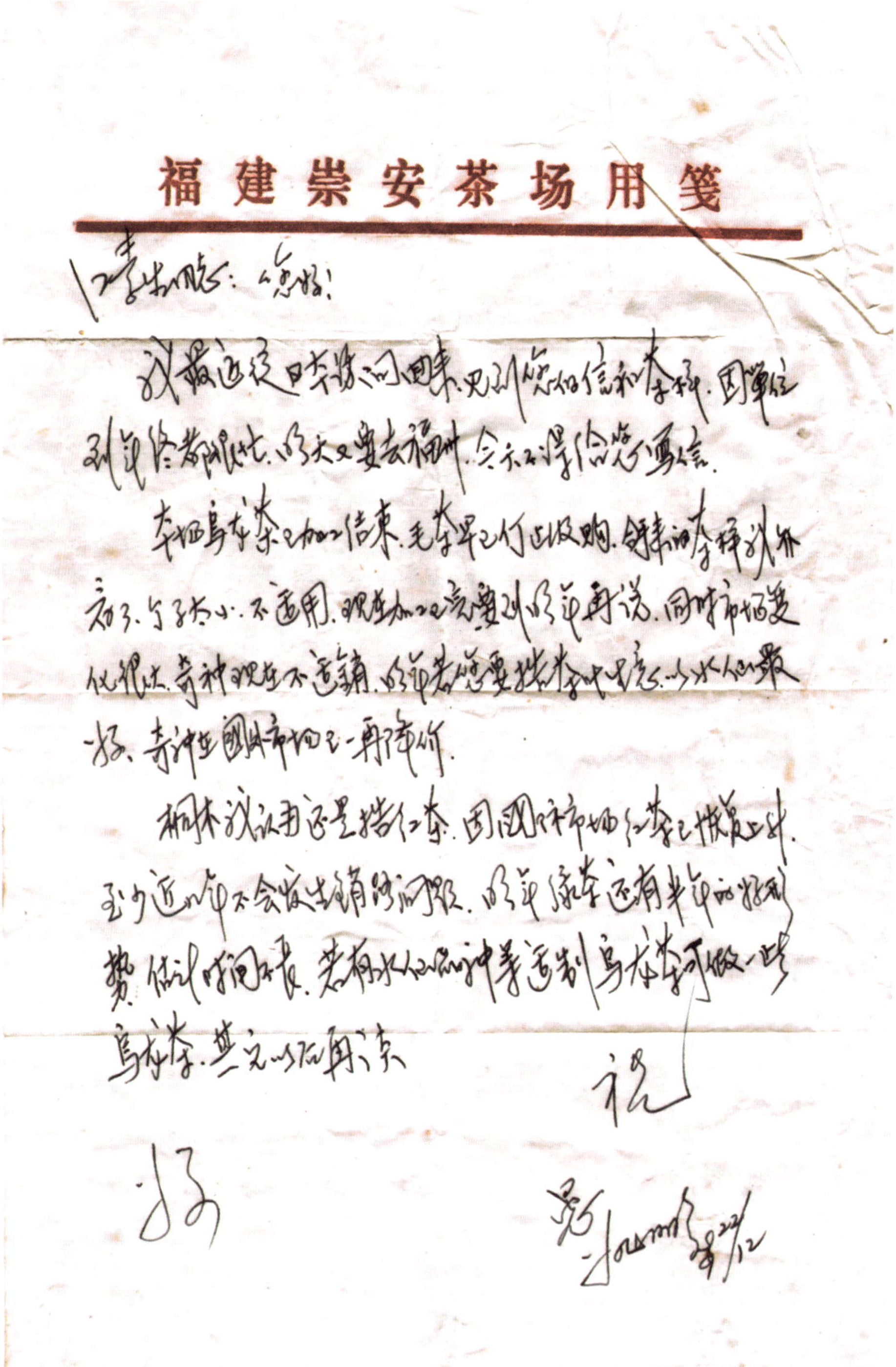
福建崇安茶场用笺

江素生同志：您好！

我最近从日本访问回来，见到您的信和茶样。因单位到年终都很忙，明天又要去福州，今天才得给您写信。

本场乌龙茶已加工结束，毛茶早已付出收购。寄来的茶样我看过了，叶子太小，不适用。现在加工已完毕，到明年再说。同时市场变化很大，奇种现在不适销，明年若您要搞茶也要考虑[illegible]最好，奇种在国外市场已一再降价。

相对我认为还是搞红茶，因国际市场红茶已恢复上升，至少近几年不会发生滞销的问题。明年绿茶还有半年的好形势，估计时间不长。若有[illegible]中等适制乌龙茶可做一些乌龙茶。其它以后再谈。

祝

好

姚月明 [illegible]/12

姚月明给江素生的信

1985年之后，吴觉农与江素生频繁通信，往来信件数量多达三十多件，大部分与茶有关；其中两封信后来还被收入到吴觉农纪念馆。

现将1988年3月12日吴觉农先生就"如何发挥优势生产市场适销对路高品质红茶"给江素生的来信，披露于下：

吴觉农给江素生的亲笔信

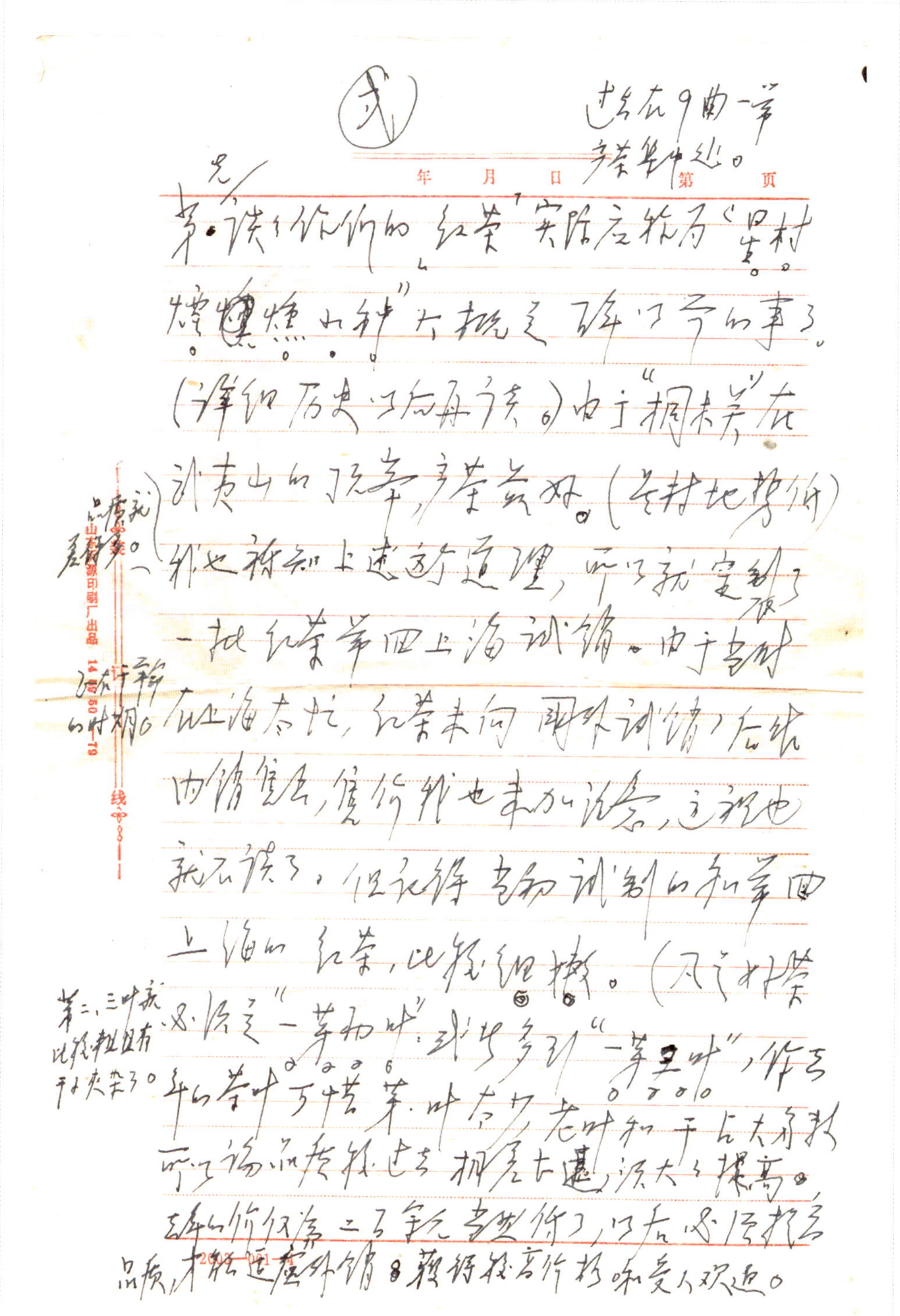

吴觉农给江素生的亲笔信

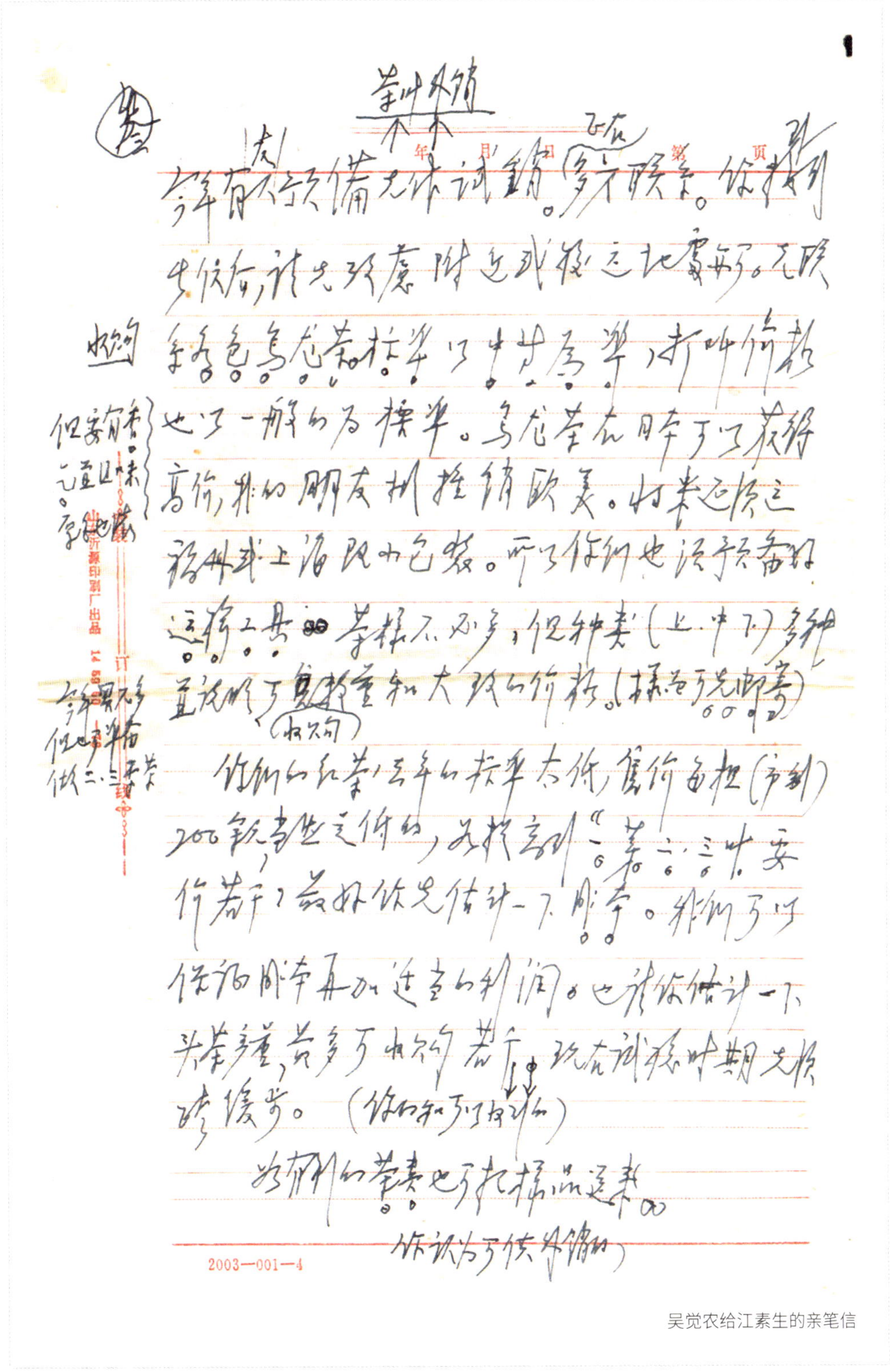

叁

<!-- 手写信件，字迹潦草难以完全辨认 -->

今年有人领备无休试销，多不晓身。你接到
……你复信，许先必度……成後，这地……不晚
……包装样单口……，并……纷報
……一般的为标准。乌龙茶在日本……花纹
高价，我的朋友在推销欧美。……
……此……包装。……你们也须预备好
……工具……样板不必多，但种类（上中下）多种
……用可……量和大致的价格。（……）

你们的红茶（去年的标准太低，售价……格（……）
200斤……是你的，……高到……茶……三共要
你著于……给你先估计一下……。你们可……
价招……再加进去的利润。也请你估计一下
……差异，若多了你的茶于……玩在试样时期之须
……後等。（……）

为你们的营费也……标品送来。
……（你认为可供参考的）

山东蒙阴印刷厂出品

2003—001—4

吴觉农给江素生的亲笔信

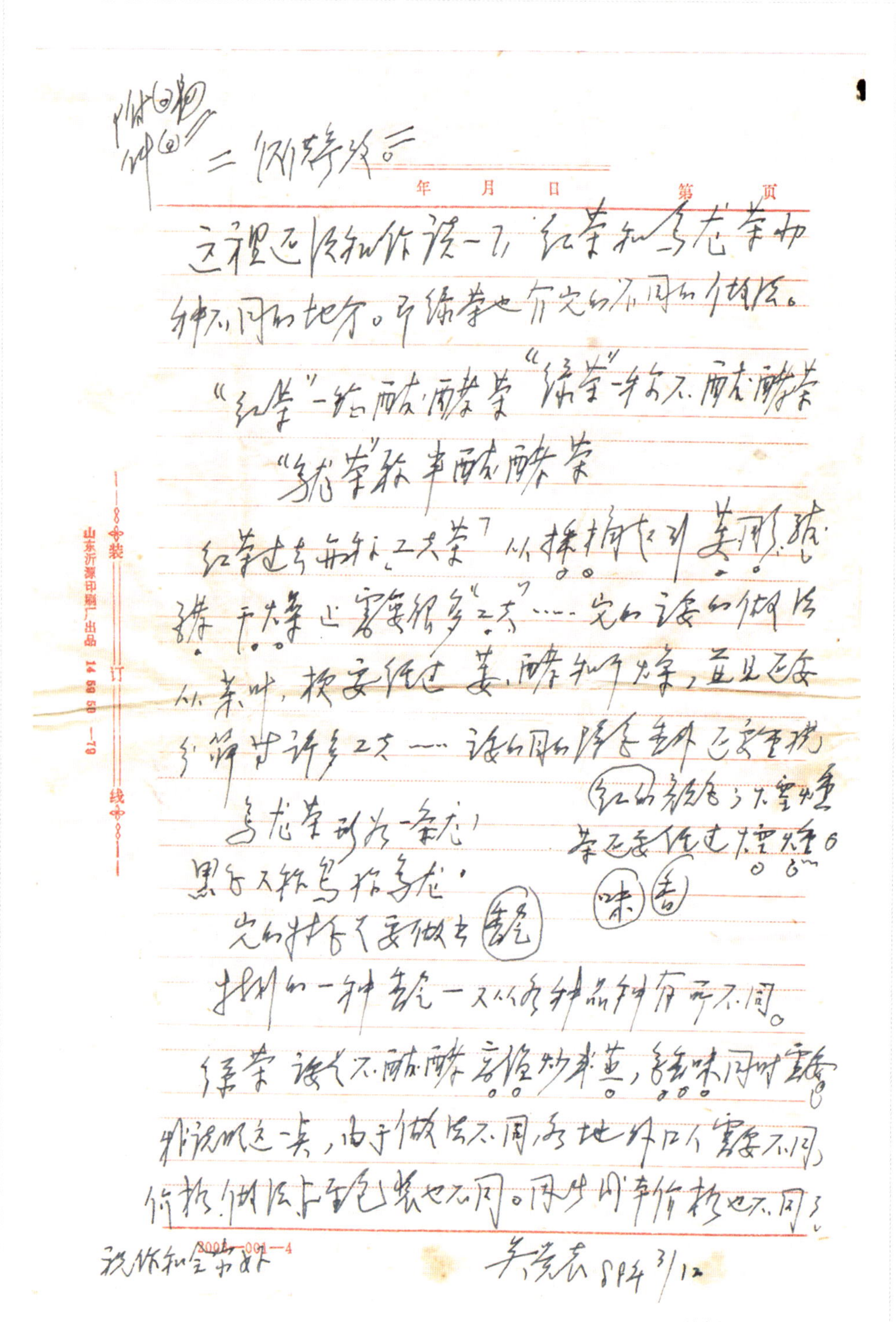

这里还没和你谈一下，红茶和乌龙茶的种不同的地方。与绿茶也介绍一下同的做法。

"红茶"——发酵（两者）"绿茶"——不发酵（两者）
"乌龙茶"——半发酵茶

红茶过去称红工夫茶，从揉捻起到菱凋、揉、干燥……它的做法从茶叶，揉、发酵和烘，并且还要分等许多工夫……说它的好坏要看它是否
乌龙茶起为一条，
黑条又称乌龙（红的颜色，大是茶叶要经过烘焙。）
它的制作是要做出"香、味"
把制的一种条——又从各种品种有所不同。

绿茶——说它不发酵，它是炒米蒸，强味，同时有非常顺这要，由于做法不同各地人口味不同，价格做法上包装也不同。所以叫幸价格也不同。

祝你和全家好
山东沂源印刷厂出品 14 50 60 —79
16开装 订 线

吴觉农 84 3/12

吴觉农给江素生的亲笔信

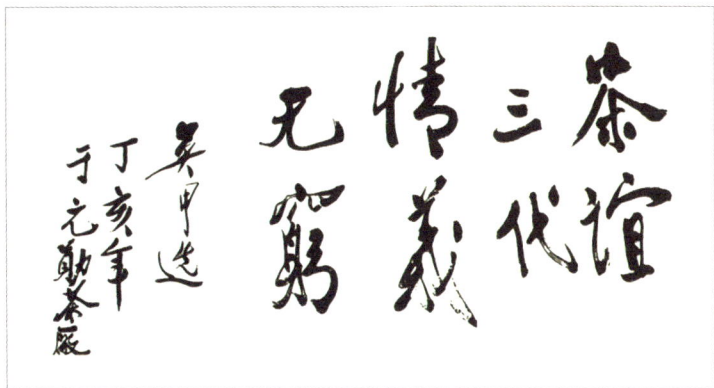

江素生生前还说："我喜欢诗，常把写的诗寄给吴觉农看，吴觉农还把叶圣陶、夏衍写的诗寄给我，让我学习。"

1990年10月28日，吴觉农逝世一周年。中华茶人联谊会、中国茶叶学会、浙江省茶叶学会、茶人之家和上虞县人民政府等单位发起成立了吴觉农茶学思想研究会，江素生、江素忠兄弟应邀出席了在浙江上虞举行的成立大会并当选理事。

2007年9月19日，吴觉农次子吴甲选先生应邀前来武夷山参加首届国际禅茶（大红袍）文化节，期间专程到桐木看望江氏家人，并题写了"茶谊三代，情义无穷"留念。

正山小种作为我国特有的茶类和传统出口物质，虽然在吴觉农、张天福的关心建议下，有关部门给予重视，得以继续保留。但由于始终没有从根本上解决好茶农小户生产经营与大市场的关系，标准难统一，质量难保证，加之没有品牌，一直无法做大做强。

三、江元勋没有丢掉"祖宗"

江元勋是正山小种第二十四代传人。他与祖父江润梅间有特殊的感情，至今仍依稀记得祖父用温暖的手牵着他的手，行走在翠绿色的茶山中；依稀记得祖父中风后，拄着拐杖在茶楼上指导茶农做茶；依稀记得祖父病重时，祖母步履蹒跚地驮回几十斤重的茶青；更记得祖父在临终前的那一刻，对他的再三嘱咐："正山小种是祖宗留下来的东西，不能丢，一定要把它继承下去！"

江元勋九岁开始上山采茶，并采得一手好茶；十三岁跟祖父学习精制红茶，此后从未间断，日益纯熟；二十四岁与傅华金、张美满共同创办了桐木村首家精制茶厂；三十一岁出任桐木村第三任茶叶精制厂厂长。

1997年，三十四岁的江元勋，凭8 000元借款，与徐善友一道，用自己的名字创办元勋茶厂。

白手起家，创业艰辛。建厂初期，江元勋仍然采用传统的制茶方式与分散经营的模式，组织生产加工经营。由于产品没有品牌，市场竞争力一直处于弱势，茶叶卖不出好价格，销售渠道也不畅。为摆脱这种困境，江元勋冒险走了一条桐木村自正山小种产生以来，先祖没有，也没人敢尝试，用本地茶树原料制作乌龙茶的路子。由于看不准，下手又狠，两年下来，乌龙茶整整积压了25吨。再加上上年红茶的积压，整个仓库塞得满满的，1999年工厂被迫停厂，企业深度陷入困境。

望着仓库堆积如山的茶叶，江元勋一筹莫展……

"眼看撑不下去了，但中国人有句古话叫'否极泰来'，2000年，我遇到了贵人和高人"，江元勋如是说。

用江元勋的话说，他一生中，遇到了很多的贵人。武夷山出入境检验检疫局原局长林光荣、中共武夷山市原市委书记张建光、福建武夷山国家级自然保护区管理局原局长任建设三位领导，是他在正山小种复活征程中，最先遇到的贵人。

林光荣喜茶、爱茶，对茶颇有研究，或出于对正山小种红茶的特别钟爱，当他得知元勋企业的困境之后，毅然决定深入该企业，调查了解情况。而后，一方面研究如何帮助元勋企业，申请正山小种国家"原产地标记注册"，2002年年初获准，注册证书号0000023；另一方面专题向时任武夷山市委书记张建光报告情况，阐述正山小种过去的历史、在国际市场上的地位、元勋企业面临和需要解决的问题以及正山小种未来的发展潜力和空间等。

林光荣的汇报，引起了张建光书记的高度重视。张建光书记随后即组织有关部门负责人，深入桐木就如何扶持元勋企业召开现场办公会，决定给人、给地、给政策。

给人，下派民营企业厂长助理。江元勋所说的高人，就是"南平机制"为他企业下派的厂长助理——祖耕荣先生。

"高位嫁接，重心下移，互动联动，一体运作"的南平机制，是时任中共南平市委书记李川先生，通过广泛深入调查研究，为整体破解"三农"问题而提出的发展战略。所谓高位嫁接，就是采用组织行政的手段，把闽北市、县（市、区）机关的科技、管理人才，以村党支部书记、科技特派员、民营企业厂长（经理）助理、流通助理、金融助理五种形式，派往农村，帮助农村发展生产，解决问题，提高农民收入，促进农村繁荣与稳定。南平机制切合闽北农村实际，它解决了农村人才匮乏的问题，对建设社会主义新农村产生了积极深远的影响。

祖耕荣是中共武夷山市委按照个人报名、单位推荐、组织考核、市委研究等严格程序筛选，于2000年年初向元勋茶厂派出的首批民营企业厂长（经理）助理。祖耕荣到任后，江元勋让他负责生产和营销工作。

他通过深入茶农调查研究，上网了解茶叶市场的国内外行情，向江元勋提出了三点建议：一是筹措资金尽快恢复生产；二是申请注册品牌；三是申请有机茶认证，跻身欧盟红茶市场。

资金问题几经波折，最后以祖耕荣先生内兄一处价值几十万的房产为抵押物，向银行贷款19万

张建光与江元勋畅谈正山茶业发展前景

元，使工厂重新运转；品牌问题，通过分析英国立顿红茶为什么能经久不衰，做大做强的内外部因素，设计、申请、注册了"元正"商标；有机茶认证问题，几经上下，迎来了德国方面专家的实地考察。2001年"元正"品牌正山小种红茶，被确认为有机茶，成为福建省第一家取得德国BCS认证的茶叶产品。随后，日本JAS、美国OCIA等多家国际权威有机认证机构的认证也被江元勋一一收入行囊。它不仅使江元勋当年生产的100吨红茶销售一空，而且还解决了库存"堆积如山"乌龙茶的出路。既盘活了元勋的茶企业，又带动了桐木当地红茶的发展，使"生在深山无人知"的正山小种红茶，迎来了欧盟国家及国内经销商的竞相要货、订购"如茗美人不愁嫁"的火红局面。

　　鉴于祖耕荣在下派民营企业助理期间的优秀表现，中共武夷山市委研究决定，对他进行提拔任用，让其出任武夷山市茶场第二十任场长（张天福为第一任场长）。

《闽北日报》曾发表了《祖耕荣复活了桐木红茶》的文章，现转录于下：

　　武夷山茶界说起祖耕荣，无人不晓。如今的武夷山茶业界，祖耕荣成了明星人物。其主要原因在于他为桐木红茶拿到了两张"王牌"：一张是元正牌"正山小种"红茶通过德国BCS组织颁发的有机茶证书；另一张是该品牌红茶取得国家质检总局颁发的原产地域标识。从而救活了濒临破产的元勋茶厂，同时也使桐木红茶重新焕发光彩。

　　武夷山元勋茶厂是桐木农民江元勋于1998年创办的企业，办厂的初衷是想利用桐木的特有优势，打出红茶品牌来。桐木农民有种茶的传统，但长期以来处于分散经营状态，习惯于传统制作方法，因而红茶一直卖不上价。江元勋做了多年茶叶，深感其苦。因此决意办一个比较现代化的龙头茶厂，引进先进制作方法，提高红茶质量，让红茶上一个档次。但是想想容易，真要做起来便困难重重。江元勋经过一番努力，是生产出了高品质的红茶。可是，等他拿到市场上，却没有人认账。上海人喝红茶，但他们只认滇红、祁红还有英国红茶（其实是印度红茶）；英国人是世界上最喜欢喝红茶的，可是如今他们对桐木红茶也生疏了。江元勋磨破嘴皮，跑烂脚皮，也没有多大效果。无奈之下，只得改产乌龙茶。可是桐木乌龙茶的质量，无法与传统的岩茶产地相比，搞了两年，整整积压了25吨在仓库里。再加上积压的红茶，江元勋气都喘不过来了。

　　问题其实很简单。在当前市场竞争的条件下，要打响一个品牌，除了本身的质量因素外，还要靠种种促销手段，但促销是要钱的。假如元勋茶厂是个很有实力的大企业，他当然可以拿出一大笔资金来做广告，甚至可以在中央电视台黄金节目时天天播放"桐木红茶如何如何之类的话"。可这一招不要说元勋茶厂做不到，其他的武夷山茶厂目前也做不到。那该怎么办呢？江元勋没辙了。

　　不过，他很幸运，关键时刻碰上了高人。2000年初春时节，祖耕荣来了。当然，他不是以乡镇党委副书记身份，而是给江元勋当营销助理来的。说是厂长助理，但江元勋在心里还是把他当领导看，许多心里话没有马上跟他说。祖耕荣是聪明人，他知道现在最重要的是解决企业的难题，只有解决了，茶农们才会服你。他对江元勋说："别的就不说了，采茶季节就到，我们的机器要运转起来。"

　　江元勋愁眉苦脸地说："仓库里不积压着几十吨呢。再生产了放哪里？何况，我也没有钱了。"

　　"没钱不要紧，我们一起想办法。"

　　祖耕荣说完就赶到城里，找到农业银行行长。他想，行长跟他是朋友，凭他的面子，贷个几十万没问题。果然，他一提贷款的事，行长就满口答应："你来了，总要给你的。不过，"行长口气一转："手续可得办清楚。""什么手续？""要有东西抵押。比如，房产什么的。"

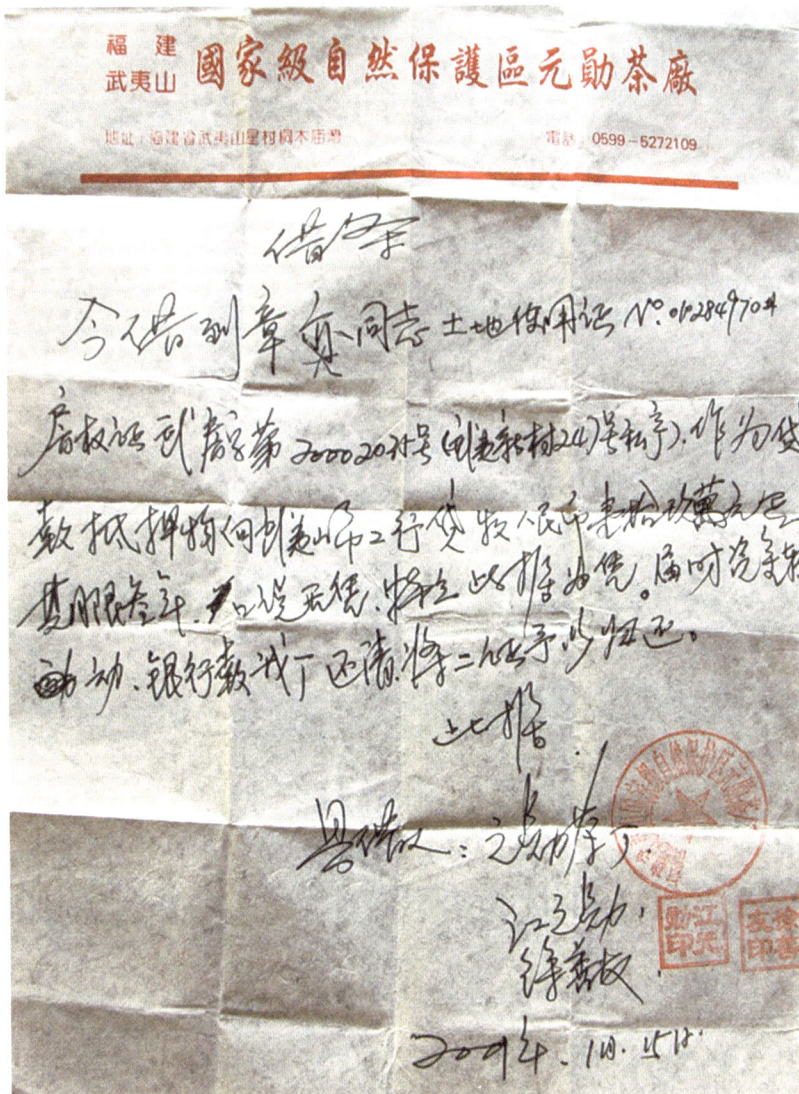

　　这一说。祖耕荣愣了，元勋茶厂是个小茶厂，又在桐木村，根本就没有值钱的房产。而他自己，住的是公房，不能抵押。"能不能通融一下，以我个人名义，到时还不了就扣我工资。"

　　行长笑了："用你的工资抵押只能贷3万。"

　　3万怎能解决问题？祖耕荣还想磨蹭，行长却滴水不漏了。这也难怪他，几十万的资金，不能不慎重。但是行长提醒他："如果有别的诚信企业担保也行。"

　　这一说，祖耕荣灵起来，他想起内兄刚花几十万盖了一座楼房，就找他去吧。内兄是个爽快人，一听说后，马上拿出房屋所有权证和土地使用许可证交给祖耕荣。祖耕荣很快就贷到了19万元钱。元勋茶厂停了许久的机器，呼隆隆地响了起来。

　　等茶厂生产走上正轨，祖耕荣立马着手解决桐木红茶打入国际市场问题。经过调查研究，他建议以武夷山自然保护区元勋茶厂的名义，独立向德国BCS有机食品保证公司申请有机茶认证。如能取得这项认证，桐木茶厂的红茶就可以直接进入欧盟市场。江元勋当即全力支持，并委托他主抓这项工作。

　　祖耕荣后来回忆起办理认证工作的过程时，深有感触。"那一阵子，我跑上跑下，真是累极了。桐木距城区有八十公里，路况又不好，坐班车要颠簸上3个小时。有时刚刚回到城里，第二天又要赶下去。光这样跑还好，最头痛的是申请认证时的手续，麻烦极了。写报告，填表格，送样品，还要翻译成德文，还要找专家，前前后后好几次。弄到后来，差一点自己都没信心了。"

　　不过，最后事情还是办成了。德国方面终于派专家前来元勋茶厂实地考察。当他们看到桐木一带自然保护区郁郁葱葱的高山峻岭，清清冽冽的溪涧流水，沁人肺腑的湿润空气，一个个都陶醉了。经过对环境以及茶厂设备条件的全面检测，最后确定元勋茶厂生产的元正牌"正山小种"红茶以及奇品乌龙茶为有机茶，保护区内3 000亩茶园为有机茶园，另有附近的1 500亩为过渡茶园。

　　2001年6月，元勋茶厂拿到了正式认证的证书。别小看这一本小小证书，可是福建省目前唯一的茶叶直销欧洲的"通行证"。凭着这一通行证，不仅销光了当年生产的100吨红茶，还解决了积压乌龙茶的出路。企业一下就活起来了。在元勋茶厂的带动下，桐木村茶业也红火了。茶农生产的茶青收购价从每千克2元提升到3元，仅此一项，就为桐木农民人均增收270元。

　　不久后，祖耕荣又帮助元勋茶厂从国家质检局取得了正山小种红茶原产地域保护标识，进一步提高了桐木红茶的身价。如今的桐木红茶，再也不是"长在深山无人知"，而是"如茗美人不愁嫁"。欧盟国家及国内要货订单络绎不绝。为了进一步提高元勋茶厂的生产能力和产品质量，祖耕荣带着江元勋，找到市委书记张建光，向他专题汇报茶厂情况，并提出重建茶厂设想。第二天，张建光率领有关单位领导，赶到桐木现场办公，解决了扩大再生产的一系列问题。一年之后，元勋茶厂正式迁入建筑面积4 000米^{2}的标准厂房，一个面貌全新、充满现代气息的企业，就这样从深山沟里崛起了。

012

关于申请成立"福建武夷山国家级自然保护区正山茶业有限公司"的报告

（表）
13号

3.21

武夷山自然保护区管理局：

我厂在贵局的关怀支持下，于 1998 年 3 月份成立，我厂几年来立足桐木"正山小种"红茶的恢复与发展，积极开拓市场，企业得到发展壮大，同时为稳定村民的茶叶生产收入起到积极作用。

随着我们国家加入"世贸"组织，本企业又系外向型企业，需要与国际市场接轨，为了将本企业做响做大，方便企业申报"企业直接进出口权"，本厂决定向工商部门申请登记成立"福建武夷山国家级自然保护区正山茶业有限公司"，恳请贵局批准使用上述公司名称。

特此报告

致

福建武夷山国家级自然保护区元勋茶厂

二 00 二年元月二十日

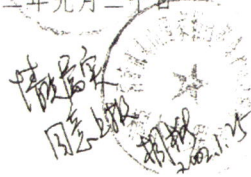

香飘　丁李青摄

　　这之后，武夷山市委又先后向该企业派驻了市人事局科长付华生、市政府办干部彭厚斌二位民营企业助理。

　　给地，建标准厂房；2002年，占地1 000米^2、建筑面积4 000米^2，集茶叶精加工、检验检测、包装贮藏为一体的标准生产厂房竣工；随后顺利通过国家出入境检验检疫局出口食品卫生注册、国家ISO 9001-2000质量管理体系、HACCP食品安全管理体系认证。

　　给政策，列入武夷山市民营重点扶持企业，特事特办，一路绿灯。任建设身体力行，迅速落实现场办公会议精神，帮助元勋茶厂更名为"福建武夷山国家级自然保护区正山茶业有限公司"。2002年，经福建省外经贸厅批准，"正山茶业"成为武夷山市唯一一家拥有茶叶进出口经营权的生产企业。

　　品牌，象征质量、代表企业。一个成功品牌的形成，需要技术、产品、质量、服务、消费者验证等长期的信誉积累。而一个品牌茶叶的形成，则必须从品种的选择开始，再到栽培采摘、加工制作、包装上市以及新产品开发的整个过程，它始终都要以保证质量为前提，严格遵循规范的标准，有一套科学的管理方法。"元正"是福建武夷山国家级自然保护区正山茶业有限公司，于2001年申请注册的品牌商标。所谓"元"，指的是发源、起源、开始的意思；所谓"正"，是真正、正宗的意思，也含"正山"之意。"元正"两字的寓意是："元为本正"。它说的是，"正山茶业"生产的茶叶产品，其工艺起源于正山小种红茶世家，其原料正宗来自武夷山国家级自然保护区，它是正山小种四百余年历史文化不间断传承和积淀的创新产物。

　　为塑造"元正"品牌，正山传人江元勋脚踏实地，从基础抓起，环环紧扣，一步一个脚印，已建立拥有无公害有机茶园3 000亩，另有过渡性茶园1 500亩，年均外贸出口红茶40万斤以上，走出了一条融科工贸于一体，稳定质量，提升品牌，可持续发展的路子。

肆

红茶翘楚金骏眉

正山堂茶经
金骏眉

印象武夷　丁李青摄

中国是茶的故乡，是世界最早发现、栽培和利用茶叶的国家。在漫长的生产实践中，我国各地创造形成了数量众多、外形千姿百态、品质各具特色的各类名茶。金骏眉是2005年研发并投放市场，令世人叹为观止，深受文人雅士、业界人士及消费者推崇的一款名茶。

一、什么是金骏眉

　　它属于什么茶系？为何能在短时间内窜红茶界，成为祖国大江南北、众人耳熟能详，在茶叶高端市场的一款新品名茶呢？有人说，它是绿茶。因为它用茶树眉芽为原料。有人说，它是岩茶。因为其汤色像岩茶，有岩骨花香。有人说，它是介于岩茶和红茶之间的一种茶。因为它采用了传统正山小种红茶的制作工艺，又辅以岩茶的炭焙工艺，不熏焙，滋味没有正山小种红茶那么浓烈。有人说，它是创新红茶。因为它对传统正山小种工艺，包括采摘、萎凋、揉捻、干燥等环节进行了改革，制作更精细，品质更优异。有人说，它是特定环境条件下的产物。离开武夷山自然保护区独特的自然生态环境，就没有真正的金骏眉。还有的则认为，金骏眉纯属炒作……众说纷纭，观点不一。

黄岗山风光　*正山堂供*

（一）金骏眉是红茶新秀

世界红茶源于正山小种。金骏眉属全发酵茶，是红茶的后起之秀，与正山小种一脉相承。

从采制工艺上看，金骏眉经历了萎凋、揉捻、发酵、干燥等程序，与红茶制作工艺相同；从干茶色泽上看，金骏眉由正山小种的灰黑色转化为金黄黑相间；从香气上看，金骏眉由正山小种的松烟香转变为高雅的花果蜜综合香型；从汤色上看，金骏眉由正山小种的玛瑙红转换为活泼的金黄色。它兼容并蓄，集优质岩茶与小种红茶特质于一体。

（二）金骏眉是正山小种的改良创新

正山小种作为红茶中的特种茶，有着悠久的历史和深厚的底蕴。在漫长的生产实践中，形成了从茶青、萎凋、揉捻、发酵、过红锅、复揉、熏焙、复火的初制工序，再到定级归堆、毛茶大堆、走水焙、筛分、风选、拣制、烘焙、匀堆、成品的精制工序。独特的制作工艺，造就了正山小种特有"红叶红汤、松烟香"的品质特征。与其他茶类相比，正山小种所具有的这种品质特征，更适合与牛奶、冰淇淋等物质混合进行调饮。由于该茶口味重，浓强度高，国人饮茶习惯又多以清饮为主，因此长期以来主要是出口供应西方国家，国内销量极为有限。故在产地武夷山，正山小种有"国内生产，海外买"之说。

金骏眉作为红茶的后起之秀，突出了红茶的保健养生功能。它通过对传统正山小种工艺颠覆性的改良创新，改变了传统正山小种"浓、红、苦、涩"外贸型的口感风味，为"清、活、香、甜"内贸清饮型的口感风味，最大限度地提升、释放出了茶黄素这一红茶药理保健物质的含量。

茶黄素是儿茶素氧化聚合后形成的产物。它是一种有效的自由基清除剂和抗氧化剂，具有抗癌、抗突变、抑菌、抗病毒，改善和治疗心血管、糖尿病等多种生理功能性疾病。近年来，关于茶黄素的医药价值和保健功能已为人们所知。

桐木金骏眉茶园　徐庆生摄

茶黄素含量与红茶品质、汤色、亮度及彩度呈正相关。在有氧化的情况下，儿茶素迅速发生酶促氧化，产生儿茶素邻醌。邻醌物质很快又发生聚合，逐步产生茶黄素；茶黄素进一步氧化产生茶红素；茶红素进一步氧化并与氨基酸等物质聚合，最后形成茶褐素。茶褐素含量与红茶品质呈负相关。因此，在生产过程中应尽力避免产生过多的茶褐素。

我们说金骏眉是正山小种的改良创新，除了体现在品饮理念、茶品的风味口感上，还包括采摘、加工、制作工艺上的改良创新。

从采摘标准上看，正山小种以春、夏两季茶树的一芽二、三叶为原料；金骏眉采摘标准高，一年一次，只采头春的单芽。

从加工工艺上看，正山小种有"过红锅"和熏焙两道工艺，茶品有较强的松烟香；金骏眉省掉了这两道工艺，茶品有幽雅的花果蜜香，没有松烟香。

从制作工艺上看，正山小种采用常规发酵技术，大比例茶黄素转化为茶红素。由于茶红素比率高，成茶汤色浓红，似桂圆汤；金骏眉采用人工增氧、加温、悬挂式发酵技术，茶多酚最大限度地氧化生成了茶黄素，故成茶汤色金黄，活泼明亮，"金圈"宽厚，滋味鲜爽，花香特殊。

因此，可以说，没有"正山小种"，就没有金骏眉。

（三）金骏眉是优良生态环境的产物

人参以吉林的品质最佳，三七以云南的最好，泽泻以建瓯吉阳的最优。《晏子春秋·杂下之十》云："婴闻之，橘生淮南则为橘，生于淮北则为枳，叶徒相似，其实味不同。所以然者何？水土异也。"自然界里的每个物种，都有其生长的最佳环境。

武夷山国家自然保护区，由于主峰黄岗山能北拒北面寒流，南迎海洋暖风，因此形成了独特的自然气候环境。这里山高林密，土壤肥沃，土层深厚，养分齐全；冬无严寒、夏季凉爽，云起雾绕，温暖多雨；日出得迟，日落得早，昼夜温差大，生态环境好；是福建省气温最低、降水量最大、相对湿度最高、雾日最多的地区，它满足了茶叶生长所需要的一切条件。

"高山云雾出好茶。"桐木茶叶由于散布于自然保护区内的崇山峻岭之中，长势旺盛，生命周期长；持嫩性好，芽头壮实，氮代谢旺盛；儿茶素、氨基酸、芳香性物质含量高；与普通茶山生长的茶叶相比，尤以酯型儿茶素和没食子儿茶素所占的比率更高，这是其他茶山无法比拟的。

以之为原料制作出来的金骏眉，与用一般环境条件下生长的茶叶制作的茶相比，条索纤细紧结，乌中透金，油润发亮，滋味香甜鲜爽，耐泡度高。饮后沁人心肺，仿佛有暑天置身原始森林中的"清凉"。生产制作一千克金骏眉，要15万个芽头，需75个熟练采茶女工同时采摘一天。

综上所述，我们不难看出，真正的金骏眉有着厚重的历史文化积淀，是正山小种红茶四百余年来不间断发展延伸的产物。它卓越优秀品质的形成，对环境条件、原料选择、采摘标准、制作工艺有着特殊的要求。离开这些特殊要求所生产出来的茶叶，虽然也能拷贝出形似的"金骏眉"，但内质根本不能与真正的"金骏眉"相媲美，充其量也只能算是"山寨版"。我国著名茶叶评审专家、福建农林大学教授陈郁榕说："金骏眉不仅是名字好听，还代表着这个产品的品质特征必须是要能够反映出武夷山桐木的地域特征，其他地方仿照再多，内质达不到也是枉然。"

因此，也可以说，没有保护区，就没有金骏眉。

二、金骏眉研发诞生

江元勋从创办元勋茶厂起，就立志"要为世界制作最好的红茶"。如何为世界生产制作最好的红茶，是江元勋始终思索、从没放弃的愿望。2001年，元勋企业摆脱困境后，"我要为世界生产最好红茶"被提上议事日程，2002年1月17日，江元勋主持召开由叶兴渭、祖耕荣、江素生、江素忠、龚雅玲等人参加的《关于如何生产制作最好红茶》的讨论会，会上大家各抒己见，有的认为要从质量入手，树立品牌；有的认为要从源头入手，抓基地；有的则认为要立足保护区独特的生态条件，改进工艺，从生产有机茶入手……最后决定成立"顶级红茶"研发组，由江元勋任组长、祖耕荣负责制定方案、叶兴渭负责技术指导。

同年4月15日，受江元勋委托，祖耕荣、江素忠带着叶兴渭的书信，前往安徽芜湖，向在那里参加第二届国际茶业博览会的张天福先生和骆少君女士汇报研制生产顶级红茶的设想，得到二位茶界前辈的肯定和支持。最后商议确定由江元勋、祖耕荣、吕毅、江素忠、龚雅玲五人组成研发小组，立足武夷山国家级自然保护区独特的地理气候、茶树品种资源，从筛选适制品种、实施有机栽培、进行工艺改革、保证质量、树立品牌等环节入手，系统开展顶级红茶制作的探讨研究。它为后来"正山茶叶"品质的稳定提升和连续10多年获得德国BCS、日本JAS、美国NOP有机茶认证创造积蓄了能量。

2003年春季，为解决桐木茶叶的出路问题，江元勋、祖耕荣、吕毅、江素忠、龚雅玲等人，尝试用桐木小种茶树品种的芽头，试制高档龙井茶，但结果并不理想。

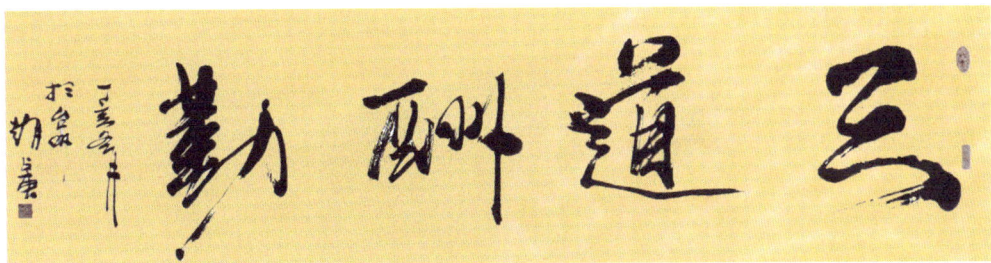

天道酬勤　赵占东书

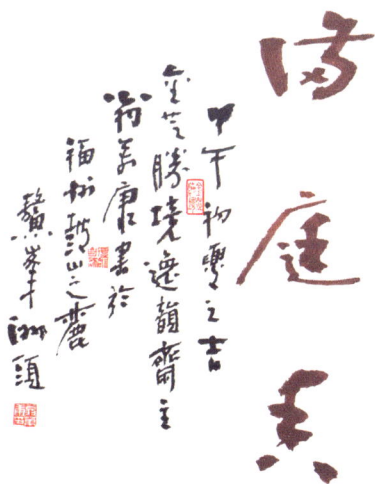

满庭芳　翁迈康书

　　2005年7月15日，午饭后，江元勋与北京友人张孟江先生、阎翼峰先生等人，在桐木正山茶业公司门前竹间草坪纳凉，见同自然村一茶妇，手持镰刀路经公司。北京友人张先生好奇地问元勋："天这么热，此妇拿镰刀去干什么？"江元勋予以答之。随后张先生又说："这么辛苦，何不增加一些成本，用芽尖像生产绿茶一样做些高端红茶试试呢？"

　　说者无意，听者有心。张先生不经意间的一句话，给江元勋带来了启发。元勋随即便让公司制茶人员温永胜，以每斤茶芽40元的价格，让该茶妇进行采摘。傍晚时刻，该茶妇共采摘茶叶芽头1.5斤。当日，江元勋与温永胜、梁骏德等人按照红茶制作工艺进行萎凋、搓捻、发酵、炭焙，得干茶三两。

　　该茶条形呈海马状，色泽黑黄相间，干茶香气独特，发酵过程即有蜜糖香。第二天，江元勋即让北京友人张先生等共同开泡品尝。当沸水冲入，顿觉香气满室，汤色金黄透亮，滋味甘甜爽口、润喉、回味悠久，集蜜香、薯香、花香于一体，有高山的韵味，这就是后来被命名的"金骏眉"的雏形。

　　2006年，又通过试验、分析、比较，于9月基本定型。当时只是少量生产，仅供北京、福州等地友人品鉴；2007年，再次根据品鉴反馈意见，进一步完善，开始批量生产，主要以订购为主；2008年正式投放市场，一经上市就受到喜茶爱茶之人的狂热追捧，并迅速走红。

江泓《金骏眉茶记》石刻　徐庆生摄

金骏眉茶记

原国家林业部森林资源和野生动物保护司司长　江泓

　　华东第一峰，名黄岗山；山之阳有一脉，地有双泉，遂建寺宇以护之，故名双泉寺，以佑一方。双泉之水，恒满清澈，光洁若银，如龙脉之眼。山脉蜿蜒，亦犹如龙翼盘踞，其腹地则为由国家定为武夷山国家级重点自然保护区。其内有桐木古茶山，海拔600~1 600米，枕黄岗望武夷，株株老枞生烂石；浸砾壤，依山泉，伴野花，交古树；云雾、阳光、细雨、微风交互关美照，片片茶叶饱含龙脉自然之灵气，造化而成有机高贵之品质。

　　桐木村江氏家族，宋代由河南入闽，敬持茶事，已传至二十四代。明末清初，疲军席茶而息，数日之后，不意茶已发酵，江祖遂以火焙之，全然发酵，因缘而得红茶。出而售之，爱者众，因有名气冠，得名"武夷正山小种"。至17世纪，远销欧洲，风靡王室，饮红茶成为时尚。后立顿先生传习江氏正山红茶之工艺，制立顿红茶，泛销世界，西方由此形成了红茶文化。

　　金骏眉之创始，实为本世纪初茶界头等幸事。由现代"茶圣"吴觉农致江元勋父亲书信之启示，受于江父故交茶界泰斗张天福"发展精制茶"之观念之启发，及北京茶友张孟江、孙连泉等倡导做好茶、购好茶、喝好茶之需求。江元勋先生得机率梁骏德、温永胜、江骏发、陈贵宝、江骏生、胡吉兴等员工，在老枞中采紫笋新芽，兼持精行俭德之精神，自2003年仿龙井之基础，经几年不断探索，研发出第一款金骏眉。从红茶诞生至欧洲下午茶风尚，再至金骏眉问世，正山堂坚守传承红茶四百余载。

金骏眉诞生，乃开启而今由其领军之全新红茶时代。此乃激发中国红茶走向复兴之时代，亦为带动红茶业界共同走向新兴繁荣之时代。

正山堂江氏茶人于世界红茶之杰出贡献，皆令人深心怀感恩之情者，而世间茶人更为幸得正山堂之机缘而心怀感激喜悦。

古语有云"试玉要烧七日满，辨才需待十年期"，桐木茶山独有之生态环境及正山堂古往今来之精湛工艺，赐予金骏眉之高贵品质、迷人风韵，十余年中皆得专家、茶人、消费者之共赏、好评。是啊，十个人在海拔1 300米左右山头，选百年老枞采茶，才能得五万以上新芽而精制成一斤茶，其韵味天成，鲜爽纯正，汤色净明，如琥珀之光，这茶怎能不让人真爱于心呢。

可以乃盼见，凝正山堂心血及地方各界热心之金骏眉，定将以世界第一红茶之美誉，光耀世界茶品之林，福惠天下。

回首，已饮金骏眉十年有余，有感于斯，以记之。

金骏眉赋

中国作家协会、文艺评论家协会会员，
福建平潭综合实验区文联党组书记、主席　陆永建

金骏眉者，武夷奇茗。纳天地之精，汲日月之灵。元勋高士，积雪囊萤。千探岩骨，百焙兰馨。金汤亮黄，味甜无竞。一啜一品，把盏邀月，闲庭养性；一酬一和，举杯迎风，甘露怡情。面无晦浊之态，心无鄙俗之兴。至静至雅，消块垒以物外；亦茶亦禅，浮太和而身轻。名传神州之八遐，道播华夏之泉井。

偈云：吃茶去！

金骏眉赋　陆永建作并书

金骏眉赋

福建省水产研究所原所长，厦门海洋职业技术学院
原党委副书记、副院长、副研究员林光纪

嘉叶兹降兮武夷，皇天既孕兮尤矣。眉眇眇兮俊奕，金灼灼兮辉熠，峻岭采野兮奔砥。受命不凡兮玉蕊香凝，厚地复萌兮甘霖广翊，聚山川兮灵气，吸日月兮精谛；盛世出兮茶魂道诣。

一芽透双遗，吮汉唐之雨露，汲宋明之虹霓。朱子棹九曲，水矶注集。苏轼假慢亭，吟空对弈。聆玉女私语，借大王风起。春接雾霭兮研容幽芳，夏戏清流兮悦淑比翼，秋拾翠羽兮云端翔弋，冬纵雪盖兮明珠披衣。一脉一络皆春秋，崇安故邑。

和为魂，把盏八艺；诚为体，奉茗五礼。三冲九泡兮腾烟波逶迤，一瓯数叶兮知万物天地。

外赏五形：迫察嫩意，鲜若处子新浴，被金间玄黄，皓质兮玉颐。望观条索，少绒隽茂，重实成一，襁纤兮得衷，紧细兮素己。近视色泽，瑰姿艳倚，柔润兮静秀，芳泽兮无疑。凝聚匀整，修短合宜，丘岭兮叠叠，方竹兮离离。辨析净度，非碎兮元匜，梗无其理，瑜纯兮屏翳，挺好兮明丽。

内鉴四理：汤色金黄，玛瑙浓郁，披金圈兮璀旒，烟瑶碧兮华仪；香气可人，百果蕴袭，含高山兮韵律，吐婀娜兮飘逸；滋味醇厚，爽滑甘贻，云蒸兮霞蔚，香馥兮蒸奇；叶底舒展，金针比翼，色古铜兮芽活，秀静波兮神怡。

横空出新品，红茶一奇迹。诞生桐木关，生态佳境双遗，世界红茶发祥地，四百年正山小种兮风靡。竹林小憩，故枝新芽，素手捻刈，古法承技。玉指日采二千芽，纤纤五万练斤茶。名贵久心仪，一饮长相忆。

一壶乾坤大，尘凡相别揖，夕天流霞，晨池涟漪。携佳茗入梦，醉西子依依。品至尊兮金骏眉，吟《茶经》兮风雅习，此赋并记。

二〇一一仲夏

邓林（中）与江素生（右）及江元勋夫妇合影

三、邓林提名创建正山堂

　　为实现小平同志生前"有机会，你们要去武夷山自然保护区看看"的夙愿，邓林①女士自2006年起，先后四次到武夷山国家自然保护区参观考察；2011年5月13—16日，还在自然保护区与江元勋先生家人同吃同住、上山采茶、现场作画，并为《中国名茶　元正金骏眉》一书题写书名。

　　"正山堂"是邓林女士于2007年5月间，第二次到武夷山国家自然保护区参观考察时提出，并于同年创建的；"正山堂"注册商标，是由邓林女士请时任中国书法家协会分党组成员、副秘书长、评审委员会副主任、学术委员会副主任张旭光先生帮助题写的。2012年获准工商注册。

①邓林，出生于1941年，四川广安人，伟人邓小平之长女，1962年毕业于中央美术学院附中，同年入中央美术学院国画系，1967年毕业。历任北京画院花鸟画创作室副主任、中国画研究院专业画家、中国美术家协会会员。师从汪慎生、李苦禅、郭味蕖、田世光诸先生，现为一级画师，中国国际友谊促进会副会长，澳门中华文化艺术协会名誉会长，中国美术家协会会员，东方美术交流协会会长。出版有《邓林画梅》《邓林水墨画集》《彩陶与梅花》《邓林·远古的回音》《邓林绘画名作集》《中国当代美术家画传·邓林》《邓林画集》《邓小平——女儿心中的父亲》等。作品被国内外博物馆、美术馆等公私机构和个人收藏。

雲領正山樹一派
紅茶氣象
金駿風華
堂開勝境恰十年

王家安 撰　李培雋書

王家安联　李培隽书

　　正山堂取正山小种的"正山"二字，一是为表明公司产品乃正宗之意，来自正山小种产区桐木关，工艺为正山小种400余年积淀与创新；二是正本清源，将昔日正山小种红茶重新发扬光大；三是暗合武夷山儒释道文化精神，正果为修行得道。"堂"，殿也，有堂堂正正之意。

　　将高端品牌取名"正山堂"，有文化内涵，既体现了源自有四百余年历史正山小种红茶世家的历代传承；又有近代由第22代传人江润梅先生在吴觉农和张天福等茶学大师帮助下，注入的创新和复兴精神；同时也表明正山茶业将继续以世界红茶始创者与传承者的身份，秉持行业之责任，延续正统，践行正山"为世界制作最好红茶"的使命。正山堂旗下现有金骏眉、银骏眉、百年老枞、妃子笑、水底香、正山小种野茶、骏眉红等八大产品，与元正一道组成了正山茶业的品牌系列。

呼延华《正山堂赋》石刻 徐庆生摄

正山堂赋

呼延华

　　武夷山，林抱峰涌，绿掩水澜。集岱宗太华之崇，雾锁峰腰；聚终南太行之美，翠入云天。桐木关，坐拥空濛灵氛，云蒸霞蔚；演绎宽和人伦，灿若文锦。正山堂，界九曲溪流，退谷营居；挂百川飞瀑，悬壶作舍。夫物之感人者，在天莫如月，在乐莫如琴，在饮莫如茶。茶之正者正山堂，执禅茶一味，旨趣缈远；沐茶圣遗风，情致幽婉。茶之臻品者金骏眉，或开汤橙黄，鲜活甘爽；或匀齐显毫，抱朴守一。茶之逸品者正山小种，或色泽乌润，喉韵绵长；或盏底留香，意韵丰赡。正山堂茶，悠悠乎，如白云之霏霖；汤汤乎，如松涛之潆潆。茶之大者正山堂，太华夜碧，承朝露集以菁华；人闻清钟，伴日月聚以光辉。正山堂主，江氏一脉，情交天下茗客，义结四海高风。探茶之趣味本源，叶间通造化；释茶之圆融自在，意表出云霞。虽一隅之执著，然百代之长歌；虽一己之绵薄，然万众之高焯。恰如清人之谓：烹调味尽东南美，最是工夫茶与汤。茶香袅绕，沁仙风道骨；茶水润心，悟妙理玄机。黄杨摇曳，观红茶真妙；体素储洁，咏人生年华。一片青山入座，一潭山泉煮茶。夫正山堂者，秉承丰壤之泽，冲而弥柔；蕴取甘霖之降，洁而弥甘。润德精进，清涧引茶人驻足；鉴秘参详，林前使陆羽留踪。

丙申晚春抒于北京朗朗书房

四、权威专家对金骏眉品质的鉴定

2008年7月16日，国家茶叶检验检测中心名誉主任、研究员、高级评茶师、高级考核员骆少君女士，组织专家对"正山茶业"研发的新产品"金骏眉"进行鉴定，一致认为：金骏眉创意新颖、原料生态、制工精湛、品质优良，产品是首创的、做工是独特的、研发是成功的、发展是有前途的。

根据金骏眉品质鉴定组专家的鉴定意见，为加快这一红茶新品的发展步伐，提升正山小种整体的发展制作水平，江元勋、祖耕荣先后多次在正山小种发源地——桐木村举办正山小种暨金骏眉生产加工技术培训班，骆少君、叶兴渭、叶启桐、刘国英、修明、叶勇等专家应邀到场授课，现场指导，大大提高了桐木正山小种茶区茶农的环保意识、质量意识、精品意识、品牌意识和生产加工的技术水平，为金骏眉红茶的快速发展和做精做细、做大做强，奠定了坚实的基础。

"元正"牌正山小种红茶新产品"金骏眉"品质鉴定意见

福建武夷山国家级自然保护区正山茶业有限公司送交新产品"元正牌金骏眉"，要求品质鉴定。经国家茶叶检验检测中心名誉主任、研究员、高级评茶师、高级考核员骆少君，组织高级工程师、高级评茶师、高级考评员叶兴渭，国家茶叶检验检测中心茶叶审评室主任、高级工程师、高级评茶师、高级考核员赵玉香，国家茶叶标准委员会委员、高级评茶师祖耕荣，浙江大学茶学博士、高级评茶师吕毅，武夷山茶叶检测所、高级评茶师修明等六位同志，专门听取正山茶业有限公司有关新产品开发情况介绍，并对新产品"金骏眉"进行评审鉴定。

正山茶业有限公司研发的新产品"金骏眉"研究思路是正确的；产品是首创的；原料单独选取高海拔的原生态茶树，做法是独特的；采取技术工艺既保持传统又纳取新技术；产品保留传统优良特征，更赋予创新的外形与内质；产品包装简朴环保，独树一帜；产品一面世就受广大消费者的青睐。

"金骏眉"感官评审意见

名　称	评审意见					
	形状	色泽	香气	滋味	汤色	叶底
金骏眉	绒毛密布、条索紧细、隽茂、重实	金、黄、黑相间，色润	复合型花果香、桂圆干香、高山韵香明显，且有红薯香	滋味醇厚、甘甜爽滑、高山韵味持久、桂圆味浓厚	汤色金黄、浓郁、清澈有金圈	呈金针状、匀整、隽拔、叶色呈古铜色

鉴定认为："金骏眉"新产品创意新颖、原料生态、制工精湛、品质优良。研发是成功的，有发展前途的。

新产品"元正牌金骏眉"品质鉴定人：

①国家茶叶检验检测中心名誉主任、研究员、高级评茶师、高级考核员：

②高级工程师、高级评茶师、高级考核员：

③国家茶叶质量检验检测中心茶叶审评室主任、高级工程师、高级评茶师、高级考核员：

④浙江大学茶学博士、高级评茶师：

⑤国家茶叶标准委员会委员、高级评茶师：

⑥武夷山茶检验所主任、高级评茶师：

二零零八年七月十六日

蠹流公者居闽之富沙迁於麻沙族
大蕃盛吾始　祖仲三公昔在闽时一
日夜夐天神赐马次早开门视之见一
大虎拜伏階下公收之如马之驯良出
入骑座因而骑虎出遊自闽之麻沙如
来復至临川白沙
十三都陶塘里是也至今骑虎墩洗马
池遺跡尚存公卒葬陶塘源尾土名際
上其基坐酉向邪至六代仲直公立寺

召僧土名招福寺置四水歸流之業税
粮九石以供祭祀及僧人有功德碑在
寺上載　骑虎公生子一孫八玄孫三
各分一處有遷南城者有遷青江者有
遷鹽埠嶺有遷鉛山者有遷九江者有
遷玉山者有遷赣州者有遷邵武者有
遷漳州者有居建寧府有居闽省者有
十有餘留一長子而住陶塘其餘若者
居延平有居順昌者有居崇安建陽者

五、金骏眉命名及内涵解读

"名正是金，好名远扬。"名利，名利，有名才有利。名在先，利在后，有好名才有好利。孔子曰："名不正则言不顺，言不顺则行不果。"茶叶作为商品，必须要有一个叫得响的名字。它既要能体现其价值，又要能反映其生长的环境地域、制作工艺、产品特征和茶人的情、意、志。这的确让江元勋等人苦费心机。

"形以定名，名以定事，事以验名。"为了给这款刚问世的茶叶新品起个好名，江元勋、张孟江经过反复思量，最后根据该茶首次鉴赏开汤品尝时表现的特征特性及其生长环境、采摘标准、制作工艺和对该茶的希冀，取名为"金骏眉"。

所谓"金"，言其色、展其实、喻其价。金银铜铁锡，金为首。"金"者色黄而亮，贵重，稀有，能保值增值。用"金"作为"金骏眉"名称的首字，有三层含义：一是金骏眉干茶外形条索紧秀，身骨重实，有"金"的重量；二是干茶金黄黑相间，色泽油润发亮，汤色金黄，有"金"的颜色；三是"金圈"宽厚，茶黄素含量高，只采头春，一年一次，以芽头为原料。明前为金，芽头为金。制作500克金骏眉约需用7.5万个芽头。由于原料稀用难得，有"金"的价值。

所谓"骏"，表其形、彰其源、寄其望。"骏"在《辞海》中，有四种解释：一是良马；二是迅速；三是大；四是通"峻"，高的意思。《诗·大雅·崧高》曰："骏极于天。"用"骏"作为"金骏眉"名称的第二个字，其含义也有三：一是金骏眉干茶外形略弯曲，似海马状（中药），叶底秀挺鲜活，有万马奔腾之势。二是高山出好茶。金骏眉生长在武夷山国家级自然保护区内，海拔平均在1 000米以上，落差极为悬殊，终日云雾弥漫，生态环境独一无二，非常适宜茶树生长。其山有高"骏"之势。三是希望金骏眉研发问世后，能在中国红茶市场中，脱颖而出，有骏发之势。与此同时，金骏眉名字中的"骏"，还与江氏先祖骑虎公有关。据《江墩江氏族谱》载："吾（居闽）始祖仲三公昔在闽时，一日夜梦，天神赐马，次早开门视之，见一大虎拜扶阶下，公收之，如马之驯良，出入骑座，因而骑虎出游……骑虎公生子一、孙八、玄孙三十余……五代玄孙銮六公生子五，长子盖一公迁居崇安桐木关下，江墩之祖。"

无题 青青摄

所谓"眉"，显其精、现其技、耐冲泡。"眉长为寿，寿者长也。"用"眉"作为金骏眉名称的尾字，同样有三层含义：一是金骏眉是对传统正山小种制作工艺改革和创新的结果。从原料的采摘标准看，正山小种是2～3叶开面，金骏眉为单芽。芽吸天地之灵气，乃茶之精华。自古以来都是用之制作卓越绿茶，并依形称之为贡眉、珍眉等。《红楼梦》有260多处写到茶，在第四十一回《栊翠庵茶品梅花雪　怡红院劫遇母蝗虫》中，宝玉、黛玉、妙玉、宝钗之清流，所品珍贵名茶"老君眉"，就是用芽头制作，依形命名的。二是茶芽似眉，乃细长之物，非常之柔嫩。用之制作金骏眉红茶，必须轻采轻放、轻揉慢揉，用心、精心铸造。三是金骏眉耐冲泡，香气独特，留香持久。用桐木双泉寺泉水可连续冲泡十二次以上，色泽不退，汤色金黄，味道不减，口感依然甘甜饱满，实乃茶中可遇不可求的珍品。

"金骏眉"读着顺口，笔画简洁，字义清楚，具有容易读、容易认、容易记。从字面上看，"金"指贵重物质，象征财富，代表高贵，为五行之首；"骏"乃天生聪颖、出外大吉、兴旺隆昌之字，五行属金；"眉"有温和、清雅、秀静之意，五行属水。金、木、水、火、土，"金"主义，"水"主智，金生水，水生木，"骏眉"五行相生、顺畅吉祥。它浸透了正山小种四百余年的文化底蕴，融入了正山传人的文化心理、文化理想和文化选择，体现了正山传人的精、气、神和对"金骏眉"的希望与期待。

实践证明，"金骏眉"不但名字好听、好叫，具有独特性，而且名字与产品质量相符，名副其实，这是金骏眉成功走进市场的一个重要因素。如今，金骏眉已成为中国高端红茶的代名词。"正山堂"则成了中国高端红茶和金骏眉的代表品牌。2011年8月中旬，一则简约高雅，以中国国画风格为基调的"正山堂"广告，登陆央视新闻频道和财经频道播出，让更多人看到了正山小种承载红茶四百年的成长、变迁与创新，更感知到了"正山堂"传承四百年红茶历史文化的坚持和制做最好红茶的使命。

伍

精耕细作出佳茗

正山堂茶经
金骏眉

ZHENGSHANTANG CHAJING
JINJUNMEI

价值是价格的基础。金骏眉的核心价值在于它的品质，而品质的核心在于它绝对优良的产地和成熟的采制工艺。这是金骏眉获得市场认可，取得市场竞争优势的根本原因。

一、金骏眉生产

茶叶的产量与品质因子，受生产要素的影响很大。它包括品种的选择、基地的建设、肥水管理和病虫害防治等方方面面。

（一）品种选择

宋代宋子安《试茶录》云："茶色黄而味短……茶大率气味全薄，其轻而浮，浡浡如土色，制造亦殊。……盖以去膏尽则味少而无泽也（茶之面无光泽），故多苦而少甘。"优良的茶树品种，是优质茶品质形成的物质基础。它是其他任何农业措施、外界环境所不可替代的。

武夷山茶树品种资源丰富，有种质资源"王国"之称。在漫长的生产实践活动中，通过自然选育和人工选育，形成了丰富多彩的茶树优良品种。这些优良品种新梢生长期长，生殖能力弱，育芽能力和抗逆性强，丰产性好，适应性与适制性广，品质优。

正山堂茶人，经过反复的比较实验，从中选出了近10个适合用于生产金骏眉的茶树品种。这些茶树品种，叶片大小适中，以中、小叶为主；叶厚质柔、叶面隆起，光泽度好，持嫩性强；芽叶色呈浅红、浅绿、黄绿和紫红色；春芽一芽二叶干样含氨基酸3.33%～3.9%、茶多酚20.7%～27.5%、咖啡因2.85%～3.42%；具有氨基酸含量相对较高，茶多酚、咖啡因含量相对较低；尤以酯型儿茶素、没食子儿茶素含量高；用其单芽制作金骏眉，条形紧结壮实、匀整油润、黑黄相间，水中带甜、甜中带香，不苦不涩，有天然的花果香和蜜香。特殊的品质，赢得了海内外消费者的青睐。其主要品系如下：

1. 菜茶代表种

茶树生长极为旺盛，树高88厘米，树冠直径100厘米，主干不显著，枝条多细小，朝天丛生，枝干着生角度为30°～50°，枝叶角度为30°～40°，节间距1.5～2厘米，幼叶呈浅红色，老叶色翠绿。叶片向外向上平展，略呈V形，叶面光泽，质厚而脆。叶脉细而略显，多为7～9对，叶齿深而密，齿数28～32对，叶尖锐，尖端向下成弓形弯曲。叶长8厘米，宽3厘米，萌芽力旺盛。花冠3.2厘米，花瓣5～8瓣，花柱头稍短于花丝，柱头3裂，结实性中等，一果二三籽居多。

2. 小圆叶种

树高125厘米，树冠105厘米，主干粗约1厘米，暗灰色，枝干直立稀疏，枝条多弯曲斜生，节间距短，枝干角度60°以上，枝叶着生角度80°左右。叶质厚，叶短圆形，尖端钝，像桃仁形。叶色暗绿，叶面光泽，叶肉略呈隆起，叶缘略向内翻，主脉明显，细脉6对，叶齿浅而钝疏，齿数20～26对。叶背面呈银绿色，有细小白绒毛。叶长4～5厘米，宽2.5～2.8厘米。萌芽期略迟。花蕊不多，且结实较少。

3. 瓜子叶种

树矮小，高51厘米，树冠直径93厘米，枝干皮粗，灰褐色，枝条细小而丛生，节间距短，枝干角度30°～40°，枝叶角度20°～30°。叶密生朝天，叶缘内翻，叶色暗绿，叶片有光泽，叶脉细而不显。叶齿锐而细密，叶脉16～20对，叶尖钝向下弯曲，叶柄短。叶长2.6～3.3厘米，宽1.2厘米，叶全形正如瓜子。萌芽期早，着芽不盛，花期10月下旬至12月上旬，花冠2.5～4厘米，花丝细而短，数达206个，柱头与雄蕊平，3裂。

4. 长叶种

树高160厘米，树冠93厘米，主干直径1.5～3厘米，枝干多朝天着生，灰白色，枝条细密，干枝角度35°～60°，叶着生角度40°左右，叶色暗绿；嫩叶浅绿而带紫色。叶面有光泽。叶片向外向上斜展，横断面V形，叶缘有波状。叶脉粗显，6～10对。叶齿粗而锐，齿数35～40对。叶尖长稍钝，叶柄稍长。叶面长12厘米，宽3.1厘米。萌芽期迟，常于首春制茶结束前三四日。花期10月下旬至11月下旬，花朵大如水仙茶之花，直径4.8厘米以上，柱头长1.2厘米，高于雄蕊，在3/5处分3裂。

5. 小长叶种

树高80厘米，树冠直径100厘米，枝干细而多弯曲，密集丛生，分枝多。枝干着生角度为20°～35°，枝叶着生角度为40°左右。

菜茶代表种

小圆叶种

瓜子叶种

小长叶种

叶厚硬，浓绿色，叶面平滑而有光泽，幼叶呈紫红色。叶片向外向上伸展，全叶成船底龙骨形。叶脉细而不显，7～8对。叶齿稍深，齿距宽，齿24～28对。叶尖端长而稍钝。叶长4～5厘米，宽1.5～2.0厘米。萌芽迟。花朵不多，开花期10月中旬至12月中旬，花冠直径2.5～3厘米，花瓣大者4片，小者2片，花丝细而短，柱头长1厘米，分裂情形与前一种同，结实性弱。

6. 水仙形种

树叶如水仙叶形，故称水仙形种。树高154厘米，树冠直径110厘米，干粗1.2厘米，干皮黄褐色，间带灰白点，枝条疏生，节间距3.5～4.5厘米。枝干着生角度约45°，枝叶着生角度50°～70°；叶色翠绿，质厚而脆。叶面光泽，叶片成船底龙骨形。叶缘朝天，叶脉粗而显、脉数9对。叶齿深而疏，35对。叶尖端向下弯曲。叶长8.5～10厘米，宽3.5～4.5厘米。幼叶淡黄色。萌芽期早。花不多，花期11月上旬至12月上旬。花冠直径3.5～4厘米，花瓣大5片，小2片。花丝粗短，柱头稍长，在2/3处分3裂，结实性弱。

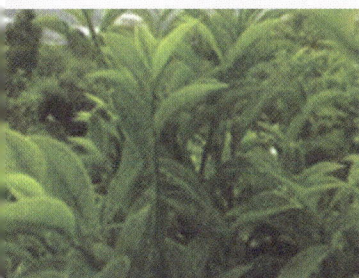

水仙形种

7. 阔叶种

树高95厘米，树冠直径93厘米。主干细小，灰白色。枝条细而柔软，较密生。枝干着生角度30°～40°，枝叶着生角度约60°。叶薄而阔，色浓绿稍带银灰色，向内皱起。叶缘向上内翻。叶脉粗显，脉数7～8对，叶齿浅密，齿数35～40对，叶尖长而稍钝。叶长9.4厘米，宽3.3厘米。花期自11月上旬起。花冠直径5.4厘米，花瓣大者4片，小者2片。花丝略长，柱头长1.3厘米，3裂，结实不多。

阔叶种

8. 圆叶种

树高50厘米，树冠52厘米。主干不显，枝干斜生，略有弯曲，暗灰色。枝干着生角度50°～70°，枝叶着生角度斜展成70°。叶片翠绿，叶面平整光滑。叶脉细而不显，脉数8对，叶齿略浅，齿数20～25对，叶缘向上内翻，叶形如汤匙，叶尖钝如核桃，叶长5.7厘米、宽2.5厘米。萌芽力弱。花多，结实性中等。

圆叶种

9. 苦瓜种

此茶系产佛国岩，因叶面隆起，有如苦瓜果实之外形故名。树高150厘米，树冠直径160厘米，主干土黄色，枝条柔软而有弯曲，枝干着生角度50°～60°，枝叶着生角度40°～50°。叶色苍绿，叶肉隆起，面皱如苦瓜，叶缘现波状，叶脉粗而显，脉数7～9对，叶齿深而疏，齿数16～30对，叶尖端尖而锐，向下弯垂。叶长10厘米，宽3.3厘米。花稀疏，花期10月下旬至11月下旬，花冠直径4.4～5.5厘米，花瓣大5～6片，小瓣2片，柱头稍长于花丝，在2/3处3裂。

苦瓜种

（二）基地确定

优越的环境条件是生产优质茶叶的基础。

清代蒋蘅《晚甘侯》在赞武夷茶时曰："建溪山水深厚，其大醇，茂而质直。予尝游武夷，浏览三十六峰之胜，见森伯故所，居处山皆石骨，水多甘泉，土性坚而腴。森伯之风味若此，毋亦地气使然耶？嗟夫，以森伯之冷面苦口，虽非如羹之用，使得为御使都谏，其风力顾何如哉？""森伯"指的是武夷山茶。它说明茶叶优良品质的形成与良好生态环境的关系是密不可分的。

"高山云雾出好茶"是自古以来群众耳熟能详的茶谚。我国大多数名茶都产在生态环境优越的名山胜水之间。如黄山毛峰产在黄山风景区境内，海拔700~800米的桃花峰、紫云峰、云谷峰一带。

海拔不同，各类气候因子有很大差别。一般来说，海拔越高，气压与气温越低，昼夜温差也就越大。气温和土壤温度，随海拔高度的变化而变化；在一定海拔高度范围内，海拔每升高100米，气温降低0.5℃。空气湿度和降水量，在一定范围内随海拔的升高而增加，超过一定高度又呈下降趋势。光照强度和光合作用的强度是低海拔地区高于高海拔地区。因此，春季低山茶园开采时间早，高山茶园开采时间迟。就武夷山而言，外山茶早，内山茶迟。

茶叶的物质代谢受气温的影响。温度高，有利于茶叶体内的碳代谢，有利于糖类化合物的合

武夷风光 丁李青摄

成、运送、转化，使糖类转化为多酚类化合物的速度加快。当温度小于20℃时，则不利于多酚类化合物的合成。气温低时，氨基酸、蛋白质及一些含氮化合物增加。多酚类化合物含量高，茶叶浓度大；含氮化合物多，茶叶味香鲜爽，耐泡程度高。春季气温相对较低，因此春茶口感要比夏茶好。

茶叶鲜叶茶多酚和儿茶素的含量，随海拔高度的升高而减少；氨基酸则是随着海拔高度的升高而增加。一些鲜爽、清香型的芳香物质在海拔较高、气温较低的条件下，形成积累的量大。中国农业科学院茶叶研究所认为：在一定的海拔高度范围内，茶叶氨基酸含量是随海拔的升高而增加，产量是随海拔高度的升高而减少的。海拔800米左右的山区，茶叶有较好的品质和产量。

1995年，谢庆梓对福建山地气候条件下的茶叶产量品质影响的研究认为："闽西南海拔＜1 200米，闽西北、闽北、闽东北海拔＜950米，是适宜种茶的海拔上限。海拔过高，不仅产量受到影响，而且鲜叶中氨基酸含量也会有所下降。"与1990年曾晓雄研究结果"海拔500～700米高度茶叶香气中的醇类、酯类与酮类含量比例较高"基本一致。

茶树的生物产量90%～95%是光合作用的产物。在生长过程中，茶树对光谱成分、光照强度、光照时间等有着与其他作物不完全一致的要求和变化。蓝光为短波光，在生理上对氮代谢、蛋白质形成有重大意义。紫光比蓝光波长更短，不仅对氮代谢、蛋白质的形成有较大影响，而且与一些含氮的品质成分，如氨基酸、维生素和很多香气成分的形成有直接的关系。

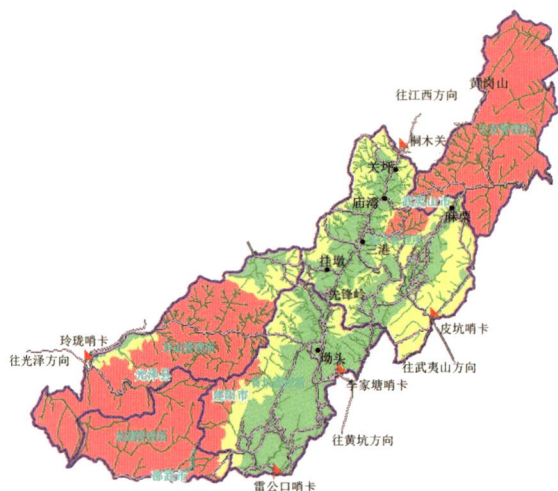

金骏眉茶生产区域范围图

在光照强度对茶叶物质代谢的影响研究方面，程启坤研究认为："适当降低光照强度，茶叶中氮化合物明显提高，碳水化合物（茶多酚、还原糖等）相对减少。"日本学者原田重雄的研究证实："幼龄茶树的光饱和点为0.5卡[①]／（厘米^2·分钟），当光照强度超过0.8～0.9卡／（厘米^2·分钟）时，光合强度下降；成年茶树的光饱和点为0.7卡／（厘米^2·分钟），当光照强度超过0.9卡／（厘米^2·分钟）时，光合强度下降。"因此，茶叶最适宜在露重雾多，蓝、紫光丰富的漫射光条件下生长。

原浙江农业大学茶学系周巨根、中国茶叶学会《茶叶科学》常务副主编、编审朱永兴《茶学概论》载："不论春茶或秋茶，在一定的遮阴条件下，均表现出氨基酸含量的增加，茶多酚含量的减少。"由此可见，在常规栽培条件下，适当遮光有利于碳氮比的降低，对提高茶叶品质有利。

碳氮比是茶叶中碳水化合物与氮化合物的比值。碳氮比小，茶叶鲜爽度高，不苦涩，适口性好、品质优；碳氮比大，茶叶苦涩味重、适口性差。就红茶制作而言，用漫射光条件下生产的茶树鲜叶为原料，因含氮化合物高，碳水化合物少，以及芳香性物质多等因素，制出的茶叶苦涩味轻，口感好，品质优。

综上所述，高山茶品质之所以优于低山茶，一是由于高山茶海拔高，气温低，生长慢，开采时间迟，茶叶营养物质积累时间长，芽叶肥壮，内含物质丰富，品质优。二是高山茶海拔高，昼夜温差大，白昼温度相对高，茶树光合作用强，合成有机物多；夜间温度低，茶树呼吸作用弱，养分消耗减少，有效化学成分积累多，品质优。三是高山茶海拔高，云雾弥漫，空气湿度大，茶树接受日光辐射和光线的质量与平地茶树不同。高山茶园漫射光和短波紫外光多，芽叶持嫩性好，鲜叶色绿，游离氨基酸和芳香性物质含量高，纤维素含量少，品质优。

正山堂金骏眉原料基地，主要分布在武夷山国家级自然保护区内方圆565千米^2、海拔1 200～1 500米的原生态茶山，降水充沛，湿度大，空气清新，水质纯净，远离城镇，没有交通干

---

①卡为非法定计量单位，1卡=4.186 8焦耳。下同。——编者注

道，无污染源，无金属和非金属矿山，加之森林密布，植被丰富，生物多样性指数高，土壤疏松肥沃，日出迟，日落早，昼夜温差大，云雾缭绕，水气交融，在漫射光的滋润下茶叶生长旺盛，芽叶壮，持嫩性好，芳香性物质含量高，氮代谢大于碳代谢，为制造珍品金骏眉提供了优良的物质基础。

（三）有机栽培

茶叶是我国传统的食品，也是重要的出口农产品。由于其独特的保健功效，目前已发展成为世界上消费量最大的三类无酒精饮料之一。随着人们生活水平的日益提高，对食品的要求，已经从"温饱型"，转向"高质量的安全型"，有机茶应运而生。

所谓茶园有机栽培，它有两层内容：一方面是要求茶树能在自然环境中自由地生长，不受或少受不良环境的影响破坏，产出质优、量高的鲜叶原料；另一方面是生产的鲜叶原料对人体健康不会带来不利的影响。

从目前茶叶中污染物质的来源看，一方面是来自茶园土壤、水体和大气等自然环境；另一方面则来自农药、肥料、机械等生产原料的投入。为控制和消除茶叶污染，实现茶园低碳有机栽培，必须从基地的选择开始，到茶园的土壤、肥料、病虫防治等方面，都要严格采取措施，按照有机标准来进行综合治理。

1. 不施化肥、农药

化肥、农药的大量施用，既增加了农业生产资料企业在生产过程中温室气体的大量排放，又极大地破坏了土地的生态平衡及相关水源的安全，是导致环境整体平衡失控及安全污染的重要源头，也是茶叶质量优质及安全的重要障碍。

（1）套种绿肥，培肥地力

茶园套种绿肥的目的是改良茶园土壤的理化性质，提高土壤肥力，促进茶树的生长。它是有机茶生产过程中非常行之有效的一项措施。

青皮豆是茶园优良的绿肥品种。1985年，徐庆生等人的研究结果表明：在适宜的播种期内（清明至谷雨前后），适当提早播种，分次割青填埋，套种一亩青皮豆其茎叶可为土壤提供氮12.04千克、磷2.25千克、钾9.28千克。既可有效解决茶园的有机肥问题，并对改善土壤的理化性状及茶园生态环境都具有重要作用。

红壤茶园套种青皮豆对土壤理化性状及养分含量的影响

试验处理	容量 （克/厘米^2）	孔隙度 （%）	团粒结构 （%）	pH	有机质 （%）	全氮 （%）	有效磷 （毫克/千克）	速效钾 （毫克/千克）
青皮豆套种区	11.7	69.8	32.9	5.0	2.228	0.117	12	61
对照区	1.65	41.3	19.2	4.2	1.698	0.069	3	45
比对照	-0.48	+28.5	+13.7	+0.8	+0.53	+0.05	+9	+16

秋思　王克敏作

（2）行间覆草，增肥增效

茶园行间覆草是有机茶生产中一项最重要的土壤管理措施。它既可减缓地表径流速度，促使雨水向土层深处渗透，防止地表水体流失，增加土层蓄水量，抑制杂草生长；又有利于土壤生物繁殖，增加土壤有机质含量，改善土壤理化性状，提高茶园肥力。对促进茶树生长，提高茶叶品质，具有重要的作用。

1992年许允文研究证实，茶园覆草其鲜叶产量比不覆草的增加20.8%，鲜叶氨基酸含量提高0.13%、茶多酚提高5.74%、咖啡因提高0.26%、水浸出物提高5.1%。同时，还可以稳定土壤的热变化，夏天防止土壤水分蒸发，冬天保暖防冻。

（3）翻土晒白，提高肥效

武夷山茶区素有"七挖金，八挖银，九挖铜，十挖土""秋季深挖一寸，胜似茶园上粪""茶地晒得白，抵过小猪吃大麦"的说法。意指农历七八月为深挖翻土的最佳时期。因为此时开挖，一则断根再生能力最强；二则此时草籽尚未成熟，深翻后草来年不会发芽。如在九、十月开挖，此时草籽已成熟，草除了，但种子留下了，作用不大。

深耕翻土一定要有"深度"。深翻出来的土一定要经太阳晒足，方可回填。秋季气温高，适时挖土，深耕晒白，能促进土壤分化，提高土壤速效氮、磷、钾及微量元素的含量，有利于断根合和长出新根向更深处发育。正山堂金骏眉每年只采摘春芽，所以原则上每年都进行一次深耕，对来年产量没有影响。当然，深耕翻土要讲究方法，不能离根际太近，否则会因伤根过多，抑制养分吸收，影响来年产量。

（4）施用饼肥，均衡肥力

饼肥施用一般与秋季深耕翻土晒白后的回填一并进行，一年一次。

饼肥是油料作物的种子，经榨油后剩下的残渣。它含有丰富的有机质和较高的氮素，是氮、磷、钾养分齐全的优质有机肥料。据有关部门测定：饼肥一般含有机质75%～85%、氮2%～7%、

行间覆草，增肥增效　　　　　　　翻土晒白，提高肥效　　　　　　　施用饼肥，均衡肥力

磷1%～3%、钾1%～2%。饼肥肥效持久，茶园施用饼肥不仅能增加茶叶产量、提高茶叶品质、增加茶叶的香气，而且还能增加土壤中微生物的数量，增强土壤中蛋白酶、转化酶、淀粉酶、磷酸酶、脱氢酶、ATP等多种酶的活性，改善土壤环境。同时，还可减轻因缺少磷、钾肥引发的茶饼病、炭疽病、赤星病、红锈病和茶螨类等的危害。另据日本一项研究证实，当使用豆粕、鱼粕等一类饼肥时，1～2年后，茶芽中碱性氨基酸，特别是精氨酸含量明显减少，使之不利于刺吸式口器（蚜、螨类）的发生，下降虫口密度。

饼肥施入茶园土壤一般需用20天左右才能分解，所以宜在秋季进行，因为此时温度高，易于分解，被茶树根系吸收，为来年丰产奠定基础。

饼肥的种类很多，有豆饼、菜子饼、麻子饼、棉子饼、花生饼、茶子饼等。茶园以施用菜子饼、棉子饼、茶子饼较为经济，每亩用量一般不超过50千克。

2. 精耕细作，防除杂草

正山堂金骏眉茶山水土条件好，四周生态环境也好，杂草极易生长。杂草不仅会与茶树争光、争肥、争气，又是病虫栖息的场所和传播的媒介，一有疏忽就会造成草荒及病虫害的发生，从而影响茶叶的生长。

正山堂金骏眉茶山不实施化学除草剂，而是采用传统的农业措施。通过精耕细作，去除防止草害。对于茶园行间已经铺草覆盖后生长的杂草，如狗牙根、葛根、白茅、香附子、络石藤等恶性杂草，采用人工去除外，一般性的杂草不必除净，应保留一定数量，它可调节园地的小气候，改善茶园生态环境，利于天敌栖息，防治茶园害虫。

对于一些没有条件铺草覆盖的茶园，一般在春茶开采前进行一次浅耕削草（约10厘米）去除越冬杂草。春茶结束后再次浅耕削草，疏松被采茶踏实的表土。6月份梅雨季节结束后，进行第三次浅耕削草。第四次是在秋季杂草开花结籽时进行。这次浅耕削草对防止第二年杂草生长有非常重要的作用和意义。

3. 适时排灌，抑制病虫

茶叶云纹叶枯病、赤叶斑病、白绢病等常常在干旱季节流行。因此，夏季灌溉既抗旱，又对防

秋趣　赵占东作

西域漠人作

止上述三种病害的发生有明显效果。排水不畅、地下水位过高，茶树根病、红锈藻病和茶长绵蚧等病虫害发生严重，适时排水对上述病虫害有明显的抑制作用。

4. 修剪台刈，治理病虫

定型修剪、轻修剪、深修剪、重修剪、台刈是茶树树冠管理的五种方法。正山堂金骏眉因每年只采摘春季茶树上的单芽为原料，因此要求单芽必须饱满，百粒芽要重。所以在品种的选择上除考虑香型等品质因素外，皆选用芽叶生育力强的品种。通过深修剪、重修剪、台刈相结合的办法对金骏眉园地的茶树进行修剪，一方面可促进第二年芽叶的健壮抽生；另一方面可以通过修剪疏枝，去除钻蛀性害虫、茶树茎病和茶树上的卷叶蛾，让蓬脚通风，对抑制蚧类、粉虱类害虫有非常好的效果。茶园修剪台刈下来的茶树枝叶要集中堆放，集中处理，而后回归茶园土壤中。这是增加茶园有机质，提高养分的循环利用，减少元素损失的极好方法。

5. 直接捕杀，防治害虫

利用人工或简单器械捕杀害虫。如震落有假死习性的茶黑毒蛾、茶丽纹象甲，用铁丝钩杀天

牛幼虫；用牛粪诱杀蝼蛄。对茶尺蠖、黑毒蛾等害虫，则采用将未交配的活体雌虫固定在一个小笼中，下置水盆，利用其释放的性外激素来诱杀求偶雄虫。对茶毛虫卵块、茶蚕、蓑蛾、卷叶蛾蛔、茶蛀梗虫、茶雄沙蛀虫等目标大或危害症状明显的害虫，采取人工捕杀的方法；对局部发生量大的介壳虫、苔藓等则采取人工刮除的方法防治。

6. 保护生态，调控虫害

生物多样性对调控茶园虫害有积极的作用。一方面生物多样性能为多食性害虫提供广泛的食物和补充寄主，它丰富了食物链的结构，有利于天敌发挥自然控制作用；另一方面是植被的复杂性和结构多样性的生态环境，有利淡化或免除害虫寻找寄主集中产卵繁殖，甚至改变害虫的运动行为，使害虫迁出率高，定殖率低，从而减轻害虫的种群数量。

这种在以茶树为中心的茶园生态系统中，茶树、病虫、天敌等形成了一个复杂的生物群落，它们通过营养循环的形成，同时存在、互为依存、互为制约，并在一定条件下互为转化。遵循防重于治的原则，保护好茶园环境的生态平衡以及茶园周围的生态环境，提高茶园系统内的自然生态调控能力，从而抑制茶园病虫害的暴发，是有机茶生产过程中的一个重要技术环节。

武夷山国家级自然保护区，良好的森林生态系统，造就了昆虫种类的多样性，形成了协调的生物链，各种生物相互依存、制约，高度制衡，为茶山构筑了"天然的保护屏"，无病虫害威胁。

正山堂金骏眉茶山，分布于武夷山国家级自然保护区内，周边没有污染源，生态环境好，生物链完整平衡，土壤自给肥力高，栽培过程通过套种绿肥、覆草、深耕翻土晒白、修剪台刈、人工除草、施用饼肥，平衡茶树生长，抑制病虫草害，不施用化肥、农药，先后通过国内多家权威机构的有机认证，是消费者可以信任、放心饮用的绿色有机安全食品。

采茶图　李少玲摄

二、金骏眉加工

金骏眉是正山小种红茶的珍品。与正山小种红茶相比，它省去了熏焙的工序，对原料的要求更高，制作更精细、更严格，环环相扣，把握不好，就会影响品质。

（一）适时得法采青

宋徽宗赵佶《大观茶论·天时》中云："茶工作于惊蛰，尤以得天时为急。轻寒，英华渐长，条达而不迫，茶工从容致力，故其色味两全。"宋子安《试茶录·采茶》中说："凡断芽必以甲，不以指。以甲则速断不柔，以指则多温易损。择之必精、濯之必洁、蒸之必香、火之必良，一失其度，俱为茶病。"

鲜叶采摘质量的好坏是决定成茶品质优劣的重要因素。没有采摘过程中高质量的鲜叶，无论其种植时的环境条件、品种资源如何优质，以及加工时的工艺流程、加工工具如何精良，都不可能生产出高质量的成品茶来。

红茶内在品质的优劣是由茶叶中各种化学成分的种类、含量与比例所决定的。这些化学成分对品质的影响程度是各不相同的。有关部门研究认为，主要成分与红茶品质之间的相关系数分别是：茶多酚 0.920，茶黄素 0.875，茶红素 0.633，氨基酸 0.864，咖啡因 0.654，茶褐素与汤色之间的

相关系数为－0.797。除茶褐素外，其余成分与品质呈正相关，其中尤其是多酚类物质，茶黄素、氨基酸对品质的影响最大。

芽头的老嫩程度是决定红茶品质最基本、最重要的条件之一。过早采摘，虽然有利于茶叶的外在条形的形成，但生物学产量低。同时，由于蛋白质含量较高，多酚类物质总量低，特别是酯型儿茶素L-EGC含量低，在制造过程中蛋白质易与儿茶素类物质结合，形成不溶性物质，减少茶黄素类物质形成的量，影响内在品质。过迟采摘，虽然生物学产量较高，但因茶叶可溶部分含量降低，与成茶品质呈负相关的粗纤维明显增加，影响品质。相对而言，在一定时期内，芽头嫩度越高，决定成茶品质的有效成分含量就越多，成茶品质也就越好。

金骏眉对原料要求非常严格。一年只采一次，只采春芽。以淡绿芽为上，浅黄色芽、紫芽为中，墨绿芽为次。芽头要求匀净、新鲜。当天采，当天做。轻采轻放，雨天不采。

氨基酸是红茶鲜味的主要来源，与红茶滋味关系密切。游离氨基酸的季节变化规律是春高、秋低，夏居中，其中对红茶滋味影响最大的茶氨酸、谷氨酸、天门冬氨酸的含量也是随季节的变化呈现春高、秋低、夏居中的趋势。因此，金骏眉在采摘上应特别强调嫩采、及时采，以增加游离氨基酸等内含物质的相对含量，提高原料的品质。

(二) 增氧加温，适度轻萎凋

萎凋是金骏眉制作的第二道工序。萎凋的目的是让进入工厂的茶叶芽头，在一定的条件下均匀地散失适量的水分，使细胞胀力减少，叶质变软，便于成条，为揉捻工序创造物理条件。二是随着茶叶芽头水分的散失，细胞液逐渐浓缩，酶活性增强，引起内含物质发生一定程度的化学变化，散失青草气，为发酵工序创造化学条件。

萎凋的方式多种多样，有自然萎凋、人工萎凋和日光萎凋三种方法。自然萎凋指的是，鲜叶水分的散失及叶内各种物质的化学变化是在自然状况下进行的。所以从理论上讲，采用自然萎凋的制茶品质应优于其他萎凋方式。但由于金骏眉原产地桐木一带，春季雨水多，空气湿度大、气温偏低，鲜叶水分不易蒸发，叶组织的脱水作用常常不能正常进行，化学变化缓慢，萎凋质量受到影响。

为克服不利气候的影响，提高萎凋工序的效率和质量，正山堂金骏眉以人工室内增氧加温萎凋为主，日光萎凋为辅。

1. 室内增氧加温萎凋

传统室内加温萎凋称"焙青"。焙青设"青楼"，分上下两层，中间用搁木横档隔开，横档每隔三四厘米一条，不设焙板。横档上铺设青席，供萎凋时摊叶用。搁木下30厘米处设焙架，供干燥时熏焙用。用该方式加温时，室内门窗关闭，然后在楼下地面上直接燃烧松柴，开始升温。热空气通过湿坯上升到楼上，待室温上升至28～30℃时，把鲜叶均匀抖散在青席上，进行萎凋。由于室内门窗紧闭，浓烟烈熏，生产者眼睛和呼吸道易受损伤，影响身体健康。

金骏眉室内增氧加温萎凋，用增氧机增氧，用槐炭燃烧加温。用该方法进行人工萎凋，易于调控温湿度。芽头萎凋均匀，质量高，且由于不用松柴燃烧加温，安全、干净、卫生，对生产者的眼睛和呼吸道没有损伤。

桐木正山小种萎凋老厂房　正山堂供

槐炭是用槐木段烧制成的木炭。它具有燃烧时间长、火焰旺、热值高、不冒烟、无异味的特点。

萎凋程度的轻重，对金骏眉的外形、内质有重要的影响。研究结果表明，当萎凋叶含水量低于60%以下，茶黄素就会大幅度减少，鲜爽度就会迅速降低。适度轻萎凋能防止多酚类物质过多消耗，有利于多酚氧化酶的活性。同时，由于水分是化学反应不可缺少的介质，适度轻萎凋，能使芽头保留较多的水分，利于获得较多的茶黄素。萎凋不足，成茶味淡、水薄、青涩，外形欠油润、易碎。萎凋过重，发酵叶的酶活性下降，不利茶黄素的保存，会使成茶叶底发黑，汤色失去光鲜度，品质变差。

金骏眉采用适度轻萎凋的办法进行，它保存有较多的茶黄素，因而品质优。

金骏眉适度轻萎凋的标准是：萎凋叶含水量应控制在70%左右。眉芽表面光泽消失呈暗绿色，眉芽柔软、手捏成团，松手不易弹散，部分青气消失并散发出一定的清香。

萎凋温度是影响萎凋过程化学物质转化的另一个重要原因。温度越高，水分蒸发量越大，萎凋速度越快。温度过高，会使多酚类物质氧化损失过多，茶黄素的形成减少，对金骏眉的品质不利。

所以加温萎凋其温度宜控制在25～35℃的范围内，因为此时茶黄素的积累量较高，多酚类物质、儿茶素的保留量也较多。1980年，湖南茶科所测试不同萎凋温度对萎凋叶和毛茶成分的影响，证明了这一点。

不同萎凋温度对萎凋叶和毛茶成分的影响

	萎凋温度	25℃	30℃	35℃	40℃	45℃	50℃
萎凋叶	多酚类物质（%）	21.40	21.96	21.74	18.76	18.74	18.15
	儿茶素（%）	18.56	17.25	17.58	17.37	16.72	13.48
	氨基酸（%）	3.07	2.91	2.85	2.93	2.83	2.68
	水浸出物（%）	38.17	38.11	36.40	36.36	34.61	34.69
毛茶	茶黄素（%）	0.80	0.83	0.82	0.71	0.75	0.54
品质化学鉴定得分（100）		61.20	60.84	58.11	51.20	54.38	44.95

资料来源：湖南茶科所，1980年。

萎凋过程，实质上是鲜叶化学成分化学变化的初级过程，诸如提高多酚氧化酶的活性，使蛋白质水解形成更多的氨基酸，淀粉和原果胶水解产生可溶性糖和可溶性果胶等，这些化学变化都必须经历一定的时间，但如果时间太长，又会损耗基础物质。萎凋时间过短，化学变化就难以完成。金骏眉萎凋以10～12个小时为宜。

萎凋需要一定的氧气。金骏眉用增氧机补充氧气，品质大大提高。

2. 日光与室内增氧加温萎凋结合

日光萎凋是利用茶厂附近空地向阳位置搭建"青架"，高2.5米，宽4米，长度依地方大小而定。架上铺设用原竹编成的"竹篾"，竹篾上再铺青席，供晒青用。这种青架远离地面，清洁卫生，上下空气流通，有利萎凋进行。萎凋时将芽头抖散在青席上，厚度以薄为好，一般不超过2厘米。视日光强度，每10～20分钟翻拌一次，约翻2～3次，至芽头萎软，手握如绵，叶面失去光泽，梗折不断，青气减退，略带清香，移入室内。传统的做法，此时即可进行揉捻。

金骏眉芽头肥壮，日光萎凋，其程度一般难以均匀。因此，移入室内，待水分重新分布后，再利用增氧加温，进行继续萎凋，至萎凋适度为止。用这种方法，由于芽头萎凋充分，可溶性氮和咖啡因含量高，因而成茶茶黄素含量高、品质优、汤色金黄。

（三）分段揉捻

所谓揉捻，即用揉和捻的方法将茶叶缩小卷成条形。揉捻的目的一是使叶细胞在外力作用下，通过揉捻，破坏细胞、溢出茶汁、加速多酚类化合物的酶促氧化，为提高成品品质奠定基础。由于多酚类化合物的氧化是随揉捻的开始而逐渐加剧，因而计算红茶"发酵"的时间，一般是从揉捻开始。二是使茶叶揉卷成竖直的条索，缩小体形，塑造美观的外形。三是茶汁溢聚茶条表面，冲泡时易溶于水，形成光泽，增加茶汤浓度。金骏眉采用机械揉捻与手工揉捻相结合的办法进行。具体有如下三道工序：

初揉

手工复揉

1. 初揉

即把适度轻萎凋的金骏眉移入揉捻机内，进行揉捻。金骏眉芽头持嫩性好，揉捻必须讲究方法，揉捻不当，就会影响或破坏成茶外形和条索。

"嫩叶轻压""轻萎凋轻压"。金骏眉萎凋芽正确的揉捻方式是：先轻揉、慢揉，让眉芽相互充分碰撞、摩擦，产生热量，提高叶温，增强酶的活性，加快多酶类物质的酶促氧化。待眉芽十分柔软之后，再缓慢加压，揉至茶汁大量流出，欲滴未滴，眉芽呈小团状，茶胚呈褐色并带有甜香味为止。整个过程35～40分钟，室内温度控制在22～26℃，相对湿度保持在95%左右。

2. 解块

即用于解散初揉时眉芽结成的团块，散发热量，降低叶温，去除老叶及初揉过程中拆断的芽尖。

3. 手工复揉

使用揉捻机对萎凋芽进行揉捻，常常由于加压过重，使揉盖与揉盘产生的正、反压力相互作用，揉桶推力减弱，眉芽在揉桶内形成平面移动，眉芽受压成扁条，很难形成浑圆紧直的条索，通过手工施以复揉，有助于进一步紧缩眉芽，形成理想的条索外形。

揉捻的过程，同样需要消耗大量的氧气，应注意及时补氧，使供氧量超过耗氧量，它对提高金骏眉的成茶品质有重要的作用。

（四）悬挂式增温加氧发酵

据多年的观察测定，发酵房内上层气温一般要较中、下层高5～10℃，上层湿度也较中、小层高。悬挂发酵即利用上、中、下温湿度的差异，将复揉后的金骏眉眉芽装入竹编的箩筐内压紧，悬挂在室内距地面2/3处，筐内装茶，然后，在上盖以浸湿的厚布，保持湿度，厚度以30～40厘米为宜。装叶较多，可在中间挖一洞，以便上下通气，为发酵提供良好的条件。

"发酵"实质是以多酚类物质的酶促氧化为中心，它是形成金骏眉色、香、味品质特征的关键工序。温度、湿度和氧气量是影响茶多酚酶性氧化重要的环境条件。

悬挂式增温加氧发酵技术　*李少玲摄*

1. 温度

温度对发酵质量的影响最大。一般认为，在发酵前期要求稍高的温度，以利于提高酶的活性，促进多酚类物质的酶性氧化，形成较多的茶黄素。发酵中、后期要逐渐降温，以减少多酚类物质的损耗，减缓茶黄素向茶红素、茶红素向茶褐素转化速度，以利茶黄素的积累。发酵温度过高，会自动加速茶黄素向茶红素的转化，所形成的茶红素能与氨基酸类结合，生成色褐、味淡的茶褐素，影响成茶品质。金骏眉采用加温发酵，叶温保持在30℃，室内气温控制在24～25℃为宜。

2. 湿度

发酵环境应保持很高的湿度。环境湿度过低，发酵叶含水量减少，多酚类物质的氧化自动加速，茶褐素积累过多，成茶叶底较暗，汤色差、滋味淡。所以金骏眉发酵应在高湿环境中进行，要求相对湿度必须达到95%。这样的湿度有利于提高酶的活性，有利于茶黄素的形成。在生产上通常采用喷雾或洒水等措施来进行增湿。

3. 氧气

发酵需要大量的氧气。据中国农业科学院茶叶研究所测定，制造1千克红茶，在发酵中每小时要耗氧4～5千克。氧气不足，发酵不能正常进行。

发酵还会产生大量的二氧化碳。据测定，从揉捻开始到发酵结束，每100千克叶子，可释放30千克的二氧化碳。因此，发酵场所必须保持空气新鲜流通。金骏眉在萎凋、揉捻、发酵等环节，均采用人工增氧机增氧。这是金骏眉优良品质形成不可忽视的一个重要因素。

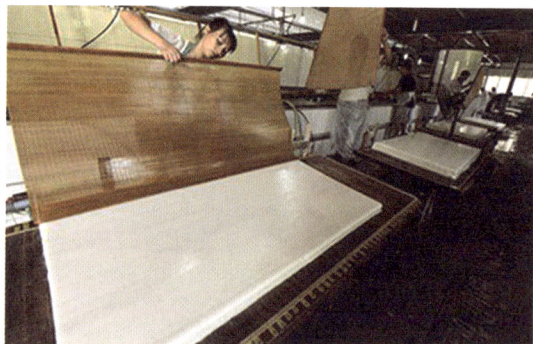

4. 时间

发酵时间必须适度。延长发酵时间,茶褐素会进一步转化成水不溶性物质,造成多酚类物质氧化量增多,茶黄素不仅难以增加,而且趋于减少,从而使茶叶品质失去鲜爽的基础。实践证明,金骏眉发酵的时间以8个小时为好。

5. 轻重

"宁可偏轻,不可过度。"金骏眉发酵,其程度以适度偏轻为好。这是由于发酵叶进入干燥后,叶温受火温影响是逐步上升的,酶的活性不仅不能在短时间内被立即破坏停止,反而会有一个短暂的活跃时间,在这个短暂的时间里酶促氧化进行得异常激烈,直到叶温上升破坏了酶的活化后,酶促氧化才会停止。多酶类化合物的非酶促氧化在湿热作用仍会进行,到足干时才会基本停止。在生产上如果以适度发酵或适度偏重发酵为准,在干燥过程中则往往会造成发酵过度或严重过度,品质降低的问题。

(五) 干燥

干燥是金骏眉加工的最后一道工序。同时,也是决定金骏眉品质的最后一关。干燥的目的,一是利用高温破坏酶活动,停止酶促氧化;二是蒸发水分,紧缩茶条,使茶条充分干燥,防止非酶促氧化,保持品质;三是散发青臭气,进一步提高和发展香气。

干燥的方法,有烘笼烘焙和烘焙机烘焙等。烘笼烘焙是用竹制烘笼,木炭加热烘焙。该方法设备简单,烘焙出来的茶叶香气好,质量高,是武夷山茶区民间传统广泛使用的一种方法。

金骏眉采用烘笼,槐炭加热烘焙。其方法是在烘笼内底铺垫一层江西铅山产的连四纸,在纸的上面,置1~2厘米厚经适度偏轻发酵的眉芽,在眉芽上面再盖一层连四纸。

连四纸,洁白莹辉,细嫩绵密,平整柔韧,有隐约帘纹,防虫耐热,永不变色,素有"寿纸千年"之说。用之作为金骏眉干燥之下垫、上覆,由于其吸水性好,能均衡眉芽水分,有利加快金骏眉眉芽干燥的速度。同时,还可防止因在干燥过程中茶沫、茶片丢入火中,影响茶叶品质。连四纸柔韧,耐高温,可反复使用。

清纯 丁李青摄

金骏眉烘焙分两次进行。第一次称毛火，第二次称足火，中间要经过半个小时左右的摊放。毛火温度110℃，持续时间一个半小时左右。高温快烘是技术要领，这是因为从烘焙开始到眉芽有一定干度的时间里，眉芽水分多，叶温高，处于湿热状态。若烘焙温度低、时间长，一方面多酚类物质的自动氧化会非常迅速，茶黄素和茶红素向茶褐素的转化也十分激烈，造成过度发酵，对品质极为不利。另一方面，由于热蒸作用，产生闷黄，使眉芽色泽转暗，香气变得低闷，鲜度下降，影响品质。

研究表明，多酚氧化酶对温度的反应，40℃以上其活性才开始下降；80℃以上，酶蛋白发生变性，失去活性。所以，要保证金骏眉的品质，毛火时必须采用高温快烘的办法，迅速破坏酶促氧化，消除湿热作用。

茶叶不愉快的芳香成分，一般沸点低，会在烘焙过程中挥发逸散。高沸点的芳香成分，一般都具有良好的香气，在毛火中不能完全透发，必须在更高的温度下才能透发。温度低香气不纯，温度过高，芳香成分又会丧失。

金骏眉足火，采用高温短时的方法。其温度在130℃左右，时间半个小时。这是金骏眉独特香气形成的一个重要技术措施。

金骏眉烘焙充分，不但香气清纯、品质优，而且含水量低，一般在3%～4%，可较长时间保存而不会变质。

陆

拨开迷露看远山

正山堂茶经

金骏眉

ZHENGSHANTANG CHAJING
JINJUNMEI

　　"出武夷以带儒风，方为正品；得小种而兴大业，允赖元勋。"正山堂金骏眉之所以备受消费者推崇，是由于受独特生态所润，吸甘露霄降，承四百余年传统正山小种之工艺精华，创造形成的特殊品质。2008年7月16日，以我国著名茶叶专家骆少君为组长的六名茶界专家，鉴定给出的结论是："金骏眉创意新颖、原料生态、制工精湛、品质优良。"

一、品质特征

　　色、香、味是构成茶叶品质的三大主要因素，其优劣体现在外形与内质两个方面。内质优劣由茶叶中各种化学成分的种类、含量、比例及做工是否得法而定。它体现在茶叶的滋味、汤色、香气、冲次和叶底上；外形主要由茶叶的老嫩程度和不同的制茶工艺所决定。它体现在茶叶的条索、色泽和整碎度上。正山堂金骏眉最显著的品质特征是：

（一）形美色润

　　茶叶的外形特征，指的是茶叶的条索、色泽和整碎度。它包括干茶的形状、色泽和叶底的形态两个部分，它与原料采摘的嫩度、做工密切相关。

　　条索是指茶的外形规格。一般来说，条索紧、身骨重，圆而挺直，说明原料嫩度好、做工精、品质优。如果外形松、扁碎，有烟焦味，说明原料老、做工差、品质劣；茶叶色泽与原料嫩度、加工技术有密切关系。各种茶均有一定的色泽要求。好茶色泽一致，光泽明亮、油润鲜活。如色泽深浅不一，暗而无光，说明原料老嫩不一、做工差、品质劣；整碎度是衡量茶叶外形品质的一个重要方面。它与茶叶生长环境、鲜叶质量、制作是否精细有关；匀整为好，断碎为次。一般而言，茶叶嫩度好、做工精细，外形匀整度就高，否则就易断碎；净度好的茶，不含异杂物，没有异味、烟焦味和熟闷味。

香馨　徐庆生摄

正山堂新安源有机茶园 孙胜摄

正山堂金骏眉，原料生态，制作精细，干茶有锋苗；条索紧秀圆直，稍弯曲；色泽均匀，油润发亮，乌中透金黄；净度好，没有异杂物；叶底柔软有弹性，形如松针，呈亮丽的古铜色。

（二）汤色金黄

汤色是茶叶内各种色素溶解于沸水中所表现出来的颜色。其呈色成分主要有：叶绿素A、叶绿素B、茶黄素、茶红素、茶褐素、花青素等。色度、亮度、清浊度是审评过程中的三大因素。品质好的红茶，茶黄素含量高，汤色清澈透明有光泽，带有金圈。品质差的红茶，由于茶黄素含量低，汤色混浊，有大量悬浮物，透明度差。

正山堂金骏眉，以头春茶树芽头为原料。所选用的茶树品种，皆为多酚类物质、儿茶素含量较高，其中尤为重要的是酯型儿茶素和没食子儿茶素含量又相对较高。在制作的过程中，除严格把握酶促氧化的温度和时间外，采用了增氧悬挂式发酵的技术，工艺精细考究，茶黄素含量高。故汤色金黄，明亮清澈，"金圈"宽厚，久置有乳凝，乳浆呈亮黄色，黏性强。

乳凝，俗称"冷后浑"。"冷后浑"的物质基础是茶黄素、茶红素与咖啡因的络合物。这种络合物的溶解度，随温度的变化而变化；温度高时溶解，温度在40℃以下时，呈乳凝沉淀状态。"冷后浑"的程度和色泽与红茶品质呈正相关。是否产生"冷后浑"，以及"冷后浑"的颜色如何？主要决定于茶黄素含量的高低。只有当茶黄素含量较高时，才容易产生"冷后浑"，而且"冷后浑"后的颜色呈亮黄浆色至橘黄浆色。茶黄素含量过低，不容易产生"冷后浑"，即使产生"冷后

香馨　徐庆生摄

浑"，其颜色也常常呈暗黄浆色。故"冷后浑"是红茶品质好的表象，可作为判定红茶品质优劣的一种方法。

（三）入口甘甜

茶叶的滋味成分，主要有茶多酚、氨基酸、嘌呤碱、花青素、无机盐及糖等。茶多酚呈涩味，氨基酸呈鲜味，嘌呤碱、咖啡因、花青素等呈苦味，无机盐呈咸味，糖呈甜味。

浓稠度、强度和鲜爽度，是决定茶叶滋味的三大因素。

茶汤浓稠度的大小主要是多酚类物质及其氧化产物、氨基酸、咖啡因、可溶性糖和其他可溶物等水溶性物质的多少决定的。浓稠大，代表茶叶水溶性物质多，茶汤成分含量高，滋味好、品质优。

茶汤强度的大小主要是由能给味觉器官带来收敛感和刺激感的儿茶素、茶黄素的多少决定的。茶汤的鲜爽度主要来自茶黄素与咖啡因形成的络合物。甜味主要来自水溶性糖和部分游离氨基酸。

品尝茶滋味的正确方法是：将茶汤含在嘴里，用舌头在口腔中来回打转，让茶汤与口中味觉细胞充分接触，以鼻子呼出口中气味，然后慢慢将茶汤咽下，这样才能真正感受茶汤的滋味。

"人走茶凉"是每个中国人耳熟能详的谚语。它出自京剧《沙家浜》，是著名作家汪曾祺先生"为阿庆嫂唱腔"写的自创语。它表示世态炎凉，当权的人离开岗位以后，对别人没有利用价值，人家就忽视他了。凉茶较热茶比，一般苦涩味会来的更重一些，它为茶人品鉴茶的好坏提供了另一条思路。热饮、凉饮同样绵顺滑口的茶，才是真正的好茶。

正山堂金骏眉，原料生态，内含物丰富，品质优，经农业部茶叶质量监督检验测试中心检测，其水浸出物达45.8%，茶多酚18.1%，游离氨基酸6.0%，茶汤浓稠度高，入口甘醇，水中带甜，甜中带香，回甘持久清远，无论热品冷饮皆绵顺爽口。

（四）韵香十足

艺术大师丰子恺先生有诗云："常喜小中能见大，还须弦外有余音。"好茶有韵味。何为

"韵"，明人陆时雍《诗锐总论》云："有韵则生，无韵则死；有韵则雅，无韵则俗；有韵则响，无韵则沉；有韵则远，无韵则局改。物色在于点染，意态在于转折，情事在于犹夷，风致在于绰约，语气在于吞吐，体势在于游行，此则韵之所由生也。"

茶的韵味通过香气得以体现，香气的形成与生长环境有密切的关系。我国茶叶专家、首批国家级非物质文化遗产——大红袍制作技艺传承人叶启桐研究发现："与兰花同生的，其味常常带有兰花香；周围环绕桃林的，其味有蜜桃香；与草药同处的，有草药香；附近有苔藓地衣的，必带苔藓地衣之味等。"

判定茶叶的香气：一是看是否纯正，有无异味；二是看类型，高低、清浊；三是看持久的程度。香气以高长、鲜爽、馥郁的为好；高而短者次之；低而粗者则又次之。凡高档茶一般都具有花香、果香或蜜糖香。凡带有烟、馊、霉、烂、焦等气味的，均是品质不佳的表现。

正山堂茶园周边林木层叠、奇花异草，山间多丛生马尾松、槠、栲、朴、栎等树木及芒其骨、石松、蕨、兰等草本植物。茶生树木、花草间，一方面树木的枯枝落叶、花草植物的残体腐烂留

农业部茶叶质量监督检验测试中心
Tea Quality Inspection and Supervision Center

检测报告
Results of Analysis

No. JF161644-8

组分名称	化学名	分子式	相对含量
香叶醇	trans-Geraniol	C10H18O	34.60%
水杨酸甲酯	Salicylic acid, methyl ester	C8H8O3	13.55%
β-芳樟醇	β-Linalool	C10H18O	2.63%
苯乙醇	Phenylethyl Alcohol	C8H10O	4.76%
3,7-二甲基-2,6-辛二烯酸	3,7-dimethyl-2,6-Octadienoic acid	C10H16O2	5.21%
苯甲醛	Benzaldehyde	C7H6O	1.31%
苯甲醇	Benzyl Alcohol	C7H8O	1.94%
橙花叔醇	Nerolidol	C15H26O	3.34%
氧化芳樟醇(吡喃型)	Linalool Oxide(9.1)	C10H18O2	0.32%
β-紫罗酮	β-Ionone	C13H20O	1.68%
顺-己酸-3-己烯酯	cis-Hexanoic Acid, 3-hexenyl ester	C12H22O2	2.90%
脱氢芳樟醇	Hotrienol	C10H16O	0.46%
3,7-二甲基-2,6-二辛烯醛	3,7-dimethyl-2,6-Octadienal	C10H16O	1.35%
王醛	Nonanoic acid	C9H18O2	1.02%
1-乙基-2-甲酰吡咯	1-Ethyl-1H-pyrrole-2-carbaldehyde	C7H9NO	1.61%
反-2-反-4-庚二烯醛	trans-2-trans-4-Heptadienal	C7H10O	0.43%
2-己烯醛	2-Hexenal	C6H10O	0.88%
王醇	1-Nonanol	C9H20O	0.80%
橙花醇	cis-Geraniol	C10H18O	0.65%
顺-茉莉酮	cis-Jasmone	C11H16O	1.99%
己酸己酯	Hexanoic acid, hexyl ester	C12H24O2	1.24%
橄榄醇	Olivetol	C11H16O2	1.11%
月桂烯	β-Myrcene	C10H16	
二氢猕猴桃内酯	dihydro actinidiolide	C11H16O2	0.76%
2,3-环氧-β-紫罗酮	5,6-Epoxy-β-ionone	C13H20O2	0.32%
苯乙醛	Benzene acetaldehyde	C8H8O	0.98%
环氧芳樟醇	Linalool oxide	C10H18O2	0.25%
藏红花醛	Safranal	C10H14O	0.43%
反-戊酸-2-己烯酯	trans-2-Hexenyl caproate	C12H18O2	1.01%
α-萜品醇	α-Terpineol	C10H18O	0.27%
顺-柠檬醛	cis-Citral	C10H16O	0.43%
辛酸	Octanoic Acid	C8H16O2	0.33%
δ-杜松烯	δ-Cadinene	C15H24	0.35%
α-雪松烯	α-Cedrene	C15H24	0.37%
3,5-辛二烯-2-酮	3,5-Octadien-2-one	C8H12O	0.25%
顺-β-罗勒烯	cis-β-Ocimene	C10H16	0.78%
苯乙腈	Benzyl nitrile	C8H7N	0.27%
柠檬烯	Limonene	C10H16	0.59%
香叶酸甲酯	Geranyl acetate	C12H20O2	1.20%
甲酸香叶酯	Geraniol formate	C11H18O2	1.05%
β-达马烯酮	β-Damascenone	C13H18O	0.35%
顺-3-己烯-苯甲酸酯	cis-3-Hexenyl Benzoate	C13H16O2	0.27%
乙酸苯甲酯	Acetic acid, benzyl ester	C9H10O2	0.22%
反,反-3,5-辛二烯-2-酮	trans,trans-3,5-Octadien-2-one	C8H12O	1.36%
正己醛	Hexanal	C6H12O	0.30%
糠醛	Furfural	C5H4O2	1.21%
反-β-罗勒烯	trans-β-Ocimene	C10H16	0.51%
6-甲基-3,5-庚二烯-2-酮	6-Methyl-3,5-heptadien-2-one	C8H12O	0.29%
2-甲基丁醛	2-Methylbutanal	C5H10O	0.79%
以下空白			

在茶园里，为茶树生长提供了丰富的营养物质。另一方面，茶树吸收了树木与花草的香气，形成了天然复合型的花果蜜香；明显的高山韵香和持久的韵味，更增添了金骏眉茶品的魅力。

2017年2月14日，中国科学院成都生物研究所，受农业部茶叶质量监督检验测试中心委托，首次对正山堂金骏眉香气成分进行检测，共鉴定出49种化合物，包括17种醇、12种酚、7种醛、5种烯烃、2种酮、2种酯、2种酸、1种醚和1种环氧化合物。主要成分为香叶醇、水杨酸甲酯、3.7-二甲基-2.6辛二烯酸、苯乙醇、橙花叔醇、顺-2-乙酸-3-己烯醇、β-芳樟醇等，占香气总量的66.99%。香叶醇、苯乙醇、芳樟醇等，属花香物质；水杨酸甲酯、橙花叔醇，属果香物质；顺-2-乙酸-3-己烯醇属鲜香物质；苯乙酸苯甲酯具有类似蜂蜜的甜香。

正山堂金骏眉，质优、香高、味甜爽。品饮正山堂金骏眉大有行走无人旷野，葱葱森林，飘云漫相间，令人宁静致远，心旷神怡。

有人说，它"香"的自然，清纯不杂。有人说，它"香"的诱人，齿颊留香。有人说，它"香"的高雅，久闻不腻，缓缓而来，众望生波，似大家闺秀。还有的人说，它有"云石甘软之气"，久含不化；像松，挺立高山，立于崖边，满树松涛，傲骨霸气；像竹，碧叶经冬，青翠欲滴，婆娑身影，清气袭人；像梅，暗香浮动，沁人心肺；似兰，高洁淡雅，芬芳悠远，有"王者之香"。也有的人说，它是"仙品"，三杯下肚，就会酣畅淋漓，两腋清风，物我两忘，天人合一。

（五）十分耐泡

耐泡度是衡量茶叶品质好坏的一个重要指标。一泡汤、二泡茶、三泡四泡是精华，在通常情况下，一泡茶以能连续泡冲5次以上，茶之原本香味与汤色，不会因为冲泡次数的增加而马上消退者为好。正山堂金骏眉原料生态、内含丰富、身骨重、冲泡之后不仅下沉快，而且极为耐泡，可连续冲泡十二三次以上，水色变化不大，依然金黄、有香有味。

高山金骏眉

平地金骏眉

二、辨别

　　金骏眉是以江元勋为代表的正山堂茶人，通过挖掘传统正山小种红茶四百余年的历史文化，在工艺上创新，品质上提升，有效保健成分上增加，创造形成的中国红茶名品。它填补了我国高端红茶市场的空白，掀起了中国大地的红茶热，更让正山小种红茶这个曾在17世纪风靡欧洲上层社会的佳品，在21世纪又重放异彩。

　　金骏眉卓越的品质，如今已成了中国顶级红茶品质的象征和代名词。有的茶业生产企业为片面追求高额利润，不顾金骏眉原料生态的稀缺性特点，大量利用外山茶、低山茶、夏秋茶，仿制生产金骏眉，制造"山寨版"，充斥扰乱市场，损害消费者利益。掌握正品金骏眉的辨别方法，有助于消费者练就火眼金睛，免遭"山寨版"的侵害。

（一）高山金骏眉与平地金骏眉的区别

　　正山堂金骏眉，原料生态，来自高山，海拔一般在1 200～1 500米；只用春茶的芽头，原料稀缺，价格高。"山寨版"金骏眉多为平地茶叶，原料来源广泛，价格相对低。高山金骏眉与平地金骏眉相比，由于生态环境有别，光合作用的强度不同，碳代谢与氮代谢的比率是不同的；不仅茶叶

也可以清心　谢辉旺刻

形态、色泽不一，而且内质也不相同。同样重量，高山金骏眉的体积要比平地的体积小得多。两者在品质上的区别是：

1. 高山金骏眉

高山金骏眉氮代谢相对旺盛，芽头肥壮、大长，色泽多呈淡黄绿色，且有白色绒毛，鲜嫩度好；制作形成后的成品茶，具有特殊的花果蜜香，有明显的"高山韵味"，而且香气高清持久，滋味浓醇，耐冲泡，条索紧秀，身骨重，油润，白毫显露，乌中透金黄。

2. 平地金骏眉

平地金骏眉碳代谢旺盛，鲜叶芽头偏短小、叶色深绿少光。成茶条索短小、身骨轻，色泽暗黄，香气相对较低，滋味较淡，叶底绵薄、没弹性，叶张易平展。香气和滋味与高山金骏眉有本质的区别。

（二）春、夏、秋季金骏眉的区别

春茶、夏茶与秋茶，由于所处时节的温湿度、光照强度的不同，其生长的速度与内含物是不同的。正山堂金骏眉每年只在春季采摘单芽，"山寨版"金骏眉则多为夏、秋茶的单芽。

1. 春季金骏眉

越冬后茶树第一次萌发的芽叶制成的茶叶称为春茶。正山堂金骏眉选用春季茶树的芽头，每年5月底前进行。由于春季温度适宜，降水量充沛，加之茶树经上年采摘后，历经夏、秋、冬三个季节的休养生息，茶芽体内营养物质丰富，芽头饱满，氨基酸、芳香物质、维生素C含量高。用之制作金骏眉，条索紧秀，重实，色泽乌润，有锋芒。茶叶冲泡下沉快，香气清高持久，滋味鲜爽醇厚、汤色清澈金黄透亮带金圈，耐泡度高、叶底柔软、厚肥有弹性，芽缘锯齿不明显。

2. 夏季金骏眉

每年6月初到7月初采摘制成的茶叶叫夏茶。夏季气温度高，光线照射强烈，茶树生长快，碳代谢旺盛，大量合成茶多酚，用之制作金骏眉条索松散不紧结，色泽红褐；冲泡时，茶叶下沉慢；香气欠高，汤色红暗，滋味欠厚，比较苦涩，不如春季金骏眉鲜爽，叶底较粗硬，芽缘锯齿明显。

山静日长仁者寿 **王国正作**

3. 秋季金骏眉

秋茶指的是每年7月中旬以后直到当年茶季结束采摘制成的茶叶。茶叶经过春、夏两季的采摘，茶树体内贮存的营养物质已大量消耗。用之制作金骏眉，条索瘦小，大小长短不一，轻漂，色泽暗红，香气不高，滋味淡薄，稍带苦涩，不耐冲泡，叶底常夹铜绿色。

（三）外在品质

茶叶外在品质的优劣，通常可通过干茶的香气、条索、色泽、质地和精细度等因子，加以鉴别。观其色、嗅其香、触其体、验其实，是区别金骏眉外在品质优劣最为直接的方法。

1. 观其色，看干茶色泽是否油润

茶叶色泽与原料生产的海拔高度、持嫩性有密切关系。一般而言，好茶色泽均匀、油润鲜活、明亮有光泽。品质低劣的茶，色泽暗淡无光、深浅不一。

正山堂金骏眉，色泽均匀，油润鲜活；金黄黑相间，乌中透金黄，有光泽，白毫显露。

山寨版金骏眉，色泽暗淡，黄而无光；黄色绒毛多，且冲泡后易脱落。

2. 嗅其香，看干茶香气是否纯正

正品金骏眉干茶香气清新优雅、细腻纯正，细嗅有花果的甜香味。

山寨版金骏眉干茶，香气一般较低，而且粗浊、不够纯正，有些还带有咸味、土味、烟焦味、黄闷味和青气。

3. 触其体，看干茶条索是否紧结

茶叶条索与采摘季节、加工技艺密切相关。正山堂金骏眉由于原料生态，来自高山，加之做工精细，故干茶条索壮实紧结、秀挺略弯曲，似海马型、有锋苗、匀整度高，没有茶末和杂物。

茶韵 李青摄

山寨版金骏眉，干茶条索一般较为松散，欠紧实，粗细长短不一，断碎多，有茶片或茶末，有的还夹有杂物。说明原料来自低山或夏、秋茶的芽，做工差、品质劣。

4. 听其声，看干茶身骨是否重实

身骨重实，表明茶叶来自高山，其内容丰富，体内干物质含量高，是好茶的表现。就金骏眉而言，怎样才能鉴别其身骨是否重实？通常有两种方法：

方法一：用手取同量金骏眉干茶于手中，或用五指撮抓，稍加抖动测其轻重。重者为上，轻者为次。

方法二：取一小撮金骏眉干茶抖落于玻璃板上或铝、瓷盘中，听其下落冲击发出的声音，测其轻重。正山堂金骏眉会发出类似金属碰撞"叮叮"的声音，它表明该茶身骨重、品质优；山寨版则会发出"卜卜"的响声，它表明该茶身骨轻、品质相对较次。

（四）内在品质

茶叶的内在品质，主要表现在汤色、香气、滋味和叶底四个因子上。通过视觉、嗅觉、味觉、触觉等感官手段，先嗅香气、再看汤色、细尝滋味、后展叶底，对茶叶的质量进行综合评定，是日前国际上对茶叶等级评定最通用的方法。除此之外，耐泡度也是衡量茶叶内在品质的一个重要方面。

1. 嗅香气

香气是茶叶冲泡后随水蒸气挥发出来的气味。正山堂金骏眉与山寨版金骏眉，由于品种、产地、季节、加工方法的不同，香气的类型、纯异、高低、长短是不一样的。

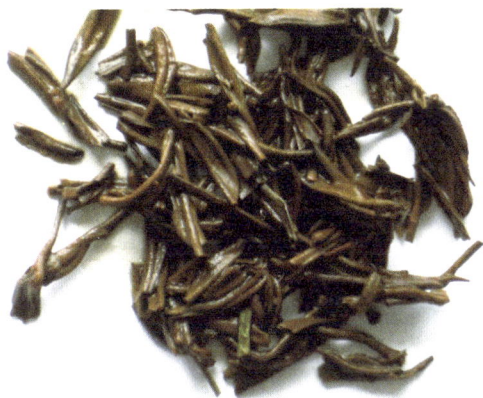

真品叶底　　　　　　　　　　　　　　　　　山寨版叶底

正山堂金骏眉的香气呈复合型花果蜜综合香气，高山韵味明显，香气清高持久。

山寨版金骏眉，红薯香明显，有的为纯火工香；较正山堂金骏眉相比香气显得低粗、不持久，不少还带有杂味。

2. 看汤色

正山堂金骏眉的汤色金黄、清澈，有金圈；山寨版金骏眉的汤色暗红、有悬浮物、透明度差。

汤色在鉴别过程中变化较快，为避免因色泽的快速变化而影响鉴别质量，嗅香气与看汤色应结合进行。

3. 尝滋味

滋味是茶汤入口后的感觉。茶汤入口，茶水圆滑，茶味甘润、醇厚者为佳。苦涩味重、味淡者为劣。正山堂金骏眉滋味醇厚、甘甜爽滑、水中带甜、甜中带香，高山韵味持久。山寨版金骏眉滋味淡薄，茶汤入口后，涩口，有麻嘴厚舌的感觉。

4. 比耐泡

耐泡度是茶可冲泡次数。好茶耐冲泡，劣茶不耐泡。

正山堂金骏眉在好水沸水快出水的情况下，3克可连续冲泡12次以上，其汤色依然金黄，口感品质如一。每次的冲泡时间是：第1～3泡，坐杯时间为3～5秒；此后，每泡依次递增5秒。

山寨版金骏眉用相同的办法，只能冲泡5～6次，汤色即淡白，没有茶味。

5. 展叶底

叶底即冲泡后的茶渣。好茶叶底柔软，色泽明亮，均匀一致。正山堂金骏眉叶张厚，叶底匀整，隽拔挺秀，呈舒展亮丽的古铜色。用手捏有弹性，说明制作精细。山寨版金骏眉叶张薄，叶底不匀整、不明亮，手捏绵烂，弹性差。

（五）正山堂金骏眉防伪标识

正山堂始创金骏眉。它选用春茶的芽头，精细制作，一方面因怕挤压，影响其外观品质；另一方面追求朴素，不过度包装；一上市就采用铁皮罐100克装。由于遭受"山寨版"的克隆，为保护消费者的利益，2008年企业通过设置多层防伪标识，对正山堂金骏眉进行重新包装设计。新包装依然使用铁皮罐，内装100克，与旧版包装相比增加了4道防伪标识，分别是：

1. 包装上贴有"中华人民共和国地理标志保护产品"防伪标签，通过标签中的防伪识别码，即可进行防伪查询；

2. 包装上贴有正山堂专用防伪标签，刮开防伪标签，即可通过正山堂官网进行防伪查询；

3. 茶罐底部、内衬纸及罐顶周边，皆有钢印凹凸"正山堂"和"ZHENG SHAN TANG"字样；

4. 茶罐内部以防伪激光薄膜作为封膜。

邓林（中）与江元勋（右）、徐庆生（左）　**邱汝泉摄**

（六）马口铁罐的朴素情怀

庄子说："朴素而天下莫能与之美"。朴素是一种大美，是一种朴拙、自然、原始的美。或许它并不是吸引人眼球的亮点，但却是我们精神家园里重要的一部分。

正山堂始终延续着这样一种朴素情怀。无论是企业文化还是公司产品，细微处总能发现朴素的光影散发出柔润的光泽。金骏眉的问世，让正山堂作为创始者而名扬中国；让正山堂的金骏眉成为了国内高端红茶的代表；让正山堂成为了高端红茶品牌的领航者。然而成功并未改变这个企业的本质。正山堂始终朴素着，金骏眉的外包装也始终如一地沿用最初的马口铁罐，从未改变过。最初金骏眉，为何会使用马口铁罐包装？里面有着一段特殊的机缘。

2005年，金骏眉初入北京，送到邓林女士手上时，只装在一个朴实无华的圆形马口铁罐里，罐身上仅标注正山堂金骏眉的文字介绍，罐侧面配着手写的"正山堂"三个字。社会上一直有一种声音，认为代表顶级红茶的金骏眉不应该装在简单的圆形马口铁罐里。这时候邓林说："马口铁罐装茶极好，过了很久之后品尝，茶味仍然一样。"她建议江元勋就选用马口铁罐包装，褪去浮华，返璞归真。

江元勋先生听后，极为赞同。他认为茶叶包装不必追求奢华，贵在茶叶本身的价值。正山堂金骏眉是一种好茶，制茶人的使命就应该是用心做好茶。而包装，仅仅是茶叶的附属产品，毕竟不是爱茶之人所追求的根本。因此，选用圆形马口铁罐，让茶叶回归最纯真的一面。就这样，马口铁罐便成了金骏眉一个独特的标签。

素者至美，朴者无敌。正山堂牢记中国传统的朴素之美。不论茶叶市场如何风云变化，始终坚持着一份茶人淳朴的胸怀，保证旗下的金骏眉和其他产品的最高品质，让朴实无华的铁罐里装着的始终是最好的茶叶。

这就是正山堂"圆形马口铁罐"的故事，后来马口铁罐逐渐成为同行业相继效仿的样板。无论这么多年金骏眉和正山堂经历过多少荣誉与风雨，始终都不忘朴素的本义。因为正山堂深知，朴素乃万物之根本，它是最恒久、最不易凋零的美。

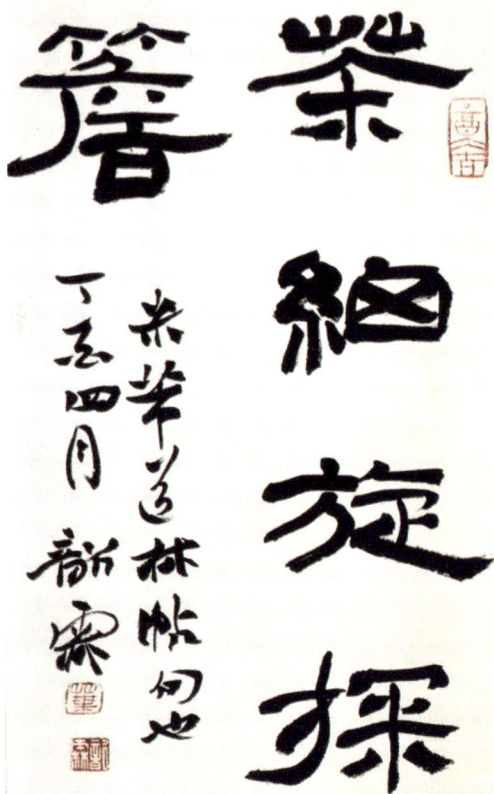

茶细旋探檐 叶韶霖书

三、贮藏

了解茶叶变质的原因及其影响因素并采取相应的贮藏措施，有助于我们搞好金骏眉等红茶的家庭保存。

（一）茶叶特性

茶叶质地疏松、孔隙率高、内含化学成分复杂，具有后熟性和较强的氧化性、吸湿性与吸附性。

1. 后熟性

茶叶的后熟性，是指茶叶品质经过一段时间的贮藏，略发生变化，生成良好品质的阶段。其具体表现是"生青气"消失，茶叶正常香气显现。

刚制作出来的新茶，一般都带有很强刺激性的"生青味"，它会降低茶叶品饮时的口感。新茶经过一段时间的储藏，在后熟作用的影响下，汤色浓度会增加，叶底会变得明亮，口感会变得更加醇和。

后熟过程的长短，受环境因素的影响。不同类的茶叶对后熟要求不同。如正山小种、金骏眉等红茶经半年到一年的后熟作用后，不但不苦不涩，而且口感更加醇厚滑顺，高山韵香更加明显。

2. 氧化性

茶叶中的某些化学成分物质，在空气中氧气的作用下会发生化学反应，使相当部分可溶性物质变成难溶于水的物质，从而使茶叶的色泽变次，汤色混浊，口感变差，品饮价值降低。因此，在无氧条件下，有利于茶叶的贮藏。

茶叶氧化性的强弱与茶叶内含水量的高低及外界温度呈正相关。含水量越高，外界温度越高，氧化性也就越强，因而茶叶品质变劣的速度也就越快。

一味　老等作

3. 吸湿性

茶叶是干燥物质，质地疏松分散，具有很强的吸湿性。茶叶海绵组织相当发达，鲜叶含水量大，干燥后孔隙率高，是一种疏松而多孔的结构体。它不但有外表的形态结构，而且有错综复杂的内表面微孔结构。这些孔隙贯通整片茶叶，又与外界相通。许许多多的孔隙管道内壁的表面加起来，总有效面积很大。这些固体表面的"空悬键"，对密度比它小很多的水分子具有很大的吸引力，这就决定了茶叶具有很强吸湿性的特征。如贮存不当，就会很快受潮，降低香气，品质变劣。

茶叶的吸湿性，还与其所含的某些化学物质有关。茶叶中含有相当量的柔水胶体，如淀粉和蛋白质，容易吸附水分。茶叶中的多酚类物质、咖啡因等主要品质成分，是一种水溶性很大、吸湿性很强的物质。

4. 吸附性

茶叶中含有棕榈酸、萜烯类和邻苯二甲酸二丁酯等化学物质，它们分子量大、沸点高、结构复杂、分子间作用大、吸附能力强，易吸附空气中易挥发性的气体物质，并固定下来。

潘文毅关于茶叶吸附概论的探讨认为：茶叶的等级与嫩度，决定茶叶内外的几何结构，直接影响茶叶的吸附能力。正山堂金骏眉属高等级红茶，其嫩度好，不但内表面细孔结构比表面大，孔径细，孔隙率大，吸附量多；而且孔径短，气体分子与孔壁碰撞接触的机会多，易发生毛细管"凝聚"，故吸附量大。低档粗老茶嫩度差，内表面细孔结构比表面较少，孔隙的孔径大而少，毛细管"凝聚"作用较弱，吸附量较少。

除此之外，茶叶自身含水率、环境湿度都会影响茶叶的吸附。

（二）红茶在贮藏过程中的变化

红茶在贮藏过程中，会受到外界各种环境条件的影响，从而发生一系列复杂的化学反应，产生各种不利于茶叶色、香、味的物质，导致茶叶品质变化。主要的是：含水量增加、滋味物质减少、香气和色泽物质改变等。

1. 含水量的变化

茶叶在存放过程中含水量的变化，随空气湿度的变化而变化。空气湿度越大，茶叶含水量的增加也就越快、越大。

茶叶含水量不同，在存放过程中，其品质劣变的程度差异是很大的。茶叶含水量越低，品质劣变的程度越慢。含水量高的茶叶，在很短时间内品质就会劣变。常温贮存同样的时间，含水量越高的茶叶，其品质下降速度也就越快。

研究结果表明：绝对干燥的各种食品物质暴露于空气中，容易发生氧化。而当水分子以氢键和食品各种成分结合呈单分子状态存在时，就像物质的表面蒙上一层薄膜，起到一种隔离氧气的作用，物质氧化就困难得多。这种含有单分子层水分的食品不易氧化变质，是较为稳定的。

茶叶的单分子层水分含量为3%。如果不考虑个别因素，可以讲3%的含水量是保存茶叶最适合的含水量。这是因为在该含水量的状态下，茶叶中的成分与水分子呈单层分子关系，可以有效把酯质与空气中的氧分子隔离开来，阻止茶叶酯质的氧化变质。

随着茶叶含水量增高，水分就成了化学反应的溶剂，水分越高，物质的扩散移动和相互作用就越显著，茶叶的变质也就越迅速。当茶叶含水量在6%以上时，茶叶变质相当明显。因此，要防止茶叶在贮藏中变质，必须将茶叶干燥至含水量6%以下，最好控制在3%～4%的范围内。

2. 滋味物质变化

茶多酚和氨基酸是决定红茶滋味的主要物质。在常温下贮藏，茶多酚的自助氧化作用一直在进行，会与氨基酸、糖等呈味成分相互协调、配合，使茶汤滋味浓醇、鲜爽，富有收敛性。

据陆锦时研究：红茶在贮藏过程中多酚类物质总体趋势是下降的，前三个月，下降幅度相对较小，含量由贮藏前的12.6%下降至11.68%；六个月，含量下降至10.45%，随后基本稳定在一个相同水平，之后逐渐缓慢减少。与红茶品质相关的重要产物茶黄素，在一定时间内随多酚类物质含量的减少而增加；茶红素含量头三个月略有下降，16个月时含量出现高峰，与茶黄素含量剧增的时间大体吻合，以后又平稳下降；茶褐素含量随贮藏时间延长而增加。由此可见，短期贮藏有利于红茶品质的提高。

氨基酸含量基本上是随贮藏时间的延长而逐步减少。

3. 香气物质变化

茶叶在常温条件下，随贮藏时间的延长，茶香将逐渐消失，陈味则不断加重。红茶的香气物质在贮藏过程中变化比较复杂，随酯类物质的水解和自动氧化，具有陈味的正戊醇等物质的含量显著增加，很多具有花香和果味物质，如苯乙醇、橙花醇、牻牛儿醇以及对品质有利的异丁醛、异戊醇、芳樟醇等含量明显减少。据有关研究显示，红茶贮藏了七个月后，含水量不同，香气物质含量的差异是非常明显的。

清夏　赵占东作

4. 色泽物质变化

红茶在贮藏过程中，氨基酸能与茶黄素、茶红素作用生成深暗色的聚合物，使红茶汤色变暗。

红茶中的咖啡因在贮存过程中变化不大，贮存一年，含量仅减少0.25%。水浸出物随贮存时间延长而呈现出大幅度递减的趋势。

（三）影响红茶变劣的环境因素

红茶陈化变劣的感官表现是：色泽由鲜变枯，汤色由亮变暗，滋味由浓变淡，香气由爽变陈。这是由于与色、香、味等感官品质相应的化学成分如多酚类物质、氨基酸、酯类、色素、芳香物质等有机物质性质大多不太稳定，在空气中氧的作用下极易发生自动氧化，使品质发生劣变，失去原有色、香、味的缘故。

1. 温度

温度与反应速度关系甚大。温度高反应加快，温度降低反应减慢。据研究，温度每提高10℃，褐变速度要增加3～5倍，而冷藏对抑制氧化褐变有良好效果。茶叶贮藏在−5℃以下，氧化变质非常缓慢，如果将茶叶贮藏在−20℃以下，即可完全防止品质劣变。

2. 湿度

茶叶具有很强的吸湿性。其吸收水分的快慢，与贮藏环境相对湿度有密切的关系。试验表明，在相对湿度40%的环境条件下，将含水量6%的茶叶暴露在空气中，15天后含水量可升到6.9%；在相对湿度60%的条件下，茶叶含水量达到9.1%。雨雾天，把干燥的茶叶暴露在空气中，含水量每小时递增1%。

含水量越高，茶叶中有效成分的相互作用就越显著，茶叶的陈化变质也就愈迅速。茶叶的含水量在6%以上时，茶叶的变质较快。随着含水量的增加，茶叶中的有益成分随之下降，而一些对品质不利成分则上升。含水量高，环境湿度大，霉菌繁殖也就愈快。为防止茶叶在贮藏中变质，含水量宜控制在4%以下。

3. 氧气

空气中的氧几乎能与所有的元素起作用而形成氧化物。特别是在有促进反应的酶的存在下，氧化作用非常强烈。在没有酶参与的情况下，也能发生缓慢氧化。茶叶中的茶多酚、抗坏血酸、类酯、醛类、酮类等物质都能进行自动氧化，氧化后的生成物，很多对品质不利。要防止茶叶中的化学成分发生氧化，只有使茶叶绝氧。采用减压包装和充氮法，清除氧气或用脱氧剂，是防止茶叶氧化质变的有效方法。

4. 光线

光能促进植物色素和类酯等物质的氧化，使品质变劣。茶叶贮存在透明容器中，在日光照射下会发生光化反应，从而增加茶叶中戊醛、丙醛、戊烯醇等物质的含量，产生一种不愉快的气味，即"日晒味"。因此，贮藏茶叶的库（室），窗上要安装厚实深色的窗帘，避免强光照。包装茶叶的材料必须是不透光的。

综上所述，各种因子对红茶品质都有不同程序的影响，其中影响品质最大的因子是茶叶的含水量，其次是温度、湿度、氧气量、光线和异味。因此，含水量高的红茶，在高温高湿条件下贮存，品质劣变的速度最快最剧烈。各种因子对红茶品质的影响，尤以水分和温度的交互作用影响最大。

（四）红茶家庭贮藏注意的问题

明代罗廪《茶解》曰："藏茶宜燥又宜凉，湿则味变而香失，热则味苦而色黄。"说的是：茶叶最忌的是潮湿、光照、高温及暴露于空气中。

根据红茶变劣的原因，家庭贮藏红茶应注意把握好下面四点：

1. 忌久露受潮

茶叶贮藏品质的变化，实质是茶叶化学成分的变化。水分是化学反应的溶剂，水分含量越高，茶叶内含物质的变化也就越显著。因此，在贮存红茶的过程中，应注意少露受潮，控制水分含量，这是保持红茶品质的重要条件。

正山堂金骏眉采用传统炭焙工艺，时间长，温度高，含水量一般控制在3%～4%，用手指轻轻一搓，就会粉身碎骨。但由于原料持嫩性好，皆采用芽尖制作，因而吸湿性特别强，要特别注意防潮。一旦发现受潮，应立即进行干燥处理。

判断是否受潮，其标准是：用手指轻轻搓茶，若芽尖不会成粉末状，而是二头或中部截断，则表明含水量已超过10%。作为一般家庭，此时可取洗净的电饭煲，通电去除水分。然后倒入金骏眉，不断用手翻动，慢慢烘干，待用手指轻轻一搓，芽叶就会粉身碎骨，即可起锅，摊凉至温度70℃左右，手感觉还会烫时，及时装罐封存即可。

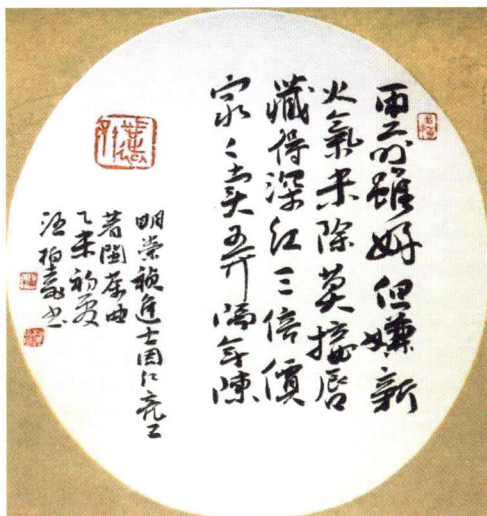

周亮工《闽茶曲》 汪柏寿书

2. 忌接触异味

正山堂金骏眉含萜烯类化合物相对较高，因而吸附性很强。就像海绵吸水一样，能将各种异味吸附在茶叶上，如不注意将其与有异味的物质如香烟、化妆品、腌鱼肉、樟脑、油脂等混搭在一起，无需多时就会被污染而无法饮用。

3. 忌高温环境

温度越高，茶叶变质也就越快。家庭贮存金骏眉等类红茶，应远离高温，并保持在干燥的环境中。一般在10℃效果较为理想，若能在0～5℃环境中贮存，效果更好。

4. 忌阳光照射

阳光照射，会使红茶很快氧化变色，汤色浑暗，滋味苦涩，没有香气，并产生令人难以接受的"日晒味"，从而影响品饮。

（五）红茶家庭的简易贮藏

品质再好的茶叶，如不妥善加以保贮，也会很快变质，颜色发暗，香气散失，味道不良，甚至发霉而不能饮用。为防止红茶吸收潮气和异味，应减少光线和温度的影响，避免挤压破碎，损坏其美观的外形。

根据茶叶的特性及品质变劣的原因，从理论上讲将红茶保存在干燥（含水量最好在3%～4%）、冷藏（最好在0℃）、无氧（抽成真空或充氮）和避光的条件为最好。对于家庭茶叶贮存而言，由于受客观条件的限制，以上条件往往不能兼而有之。因此，在具体操作上，首先应抓住茶叶干燥这个主要因素，其他条件尽可能满足。现介绍几种简易家庭的贮藏法：

1. 锡罐贮藏法

选用市场上供应的双盖锡罐做盛器。内置一个完好的塑料食品袋，然后将干燥的红茶放入罐内的食品袋中，扎好袋口，盖好盖子即可。

2. 陶瓷罐贮藏法

选用干燥无异味、密闭性好的陶瓷罐，罐底与罐内周围铺设牛皮纸，中间嵌放竹炭袋一只，将金骏眉等类红茶置于罐内，罐口用棉花包盖紧扎好。竹炭袋每隔半年应更换一次。竹炭吸湿性能好，能使茶叶不受湿，因而储存效果好，能在较长时间内保持红茶品质的不变。

3. 热水瓶贮藏法

以热水瓶作盛具，将干燥散装的金骏眉茶置于瓶内，装实装足，尽量减少瓶内空气的存在量。瓶口用软木塞盖紧，塞边涂白蜡封口，在裹上胶布。由于瓶内的空气少，温度稳定，保质效果好。武夷山民间用这种方法贮藏正山小种时间长达5年，仍带果香，滋味甘甜，入口醇滑，不变质。

4. 铝塑复合袋贮藏法

铝塑复合袋密封性好，既防潮，又不透光。用之储存效果要比白铁筒、聚乙烯袋、硬纸盒包装效果好。该方法简单，材料易购，如结合低温冰箱贮藏效果则更好。

5. 松木箱贮藏法

美国《农业与食品化学杂志》2005年10月第53卷21期，姚珊珊、郭雯飞、吕毅、江元勋等关于松烟熏制的中国特种红茶正山小种和烟正山小种的香气研究发现，正山小种香气物质最为丰富的是长叶烯，这是在茶叶中首次发现的。长叶烯存在于多种松树的树脂中，黄山松是武夷山地区的松树品种，其长叶烯和 α-萜品醇含量高达30%。正山小种红茶味道香甜，带有桂圆干的松烟香，与其特殊加工工艺中来自黄山松等松烟的挥发性成分的重要贡献相关。用松木箱贮藏红茶，口感会更加醇厚滑顺，不妨一试。

柒

出闽联姻一壶春

正山堂茶经
金骏眉

ZHENGSHANTANG CHAJING
JINJUNMEI

　　"一带一路"即"丝绸之路经济带和21世纪海上丝绸之路",是习近平同志根据全球形势深刻变化,统筹国内国际两个大局,于2013年提出的,具有划时代的战略意义。

　　"一带一路"贯穿欧亚大陆,东边连接亚太经济圈,西边进入欧洲经济圈,包括中亚、东南亚、南亚、中东欧、西亚、北非等地域的65个国家40多亿人口。有数据显示,2016年,中国与"一带一路"沿线国家进出口总额为6.3万亿元人民币,增长0.6%。中国对沿线国家直接投资145.3亿美元,占同期中国对外投资总额的8.5%,中国企业对沿线国家累计投资185亿美元,为沿线国家创造了超过11亿美元的税收和超过18万个就业岗位。

　　"国之交在于民相亲,民相亲离不开文化的沟通。"文化的交流沟通最易让人产生共鸣,它对实现民心沟通有着非常突出的作用。继商品、劳务、企业之后,文化如何"走出去",已经成为崛起中国面临的新挑战。

　　与国产工业品相比,作为承载中华文化,传承匠心精神,凝聚先辈智慧,延续工艺技术,体现诚信经营的茶叶,既是日常生活的必需,又是精神文明的媒介,是公认的最为适合的抓手。在古代东西方经济与文化交流中,丝绸、瓷器、茶叶,是我国通过丝绸之路输出的三大货物。茶叶由于其自身特殊的药理保健作用和所承载的中国文化元素,它是健康的饮品、友谊的纽带、文明的象征,深受外国人喜爱。

　　英国科技史专家李约瑟说:"茶是中国继火药、造纸、印刷、指南针四大发明之后,对人类的第五大贡献。"马来西亚前首相马哈迪尔曾说过这样一句话:"如果有什么东西可以促进人与人之间关系的话,那便是茶。茶,意境悠远,象征中庸和平。在今天这个文明与文明互助的世界里,人类需要对话交流。茶是对话交流最好的中介。"

　　目前我国仍然是全世界茶叶生产大国。根据中国茶叶流通协会发布的《2015中国茶产业消费报告》以及农业主管部门种植管理司提供的相关信息显示,2015年中国大陆地区茶叶总产量227.8

万吨，销售总量约为172万吨，全国有茶企7万多家，整个市场规模已逾3 000亿，但多为小规模、区域性品牌，组织形式以家庭作坊为主，行业标准缺失，市场扩张缓慢，在国际市场上，没有一个占据绝对优势、叫得响的民族品牌，它引起了国人的深思。

一、"走出去"发展战略的实施

正山小种因其独特的品质和厚重的历史文化积淀，曾风靡世界。如今，正山堂金骏眉又以其固有的历史文化传承，以及地理自然、产品质量、品牌标准等方面的优势，赢得了消费者的信任和喜爱，并在行业内竖起了标杆。但随着市场经济的推进和在全球经济一体化的冲击下，正山堂金骏眉由于受当地有限资源禀赋的影响，现有规模与经营模式，已严重制约其技术优势、品牌优势的发挥，阻碍了其做大做强和进一步的发展。如何跳出当地有限资源禀赋，对各地优势资源进行组合升级，实现规模化经营，获取规模化效益，是正山堂人追求的目标。

近几年来，正山堂茶人顺应市场需求，立足自身标准、品牌、技术、市场和文化的优势，把重新唤起古代丝绸之路人们对以正山小种为代表中国红茶最广泛的记忆、为"一带一路"国家和地区生产最好红茶为己任，通过实施"走出去"发展战略，寻求同"一带一路"区域茶业品牌的合作整合和对地方文化的挖掘融合，目前已开发形成了正山堂信阳红、正山堂普安红、正山堂会稽红、正山堂新安红、正山堂闽南野生茶、正山堂齐儒红、正山堂潇湘红、正山堂红安红等系列产品，这种以品牌为核心、文化为灵魂，旨在从分散到规模、从粗放到规范、从投机到品牌的整合与变革，不仅提升了金骏眉的品牌价值，促进了该产业的做大做强；而且推动了中国茶业的崛起。同时，它又以一个新的文化产业品牌的亮点和优势，带动了区域经济文化的发展。相信不久的将来，它一定会成为国家的荣耀和"一带一路"承载中华文化精华、再次走向世界的一张靓丽名片。

二、正山堂地方茶生产要素

正山小种第二十四代传人江元勋先生如是说："质量是生命，文化是灵魂，两者缺一不可。""没有好的生态环境，就没有好的茶叶品质；没有文化内涵的品牌，是没有生命力的，同时也是没有竞争力。"围绕"绿色生态文明"这一主线，正山堂金骏眉在地方茶发展的过程中，一是通过选择优良的生态环境、采用适宜的品种、实施有机栽培，来保证产品原料的质量；二是通过严格执行规范的技术工艺流程，保证采摘加工质量；三是通过挖掘当地人文，丰富茶文化内涵，创造社会潮流，提升品牌影响力。

（一）环境条件要好

茶树起源于我国西南部的深山密林，在长期的系统发展和进化演变过程中，逐渐形成了喜湿怕涝、喜温怕寒、喜光怕晒、喜酸怕碱的生长特点。适宜在山势较高、云雾缭绕、森林密布、漫射光充分、土壤肥沃，呈酸性的环境中生长。茶树只有在其最适宜的自然环境中生长，其鲜叶质量才好，成茶品质才高。

优越的环境条件是生产优质茶叶的基础。遵循茶叶生长对外部环境条件的要求，正山堂金骏眉地方茶，在基地选择方面的大体要求是：

基地生态环境好，周边植被丰富，森林覆盖率高；远离污染源，茶园大气环境质量应符合GB 3095-1996中规定的一级标准水平；灌溉用水的质量应符合GB 5084-1992中规定旱作农田灌溉对水质的要求；土壤环境质量应符合GB 15618-1995中规定的I类土壤标准，主要污染物的含量限值（毫克/千克）为：镉≤0.20，汞≤0.15，砷≤15.00，铜≤50.00，铅≤35.00，铬≤90.00。

海拔一般在700～1 200米；年平均气温在11～19℃，最高气温不超过45℃，最低气温不超过－16℃，全年≥10℃的有效活动积温一般要在3 000℃以上；年均降水量约为1 500毫米，生长期月均降水量要求在100毫米以上，空气相对湿度以大于80%为好。

土层较深厚，养分丰富。熟化层和半熟化层在50厘米以上；有机质含量大于1.5%，有效氮在10～15毫克/100克，有效磷70毫克/100克，有效钾30毫克/100克；呈酸性反应，pH一般为4.0～6.5。

（二）品种要适宜

茶多酚、咖啡因含量相对要低，氨基酸含量相对要高；尤其是酯型儿茶素、没食子儿茶素的含量要高，持嫩性要强，适合用于优质红茶的制作。在品种搭配上，早、中、迟熟应各占一定的比例，同时兼顾水和香的比例；采摘期相对要长。

（三）栽培要有机

人工除草，物理防止病虫害；严禁使用化肥、农药，不用除草剂。

（四）制作要精细

适时采摘，只采春茶的芽头，轻采轻放；萎凋要充分，直捻式揉捻、适度型发酵，解块要及时，槐炭烘焙要彻底。

（五）茶文化底蕴要深厚

茶，作为中华国饮，是源远流长中华文化中的一部分，在一定程度上反映了人们物质与精神层面的需求。中国地大物博，饮茶历史悠久，自古以来就有地域、人文特色之分。它虽然是无形的，但能催化、改造、创新社会潮流，对茶产业发展的推动作用更是巨大的。为此，正山堂在考虑地方茶发展上的另一个要素就是：茶区要古老、人文要丰富、旅游有资源、民俗有特色。

三、正山堂地方茶分布与内涵

正山堂地方茶现已发展到8家，分布于河南、浙江、安徽、贵州、山东、湖北、湖南及福建。

（一）正山堂信阳红

信阳，古称义阳、申州、光州、申城，现为河南省地级市，被誉为茶都。它位于鄂豫皖三省交界处，是江淮河汉之间的战略要地。全市总面积1.89万千米^2，总人口864.80万，辖八县二区（其中固始县由省直管），六个管理区、开发区。

1. 历史悠久，是华夏文明的发祥地之一

西周时期，信阳是申伯的封邑地，秦时设义阳乡，北宋改称信阳。信阳有豫楚交融的地域文化，商周、春秋、战国以后，细腻浪漫的楚文化与粗犷大气的中原文化在此交融、发展，形成了特色鲜明的淮河文化。信阳是姓氏之根，当今汉姓100个大姓中，有黄、赖、罗、蒋等13个源于信阳或有一支源头在信阳。福建和台湾一直都有"陈林半天下，黄郑排满街"之说，而在这些大姓的族谱上，都明确记载着他们的祖籍是河南固始人。在福建平和县朱姓族谱上，也同样写着他们的先祖是河南固始朱皋镇人。明末著名的民族英雄郑成功的墓志上也刻着"成功，字明俨，号大木，姓郑氏。先世自光州固始县入闽"。信阳是孔子周游列国的终点，子路问津处在信阳，司马光砸缸、亡羊补牢的故事也发生在信阳。从这里出土的战国编钟极负盛名。在土地革命时期，是仅次于中央苏区的第二大革命根据地，培育出了红二十五军、红二十八军和红四方面军等多支红军主力部队，许世友、李德生、郑维山等名将就是从信阳走出来的。

2. 地势南高北低，是岗川相间、形态多样的阶梯地貌

西部和南部是由桐柏山、大别山构成的豫南山地，面积近 7 000 千米^2，占全市总面积的 36.9%。两山首尾相接，连成一体，蜿蜒于豫鄂边界，是江淮两大流域的分水岭。大别山在信阳境内长约200千米，占豫南山地的80%；东段山脊高峻雄伟，海拔在 1 000 米以上，西段宽阔低缓，以 1 000 米以下低山为主，间有丘陵分布。桐柏山在信阳境内69千米，占豫南山地的20%，山势高峻陡峭。

3. 有"江南北国、北国江南"之美誉

信阳地跨淮河，位于中国亚热带和暖温带的地理分界线（秦岭—淮河）上，属亚热带向暖温带过渡区，不仅是季节气候明显，而且兼有山地气候的特点。这种过渡气候造成淮河南北自然景观的差异：淮南山清水秀，水田盈野，稻香鱼跃，犹如江南风光；淮北平原舒展，一望无垠，盛产小麦、杂粮、棉花，北国情调浓厚。

4. 气候温和，适合茶树生长

信阳年平均气温为15.1℃，一般年份为14.5～15.5℃。3月中下旬开始，日均温达10℃，可持续220多天，直到11月下旬才下降。全年≥10℃的有效积温达4 864℃，80%的年份为4 683℃。4—11月的月平均气温为20.7℃，最热的7月份均温为27.7℃，最冷的1月份月均温为1.6℃。降水量充沛，年平均降水量为1 134.7毫米，多集中在茶季。4—11月的光照时数为1 592.5小时(占全年总时数的73%)，太阳辐射量为89.25千卡/厘米^2，有效辐射量为43.74千卡/厘米^2，适合茶树的生长。

我国著名茶学教授陈椽先生在所著《茶叶通史》中载：西周初年，"（云南）茶树传入四川后，……茶树随交通的方便而移入陕西。秦岭山脉为屏障，抵御寒流，故陕南气候温和，茶树就在南部生根。因受气候条件限制，茶树不能再向北推进，只能沿汉水转入东周政治经济中心——河南，又在气候温和的河南南部生根。"从信阳现有栽培的茶树品种看，多为在长期自然选育和人工选择的过程中，保留下来适合信阳生长的本地茶树群种。这些茶树群种，具有叶厚、耐寒、芽嫩、香高的特点。

5. 种茶历史悠久，品质优异

信阳是中国最古老的茶区之一。相传在很久以前，信阳本没有茶。乡亲们吃不饱、穿不暖，许多人得了一种叫"疲劳痧"的怪病，不少地方因此死绝了村户。一个叫春姑的姑娘看在眼里、急在心上，为了能给乡亲们治病，她四处奔走寻找能人。一天，一位采药老人告诉姑娘，往西南方向

翻过九十九座大山，趟过九十九条大江，便能找到一种消除疾病的宝树。春姑按照老人的要求爬过九十九座大山，趟过九十九条大江，在路上走了九九八十一天，累得筋疲力尽，并且也染上了可怕的瘟病，倒在一条小溪边。这时，泉水中漂来一片树叶，春姑将其含在嘴里，立马神清气爽，浑身是劲。于是，她顺着泉水向上寻找，果真找到了生长救命树叶的大树。当她摘下一颗金灿灿种子的时候，看管茶树的老人神农氏告诉姑娘，摘下的种子必须在10天之内种进土里，否则就会前功尽弃。想到10天之内赶不回去，也就不能抢救乡亲们，春姑难过得哭了。神农老人见此情景，拿出神鞭抽了两下，春姑便变成了一只嘴巴尖尖、眼睛大大、浑身长满嫩黄色羽毛的画眉鸟。画眉鸟很快飞回了家乡，将树籽种下，见到嫩绿的树苗从泥土中探出头来，画眉鸟高兴地笑了起来。这时，她的心血和力气已经耗尽，在茶树旁化成了一块似鸟非鸟的石头。不久茶树长大，山上也飞出了一群群的小画眉鸟，它们用尖尖的嘴巴啄下一片片茶叶，放进瘟病人的嘴里，病人便立刻好了。从此以后，种植茶树的人越来越多，也就有了茶园和茶山。

1987年，考古学家在信阳地区固始县出土的古墓中发掘有茶叶，考证距今已有2 300多年。

成书于8世纪的世界第一部茶叶专著《茶经》，把全国盛产茶叶的13个省42个州郡，划分为八大茶区，信阳归淮南茶区。并指出："淮南茶光州（今光山县）上……"；旧信阳县志记载："本山产茶甚古，唐地理志载，义阳（今信阳县）土贡品有茶。"北宋时苏东坡谓："淮南茶，信阳第一。"

位于信阳浉河区的"五云（车云、集云、云雾、天云、连云）、两潭（黑龙潭、白龙潭）、一寨（何家寨）"，是中国十大名茶——信阳毛尖最为核心的产地。这里山势起伏多变，海拔平均为500～800米；森林密布，植被丰富；土壤肥沃，土层深厚疏松，腐殖质含量高，自给肥力好，pH为4～6.5；降水充沛，云雾弥漫，空气相对湿度在75%以上；太阳迟来早去，光照不强，日夜温差较大；茶树芽叶生长缓慢，持嫩性强，肥厚多毫，有效物质积累较多，成茶香高味爽，品质特优。据中国茶科所对车云、集云、黑龙潭等几个名山的春茶一级毛尖茶样的生化分析，氨基酸含量为3.62%～4.34%，咖啡因4.06%～4.73%，儿茶素117.71～146.38毫克/克，茶多酚20.02%～21.87%。茶水浸出物，一般为43%左右，高的达46.5%，高出国家标准≥39%。

6. 正山堂信阳红有诱人的品质

正山堂信阳红是武夷山正山传人，通过多次实地考察，立足地方资源优势，以生长在"五云、两潭、一寨"本地茶树群种和信阳十号为原料，以正山小种四百余年制茶技艺和金骏眉创新工艺，于2010年研制而成。经中国茶叶流通协会、安徽农业大学、中国农业科学研究院茶叶研究所、国家茶叶质量监督检验中心、河南省农业厅等部门茶叶专家评定："正山堂信阳红外形条索隽秀，色润，金、黄、黑相间；汤色清澈，有金圈；香气芬芳，丰富而饱满；滋味醇厚、清爽，有板栗与桂花完美糅合的香气。"一位资深茶人在品鉴信阳红后说："信阳红娇媚艳丽，有南国少女的风姿、北国少妇的风韵，刚柔并蓄，回眸生媚。"

正山堂信阳红的出现，拓展了正山堂品牌的外延；结束了信阳这一传统绿茶产区不产红茶、没有高档红茶的历史，与信阳毛尖一道成了信阳茶品中的"双贵"，它为信阳茶产业的发展注入了生机。

2013年，当地政府将"信阳红"作为产业经济品牌，申请注册了国家地理标志，为河南茶叶又增添了一张靓丽的名片，它极大地丰富了信阳茶文化的内涵，提升了信阳茶产品的附加值，增强了市场的竞争力，使更多的茶农走上了致富的道路。

大禹陵的大碑亭

（二）正山堂会稽红

　　会稽，古地名，绍兴的别称，它因会稽山得名。相传夏禹时即有会稽山之名，会稽即会计之意。《史记》记载了汉时流行的说法："或言禹会诸侯江南，计功而崩，因葬焉，命曰会稽。会稽者，会计也。"《越绝书·记地传》："禹始也，忧民救水，到大越，上茅山，大会计，爵有德，封有功，更名茅山曰会稽。"会稽人王充在《论衡·虚篇》中引吴君高之语："会稽本山名。夏禹巡守，会计于此山，因以名郡，故曰会稽。"

1. 历史悠久

　　绍兴从新石器时代中期的小黄山文化开始，至今已有约9 000年历史。越国古都建于公元前490年，距今已有2 500多年建城史。1982年，被国务院公布为全国首批二十四个历史文化名城之一。1983年7月，撤销绍兴地区，改设省辖绍兴市。

　　它位于浙江省中北部、杭州湾南岸。东连宁波市，南临台州市和金华市，西接杭州市，北隔钱塘江与嘉兴市相望，全境域东西长130.4千米，南北宽118.1千米，海岸线长40千米，陆域总面积为8 273.3千米^2。

　　境内的会稽山，是中国历代帝王加封祭祀的著名镇山之一，是中国山水诗的重要发源地之一，历代文人雅士留下了众多诗文佳作。会稽山文化积淀深厚。三过家门而不入的上古治水英雄大禹，一生行迹中的四件大事：封禅、娶亲、计功、归葬都发生在会稽山。春秋战国时期，会稽山一直是

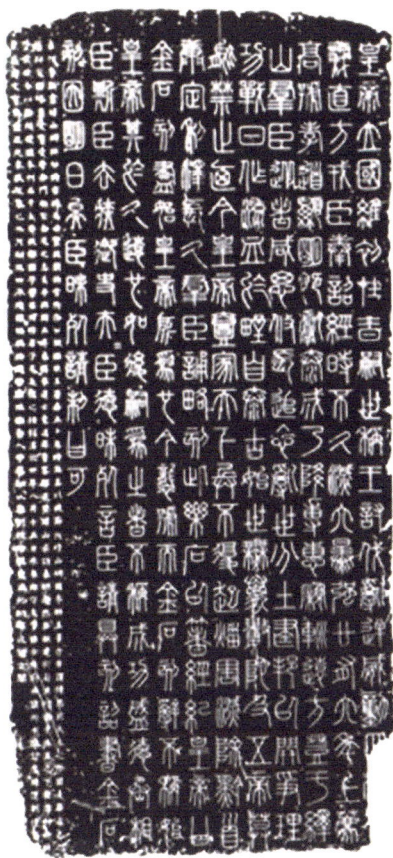

秦始皇会稽刻石

越国军事上的腹地堡垒。秦始皇统一中国后不久就不远千里，上会稽，祭大禹，对这座出一帝一霸从而兼有"天子之气"和"上霸之气"的会稽山表示敬意。汉以后这里成为佛道圣地，传说葛洪之祖葛玄在此炼丹成仙，山中的阳明洞天为道家第十一洞天，香炉峰为佛教圣地，至今香火旺盛。唐代这里成为浙东唐诗之路的门户，明代大儒王阳明（守仁）在此筑室隐居，研修心学，创"阳明学派"。会稽山内的山山水水都饱含着深厚的历史文化内容。

2. 环境优美

绍兴有宜人气候。它属于亚热带季风气候，光照充足，雨量充沛，四季分明，温暖湿润，局地性小气候明显。年均日照时数在1 895小时，常年平均气温16.5℃；7月份最热，平均气温28.7℃；1月份最冷，平均气温4.2℃，无霜期237天，全年≥10℃的有效积温达5 200℃以上；年降水量为1 438.9毫米，相对湿度81%。

全境处于浙西山地丘陵、浙东丘陵山地和浙北平原三大地貌单元的交接地带。境内地貌类型多样，西部、中部、东部属山地丘陵，北部为绍虞平原，地势由西南向东北倾斜。最高点位于诸暨境

内海拔1 194.1米的会稽山脉主峰东白山，最低点为海拔仅3.1米的诸暨"湖田"地区，中部多为海拔500米以下的丘陵地和台地，绍虞平原平均海拔为5～10米。

境域内河道密布，湖泊众多，水系面积225千米^2，素有"水乡泽国"之称。主要河流有曹娥江、浦阳江和浙东运河；主要湖泊有30多个，鉴湖水域面积294.8万米^2，蓄水量875.90万米^3，为绍兴黄酒制作的唯一水源，是中国东南地区最古老的著名水利工程和旅游胜地，现已开发成国家AAAA级风景旅游区。土壤类型多，共划分为11个土类、21个亚类、65个土属、101个土种。它们分布复杂，土质良好，性态特征各异。其中：红壤土占3个亚类、11个土属、17个土种，面积34.11万公顷，占土壤总面积的45.60%。有市级以上森林公园26处，其中国家级4处，省级11处，占地总面积为28 587.87公顷；有各级自然保护区76处，总面积为14 065.06公顷；有省级湿地公园2处，面积为1 912公顷；县级湿地名录6处，面积为5 340.3公顷。有生态公益林2 496 720公顷，其中国家级生态公益林有4 340公顷。有全球重要农业文化遗产1处，即绍兴会稽山古香榧群，面积402千米^2；涉及绍兴市下辖诸暨市、嵊州市、柯桥区的12个乡镇，59个行政村。"东晋名士王羲之、谢安等，之所以会择会稽而居，概因会稽气候宜人，有佳山、佳水也。"

3. 名人与名茶交相辉映

绍兴气候温暖湿润，境内江河纵横，群山起伏，拥有发展茶叶生产得天独厚的条件。"茶得山水滋润而香，山水因茶之魂而秀。"绍兴举目皆茶景，其茶园面积列浙江全省之首。

绍兴产茶历史悠久。据记载，三国至南北朝，会稽人士已有饮茶习惯。绍兴茶叶兴于唐，盛于宋，自清代进入鼎盛时期。早在南北朝时，刘敬叔在《异苑》中记载：嵊州有人"好饮茶茗"。茶

圣陆羽遍尝天下茶，在《茶经》中盛赞："浙东茶叶越州上，明州、婺州次，台州下。"宋代，绍兴茶叶生产盛况空前，涌现了不少名茶，尤以平水日铸岭所产之日铸茶最为著名。北宋文学家欧阳修在《归田录》中写道："草茶盛于两浙，两浙之品，日铸第一。"杨彦岭《杨公笔录》也有"会稽日铸山，茶品冠江浙"的评述。明清时期，平水珠茶声名鹊起，风靡欧美市场，成为我国当时最为有名的名茶和最早出口的茶类之一，被誉为"绿色珍珠"。2003年被农业部授予"中国珠茶之乡"，平水珠茶被命名为"中华文化名茶"。

　　绍兴文化积淀深厚，素称"文化之邦""名士之乡"，历来人文鼎盛。大禹、王羲之、陆游、徐渭、鲁迅、周恩来等流芳千古，给越地子民留下了宝贵的精神财富。名人辈出是绍兴历史的一大特色，绍兴历代各家名人都与绍兴的名茶结缘，留下了许多脍炙人口的茶典佳句与佳话。如南宋爱国诗人陆游的"兰亭美酒逢人醉，花坞茶新满寺香"，明代青藤画派鼻祖徐渭的"独啜无人伴，寒梅一树花"，近代学界泰斗蔡元培送茶叶、现代文学巨匠鲁迅"有好茶喝，会喝好茶，是一种清福"等，当代茶圣吴觉农生于绍兴上虞，他一辈子致力于家乡的茶叶发展，在绍兴开辟了大批茶园，传授种茶技术，改良茶叶品种，传承了茶文化，促进了绍兴茶叶的新发展。绍兴名人及绍兴名茶相映生辉，成为我国茶文化史上的一道独到富有韵味的风景，对我国茶文化发展产生了重大影响。2010年4月，绍兴被中国国际茶文化研究会命名为"中国文化名茶之乡"。

4. 茶以山名——正山堂会稽红问世

　　据《新昌县志》载："清代前期，茶类以烘青、红茶为主，道光后，盛行外销，改制珠茶。"这段文字虽然没有对新昌红茶的起源进行明确断代，但可以肯定红茶曾是绍兴茶中的一个重要品种。就红茶而言，绍兴境内所产越红工夫红茶，曾被列入全国知名红茶行列，在20世纪50—70年代辉煌一时，即使到了20世纪80年代后期，绍兴全市年产也有9 000余吨，为全市年茶叶总产量的四分之一多，曾是绍兴主要的外销茶之一。

　　2005年福建武夷山正山堂金骏眉的成功研发问世，不但为国内红茶的振兴注入了生机，更为带动国内红茶市场的大发展增添了活力。相较之下，绍兴红茶产业已显得有些捉襟见肘，不仅产

量少、规模小、品质低，而且没有一个拿得出手的红茶品牌，成为制约该市茶业发展的一大"瓶颈"。

为此，绍兴市农业局等相关部门几次组团南下武夷山，广泛接触当地茶企，并诚邀武夷山的茶业企业来绍兴实地考察，让其感知绍兴优越的生态环境和悠久的茶文化历史，从中寻找合作伙伴，最终与福建正山堂茶业"联姻"，制造出了"正山堂会稽红"。

茶以山名，山以茶显；自古名山出好茶。"正山堂会稽红"采摘素有"神山""名山"之称的全球重要农业文化遗产保护地——会稽山的茶叶为原料，运用正山堂传承四百余年红茶制作技艺，融入地域茶文化精髓，通过创新制作而成。"正山堂会稽红"其形俊秀显金毫，条索纤细卷曲，色泽乌润；汤色清澈透亮，呈琥珀色；香气高长鲜爽，具花、果、蜜香，滋味鲜甜；滋味清和醇厚，回甘明显，绵顺滑口；叶底均匀一致，色如古铜，形如松针，冲泡十余次仍有余香，喉韵悠长。经权威机构检测评审，其品质达到高档红茶标准。

"蕴会稽风骨，融武夷神韵，得江南味道。"正山堂会稽红，以江南之风尚，传红茶之骨韵。它推动了绍兴茶产业的转型升级，为绍兴红茶产业的复兴增添了浓墨重彩的一笔。

天开神秀　徐庆生摄

（三）正山堂新安红

　　徽州自古以新安称。新安郡的名字来源于徽州，它位于钱塘江上游的新安江流域，属于古代的浙西地区，所辖地域为今安徽黄山市、绩溪县及江西婺源县、浙江建德市（寿昌）、淳安县（含原淳安县、遂安县）。由徽州地域衍生出来的文化叫徽文化又称新安文化，它包括：新安理学、新安志学、新安建筑、新安教育、新安画派、文房四宝、徽菜等。茶文化更是博大精深，休宁松萝、祁门红茶、黄山毛峰、太平猴魁等一领风骚，荣登中国茶史的历史名茶就出自徽州。

　　休宁县，隶属于安徽省黄山市，位于安徽省最南端，与浙、赣两省交界，属古徽州"一府六县"之一，建县于东汉建安十三年（208年），距今已有1 800年历史。县名为隋文帝钦定，取休阳、海宁各一字，含"吉庆平宁"之意。

　　休宁县历史悠久，山川秀丽，文化鼎盛。自古以来，便以山水之美、林茶之富、商贾之多、文风之盛而闻名遐迩，被誉为"东南邹鲁"。

　　休宁属亚热带季风气候，气候湿润，四季分明，年均气温16.3℃，年均降水量1 937毫米，非常有利于林、茶、桑、果和农作物生长。早在南宋时，休宁就有"徽杉仓库"之称。全县现有林地面积约15万公顷，活立木蓄积量约450万米^3，森林覆盖率达80%；被列为"全国无公害茶叶生产示范县""国家级有机茶标准化示范区"和"全国生态示范建设试点县"，是"中国有机茶之乡"，其有机茶园颁证面积和绿茶、眉茶的出口量均居全国县级城市第一位，是名副其实的"中国第一绿茶出口县"。

　　境内有全国四大道教名山之一、国家级风景区、国家级森林公园——齐云山；有钱塘江、富春

六股尖瀑布　**孙胜摄**

汪士慎

江、新安江源头的六股尖瀑布；有分布全县的古民居、古塔、古桥、古牌坊等众多的文物古迹。

休宁县是"中国第一状元县"。自宋嘉定十年（1217年）至清光绪六年（1880年），休宁出了19名文武状元，居全国各县之首。主要的名儒人物有朱升、戴震（今属屯溪区）、珠算宗师程大位、戏曲家汪延讷和汪士慎、丁云鹏、胡正言、海阳四家等书画艺人。

汪士慎（1686—1759），清代著名画家，字近人，号巢林、溪东外史等；安徽休宁人，寓居扬州，为"扬州八怪"之一，在诗、书、画、印诸方面皆有很高的成就。他嗜茶成癖，痴迷程度已到了"饭可终日无，茗难一刻废"，金农称之为"茶仙"。乾隆六年（1741年），高翔为其作《煎茶图》，厉鹗为画题诗："巢林先生爱梅兼爱茶，啜茶日日写梅花。要将胸中清苦味，吐作纸上冰

齐云山"寿" 徐庆生摄

梦里徽州 徐良发作

霜柽。"汪士慎得到该画后，还特意写了一首长诗："西唐爱我癖如卢，为我写作《煎茶图》。高杉矮树四三客，嗜好殊人推狂夫。时余始自名山返，吴茶越茶箬裹满。瓶瓷贮雪整茶器，古棐罗列春满碗。饮时得意写梅花，茶香墨香清可夸。万蕊千葩香处动，横枝铁干相纷拿。淋漓扫尽墨一斗，越瓯湘管不离手。画成一任客携去，还听松声浮瓦缶。"不仅诠释了自己的爱好，而且升华了对饮茶初衷的认识，其作用不仅是健脑健体，而且能触动灵感，引发书兴、诗兴、画兴；是对人生艰辛体味，对理想追求最好的触媒。

武夷山脉、天目山脉、黄山山脉，是中国产茶的三大山脉。松萝由黄山的休宁传入武夷山；小种红茶由武夷山传入黄山，休宁的右龙是小种红茶入徽的第一站。

松萝茶品质独特，它创于明初，是我国最早的名茶之一，被誉为炒青绿茶的始祖。明代罗廪《茶解》："松萝，茶出休宁松萝山，僧大方所创造。"《歙县志》写道："旧志载明隆庆间，僧大方住休之松萝山，制法精妙，郡邑师其法，因称茶曰'松萝'……"明代冯时可《茶录》记述："徽郡向无茶，近出松萝茶，最为时尚。"许次纾《茶疏》记载："若歙之松萝、吴之虎丘、钱塘之龙井，香气浓郁……"《休宁县志·物产》载："邑之镇山曰松萝，远麓为榔源，多种茶。僧得吴人郭第制法，遂名松萝，名噪一时。茶因踊贵，僧贾利还俗，人去名存。士客索茗，松萝司牧无以应，徒使市肆伪售。"

　　清代江澄云在《素壶便录》中曰："茶以松萝为胜，亦缘松萝山秀异之故。山在休宁之北，高百六十仞，峰峦攒簇，山半石壁且百仞，茶柯皆生土石交错之间，故清而不瘠，清则气香，不瘠则味腴。而制法复精，故胜若地处产也。"又云："徽茶首推休宁之松萝，谓出诸茶之上，夫松萝妙矣。"

　　松萝山位于今休宁县城北约15千米，与琅源山、天宝山、金佛山相望，最高峰海拔882米，茶园多分布在海拔600～700米，山势险峻，崖悬峭壁，松萝交映，连绵数里，风景秀丽。明代程敏政有诗云：

　　　　　　双峡中分一径通，宝坊遥隔片云东。
　　　　　　四时山色涵空翠，万折泉声泻断虹。
　　　　　　清爱竹利穿冻雪，静闻松子落香风。
　　　　　　登高两屐吾方健，携手无因得赞公。

　　作为历史的见证，在松萝山古庙遗址的西侧，现仍有百年以上松萝古茶树八株，树干灰白，长满地衣苔藓，胸径均在36厘米左右；最大的一株（X9915号），基围达116厘米，经安徽农业大学严鸿的教授鉴定，树龄当在200年以上，为松萝山唯一跨越三个世纪的老茶树。这几株老茶树生长的位置与明代崇祯年间出版的《长物志》所述松萝茶"真者在洞山之下、天池之上"相吻合。

　　安徽农业大学教授詹罗九在《关于安徽茶叶经济的思考》的研究认为：休宁松萝茶，创制于明初，到清代中后期已经远近闻名，明末清初松萝茶制法已传播到安徽南北和赣、鄂、浙、闽诸省，

休宁右龙古茶园　孙胜摄

成为当时质量优良的大宗茶品。

松萝茶起源休宁，推及徽州，影响江南，对推动武夷茶的发展则具有里程碑的意义。

明洪武二十四年（1391年）朱元璋下诏罢造团茶，改制散茶。使得一向以制造龙团凤饼茶著称的武夷山贡茶处于十分尴尬的境地。改制的散茶因制作技术落后，品质低劣。周亮工（1612—1672）《闽小记》载："武夷、屴崱、紫帽、龙山皆产茶。僧拙于焙，既采则先蒸而后焙，故色多紫赤，只堪供宫中洗濯用耳。"足见当时武夷山茶的品质之劣、地位之低。至明景泰年间（1450—1456年）武夷山茶叶的生产仍然低迷，明末清初武夷山著名茶僧释超全（1627—1712）在其《武夷茶歌》中写道："景泰年间茶久荒，嗣后岩茶亦渐生。"周亮工《闽小记》还提到明嘉靖三十六年（1557），建宁太守钱嶫因"本山茶枯，遂罢茶场"，其原因是"新茶下，崇安令例致诸贵人。黄冠苦于追呼，尽斫所种，武夷真茶绝矣。……九曲遂濯濯矣。"说明武夷山直到明中后期茶叶制作仍处于停滞状态。

明朝末年，武夷山的茶叶生产出现了翻天覆地的变化，不仅茶叶生产全面恢复，而且名声远扬。明万历年间（1573—1619年）徐𤊹《茶考》云："嘉靖三十六年，郡守钱嶫免解茶，将岁编茶夫银二百两解府造办解京，御茶改贡延平。而茶园鞠为茂草，井水亦日湮塞。然山中土气宜茶，环九曲之内不下数百家，皆以种茶为业，岁所产数十万斤，水浮陆转，鬻之四方，而武夷之名，甲于海内矣。"由此可知，武夷茶在明末的复兴得益于当时的建宁郡守钱嶫上奏免贡芽茶，使崇安茶民得以休养生息，不多年的时间武夷地区的茶叶生产就再现繁荣，从而为茶叶制作技术的改良提供了很好的基础。

除了"山中土气宜茶"及郡守钱嶫罢贡茶的休养生息政策，武夷茶能在明末清初声名鹊起，得益于在明隆庆年间（1567—1572年）引进了当时最先进的炒青绿茶方法——安徽松萝制茶法，周亮工在《闽小记》载："崇安殷令招黄山僧以松萝法制建茶，遂堪并驾。……时有武夷松萝之目。""闽人以粗瓷胆瓶贮茶。近鼓山支提新茗出，一时学新安，制为方圆锡具，遂觉神采奕奕。"同时，周亮工还有诗句称"学得新安方锡罐，松萝小款恰相宜""却羡篯家兄弟贵，新衔近日带松萝。"这说明不仅仅是徽州的松萝茶声名远播，其炒青制作技术和包装茶叶的锡罐也受到了各地的欢迎和青睐。

松萝制法的关键技术环节就是炒青，炒青必须及时。掌握得好可提高品质，掌握不好，就会因为发生萎凋后的炒青而使绿茶的汤色红赤。《闽小记》载："近有以松萝法制之者，即试之色香亦具足。经旬月则赤紫如故。"这就是武夷红茶和乌龙茶产生的先兆。《武夷茶经》说："武夷山在学习松萝法制茶不得法之际，反而出现了一种新的发酵技术，孕育了即将出现的红茶和乌龙茶。"

中国红茶先有小种红茶，后有工夫红茶。由于小种红茶加工比较复杂，在后来的实践中简化了工艺，只保留了日光萎凋、揉捻、干燥三道工序。这样粗糙的毛茶，必须经过精制才能出售。因为加工精制毛茶，要经过多次反复，花费不少工夫，所以后来就把这种经过精制的红茶叫"工夫茶"。

工夫红茶，又名"条红"，为精制红茶的一种，是我国特有的红茶，也是传统出口商品。《闽产录》载："系以嫩芽用武夷茶制法精心焙制，色黑味异，被称工夫红茶。因做工精致而得名。"自星村小种红茶创造以后，逐渐演变产生了工夫红茶。工夫红茶始创于福建，以后传播江西、安徽等地。

关于红茶在国内传播的线路问题，当代茶圣吴觉农研究认为："至于福建红茶的向外传播，则可能是由崇安（今武夷山）开始的，其传播的主要路线，可能是先由崇安传到江西铅山河口镇，再由河口镇传到修水（过去义宁州的治所），后又传到景德镇（过去的浮梁县），后来又由景德镇传到安徽的东至（指现在东至县境内的原至德县境），最后才传到祁门。"

《中国红茶》："红茶在福建发展成闽红工夫之时，江西河口工夫也以小种红茶为原料，制造工夫红茶，又向邻近的祁门传播。"

《铅山县志》载："详查国际贸易史，先有河红，后有宁红，又次有祁红。"

"商人重利轻别离，前月浮梁买茶去。"是白居易《琵琶行》里的一句，它道出了浮梁作为茶叶交易集散地的历史。浮梁在唐朝就是茶叶的集散地，当时的富商大贾为了赚钱，从水陆两路云集浮梁，购买茶叶转运各地出售。"浮红"产生的时间要早于"祁红"。据《饶州志》记载："1882年，浮红工夫产量已达3万斤。"从地理上看，浮梁县与祁门、东至交界，与休宁、婺源等都属于黄山支脉，纬度相同，地理环境相当，属于同一片产茶区。著名的茶叶专家庄晚芳在其《中国茶史散论》中认为，浮梁与祁门历史上同属一个茶区。农业部在1952年曾经有一个界定，规定祁门红茶区范围为安徽祁门、东至、贵池、石台、黟县和江西浮梁。所以浮红在出口贸易中，一度沿用主产地"祁红"的称呼。

胡元龙

　　《中国茶经》记载了祁门红茶产生的过程，"光绪元年（1875年），黟县人余干臣，从福建罢官回籍经商，在至德县（今东至县）尧渡街设立茶庄，仿效'闽红'制法试制红茶。1876年，余从至德来到祁门，并在西路历口、闪里设立茶庄，扩大生产收购。继而在南路贵溪一带，也有人试制红茶成功。当时上海'同合荣'茶栈也在祁门贷出资金。由于茶价高、销路好，人们纷纷相应改制，逐渐形成了'祁门红茶'。对祁红的创制与发展，祁门胡元龙亦是有贡献的。据1916年《农商公报》第二期记载：'安徽改制红茶，权舆于祁建。而祁建有红茶，时肇始于胡元龙（又名胡仰儒）。胡元龙为祁门南乡之贵溪人，于前清咸丰年间，即在贵溪开辟荒山五千余亩，兴植茶树，光绪元、二年之间，因绿茶销场不旺，特考察制造红茶之法，首先筹集资金六万元，建设日顺茶厂，改制红茶，亲往各乡教导园户，至今40余年，孜孜不倦。'"

　　由于祁门自然环境优越，茶叶品质好，并逐年提高制茶技艺，其内质香气独树一帜，与当时国内著名的"闽红""宁红"齐名，后成为中国重要的红茶产区。

　　皖南地区山高林密，是明清时期富甲天下的徽商诞生地。"前世不修，生在徽州。十二三岁，往外一丢。"徽州人从小便学做生意，十几岁就含泪告别故园徽州，在各地打拼，有的荣归故里，有的瘐死途中，有的客死他乡，他们走出徽州的路线图，除水路新安江外，陆路有向东通往杭州的徽杭古道，向西通往景德镇的徽饶古道，向北通往省城安庆的徽安古道。

　　徽饶古道又称"徽州大道"，始建于唐代，古代徽商入赣的经商要道，由徽州府城至江西饶州府。自皖南歙县城起，从休宁县城西行，经黟县渔亭，过休宁县右龙而达浮梁的瑶里，全长百余公里，路面皆由麻石铺砌而成，未经任何人工雕凿。古称"古徽道""徽饶道"，即属旧时的"国道"。《山海经》云："此道接岭处、垚（尧）山也。经连吴、楚，纬接饶、徽。二百里曲径街通天下。"它是古徽州和古饶州的通道和桥梁，是古吴国和古楚国的分水岭。徽茶由此进入江西的浮梁，通达四方。

　　景德镇今天的行政区划虽然属于江西，但历史上一直是古徽州文化圈辐射的范围。现今所辖的范围中，以盛产瓷土著称的浮梁瑶里，是徽饶古道的终点。

瑶里古镇　徐薇摄

　　古时瑶里商业十分繁荣，有唐诗云："浮梁歙州，万国来求。"其商业街全长1 000多米，分为上街头、中街头、下街头三部分。整条街共有上百幢店铺，鳞次栉比地分布在街道两旁，是徽饶古商道最为繁华的商业街之一。在瑶里曾有民谣这样描述这条街："上街头，下街头，街长不见头；丝绸缎，糖醋油，店面八百九。"生动地描述了当时的盛世景象。如今这些建筑大部分都保存完好。

　　从瑶里出来，山行不远，就进入安徽省右龙古村。古村口的几株古老的红豆杉脚下，有一块清乾隆三十八年所立的路碑，上书"徽州大道"四字为楷体。

　　右龙村位于休宁县鹤城乡新安江源头的六股尖下，与江西景德镇的浮梁县瑶里镇和上饶的婺源县古坦、彰山乡交界，距县城80千米。四周群山环抱，海拔平均在600米以上，有壮观的五股尖瀑布。该村土壤为黄棕或黄红的壤土，土壤pH 4.5～6.5，有机质含量≥1.0%，土层厚度不低于60厘米，地下水位在100厘米以下，植被茂密，山清水秀，古树参天，现仍有1 000余株古香榧树和枫树、红豆杉、皂角、银杏、鹅掌楸等古树名木，生态环境极好，有"黄山生态第一村""中国有机茶第一村"之美誉。该村建于唐朝末年，至今已有上千年历史，村内尚保存几百年的古驿道、古石栏杆、古亭、古庙、古桥、古祠堂和古民居，文化底蕴深厚，是个典型的徽文化古村落。板凳龙技艺闻名遐迩，堪称"徽州一绝"。

　　右龙与江西景德镇的瑶里距离不到20千米，受"浮红"的辐射，极有可能是工夫红茶入皖最早的地方。乾隆二十二年（1757年），清政府关闭了厦门海港，限定广州一口通商。它使得茶叶外销的路径也随之转变为陆路运输和内河运输。此时徽州茶叶的陆路运输多经此进入江西浮梁，然后分两

正山堂新安源茶园　孙胜摄

新安源董事长方国强接受央视采访

路；南路由鄱阳湖出九江或湖口进入长江，由鄱阳湖溯赣江而上至大庾，越大庾岭入北江抵广州，由广州十三行办理出口。北路由鄱阳湖穿湖而出九江口入长江，溯江抵武昌，转汉水至襄樊，贯河南入泽州，经三路安抵平遥、祁县、太古、忻州、大同到张家口，贯穿蒙古草原到库伦至恰克图。

　　正山堂新安红，是2016年福建正山茶业公司与黄山市新安源有机茶开发公司合作，立足当地资源优势，通过品牌、技术、市场、资源，强强联手的整合，成功研发面世的一款新品高端红茶。该茶以右龙经过OTRDC认证1 200亩茶园和600亩通过IMO认证茶园里的当地群体品种及适制松萝茶的茶树良种为原料，其成茶外形条索紧秀、金黄黑相间；汤色金黄、澄澈透亮；水、香、味似熟果、蜜，香气高扬，变幻悠长，焕发独有的祁门香；沸水冲之，芽尖似金针状，挺秀明朗，香气清甜，细腻纯净；入喉甘润生甜，喉韵悠长、涤荡身心。细品此茶，大有置身高峰密林、清溪幽谷之间，听潺潺溪流，闻悠悠花香，感自然之恬静。同时，还能体会古徽州人特有内敛含蓄、谦恭儒雅的性格。

二十四道拐

（四）正山堂普安红

普安县，寓"普天之下、芸芸众生、平安生息"之意。春秋战国时期属夜郎国。先后有普安卫、普安州等名，清顺治十八年（1661年）正式定名为普安县，现隶属贵州省黔西南布依族苗族自治州。地处贵州省西南部乌蒙山区，黔西南布依族苗族自治州北部，东邻晴隆县，南与兴仁县、兴义市相连，西接盘县，北与水城县和六枝特区接壤。其铜鼓山古夜郎文化遗址是贵州省继赫章可乐遗址之后的又一规模宏大的古夜郎文化遗址，经中国科学院地化所鉴定，属古夜郎时期铸造青铜、烧陶、加工、装饰的手工作坊。1980年10月，首次发掘，共出土文物1 060件。

1. 普安的自然条件

高海拔、低纬度、寡日照、多云雾，是普安独有的自然条件。

（1）地貌特征

普安县位于北纬25.18°～26.10°，东经104.51°～105.9°。地处云贵高原向黔中过渡的梯级状斜坡地带，中高、四面低；乌蒙山脉横穿中部，将全县分为南北两部分。南部地势由东北向西南倾斜，北部地势由西南向东北倾斜，平均海拔1 400米，最高峰——长冲梁子位于中部莲花山附近，海拔2 084.6米；最低点——石古河谷位于北部，海拔633米。重峦叠嶂，河谷盆地相间，有大小河流46条分南北注入盘江。

（2）气候因子

普安县属亚热带季风湿润气候，年均气温13.7℃，1月平均气温4.6℃，极端最低气温－6.9℃；7月平均气温20.7℃，极端最高气温35.1℃；平均气温年较差16.1℃，最大日较差23.3℃。无霜期290天，年均日照时数1 528.3小时，年总辐射4.32×10^{10}焦/米^2；年均降水量1 395.3毫米，年均降水日数227天，最多达271天。雨热同季，冬无严寒，夏无酷暑，春秋温和，四季分明，云雾缭绕，气候垂直分布差异显著，为"立体农业"自然条件。

（3）土壤特点

普安县境土壤类型多样，共有山地灌丛草甸土、山地黄棕壤、黄壤、石灰土、紫色土、潮土、沼泽土、红壤和水稻土9个土类，27个亚类，72个土属，150个土种。森林覆盖率27%，土壤有机质丰富，pH为4.5～5.5，无污染，重金属含量低，富含硒、锌等人体所需要的微量元素。

2. 普安茶文化

高海拔、低纬度、寡日照、多云雾的自然条件，既造就了普安茶独特的品质，又让普安红获得了"茶树圣地"的美誉，同时，也丰富了普安的茶史文化。

（1）茶树圣地

中国是世界茶树的原产地，贵州是茶树起源地的中心之一，而普安又是茶树最早起源地的中心之一。

1980年7月13日，贵州省晴隆县农业局高级农艺师卢其明等，在普安与晴隆两县西部交界的云头大山笋家箐发现一块茶籽化石，1988年经中国科学院南京地质古生物研究所和中国科学院贵阳地球物理化学研究所专家现场勘探调查鉴定，认为是新生代第三纪四球茶茶籽化石。从普安、晴隆两县地质发展史看，该区域是在中上三叠纪时期上升形成的陆地。在此时期，有陆相沼积紫色沙页岩沉积，出现了煤，表示当时植物生长茂盛。之后气候干燥、沼积间断，发生了一次旋扭运动，造成一系列的弧形断裂带，构成黔西南地区的涡轮构造地形，笋家箐就是一个小型裂缝。新生代第三纪时，气候温暖，雨量较多，零星地区在这些断裂谷地或坡面堆积着第三纪的堆集物，因而这块茶籽化石应是在第三纪时期的残坡堆积物中形成的。据专家称：古生物死亡后，能形成化石的概率极小，这充分说明100万年以前普安一带就有大量的古茶树。这是迄今世界上发现的唯一茶籽化石。

茶籽化石发现地

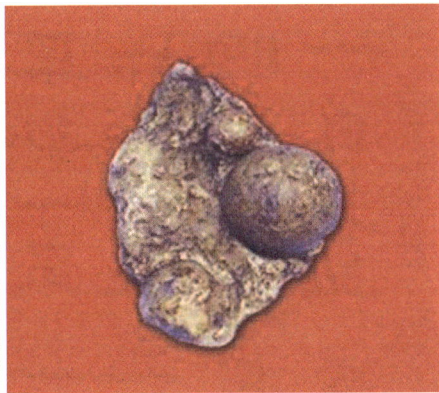

世界上发现的唯一茶籽化石

普安四球古茶树

　　1963—1965年，贵州省茶叶土产公司对普安普白林场进行野生茶资源调查，发现了"四球茶"新品种。1981年，专于植物分类学、山茶属植物系统研究的中山大学教授张宏达，根据贵州普安大茶树特征定名为"四球茶"。这是贵州省最早发现的茶树新品种之一。

　　苏联学者乌鲁夫在《历史植物地理学》中指出："许多属的起源中心在某一地区的集中，指出了这一植物区系的发源中心。"2011年5月，以我国最权威的古茶树研究专家虞富莲为组长，带领中国茶叶研究所、云南省茶科所、贵州省茶科所、贵州省绿茶品牌发展促进会组成的专家组，对普安野生古茶树的形态特征、生长环境等进行了实地考察。专家组鉴定认为，从茶树的分布范围、数量、种类和形态特征看，这一带的古茶树是目前世界上已发现的最古老、最大的四球茶树，也是目前最大的四球茶野生古茶树居群，是珍稀古茶树资源，在茶树起源、演化和分类研究上具有重要的学术价值。专家组鉴定认为：普安是世界茶树起源地之一。

　　现已调查考证，普安四球茶主要分布在青山、新店、楼下、雪浦等乡镇，共2万多株，其中青山普白林场一处就分布有5 000株左右，树龄达上千年的有上百株，成片的有2 000多亩，最大的古茶树高9米，冠幅9米，周长1.7米。这些珍稀古茶树资源，是大自然留给普安人民的宝贵财富。2011年，中国茶叶流通协会授予普安县为"中国古茶树之乡"。

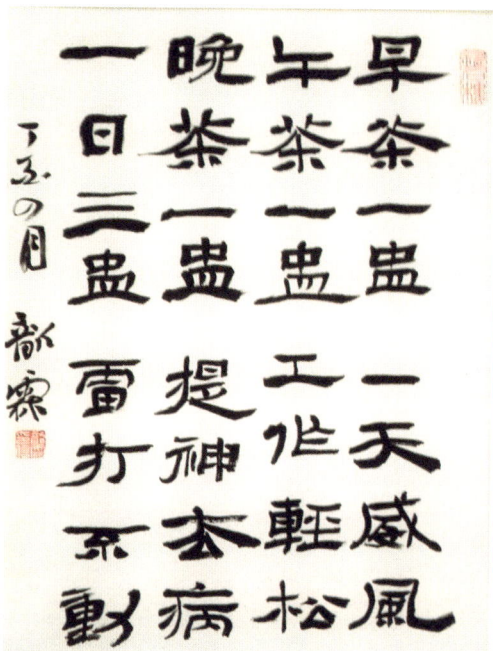

叶韶霖书

（2）茶事文化

茶籽化石和四球茶树的发现，充分证明了普安是茶树原产地的区域，其历史是长远的；从有关茶事的史料记载、传说及遗存看，普安作为古老茶区，其历史也是悠久的。

茶庵寺 据史料记载，茶庵寺位于普安县江西坡镇联盟村岩脚组，系明朝云贵总督孙可望建造，一层五间并捐金置，庙租八石。另据《福娘茶经》记载："隆（龙）安弦，崇祯十年（1638）至清康熙十五年（1676年），土官隆（龙）文治族女，幼有才华，貌美，声若夜莺，擅茶事，结庐于煮茶济世；1657年一日晨，于井边救得一满身血污、奄奄一息之男子，自称秦兴朝。安弦负其入庐诊之，晨药暮茶，月余复康。二人同生情愫，私定婚姻。男子辞去后，派人送来金帛锦衣，以大象载诸物答谢，并欲接安弦赴京享福，细问方知当时之人乃明秦王孙可望（年号兴朝，后投清反明），时人言孙可望乃明之逆臣，安弦亦不耻于其背义行径，遂自杀。孙痛惜之下，赐金建庙纪念之，名茶庵寺。"茶庵寺旧址现在城东四十里铺。

茶叶桥 《普安县志》载，地瓜至青山古道上有一座"茶叶桥"，建于清朝同治年间，茶商周先型在青山参加"盘江茶叶擂台赛"一举夺魁。当时擂台搭在青山南隅大营山脚，擂台两侧悬挂孔广修老举人遒劲的颜体对联：上联"两叶一芽，南方有嘉木"，下联"千山万壑，盘江出香茗"，中间铺天盖地一个篆体"茶"字。当时参赛的茶有"红擂茶""千年普白大箐茶""银矛绿"等。遗憾的是，1965年修公路时，已将"茶叶桥"改建为"公路桥"。

福娘茶 普安少数民族制茶、喝茶历史悠久，布依族有"福娘茶"。"福娘茶"顾名思义，是有福气的布依阿娘所制作的茶。其起源于明代，至今已有600多年的历史，它采用清明时节幼嫩的芽叶，经特殊工艺加工制成，集文化、工艺、实用为一体，是布依民族一种特殊的文化产品。它有时、技、意、韵、香五大特点。时："福娘茶"的采茶时间段短，为每年清明前后十余天的每日清晨，红日初升、嫩芽露水初干到上午11时。技：经萎凋、揉捻、发酵、烘培、提香、模形、标记等工艺做成，外观可根据需要制作。意：得此茶者，兼得富贵、四世同堂、父母双全、翁婆俱在、儿女成双、夫妻恩爱

之寓意。韵：品闻之间，山野春色扑鼻而来，令人酣畅淋漓。香：有阳春之气、桂花之息，有青春少年的激扬奔放，有怀春少女的暗香悠扬。"福娘茶"追根溯源，有丰厚的文化内涵。此茶传承古法，体现了布依先民热爱和平、尊老爱幼、追求和谐之秉性。如今布依族同胞于婚庆、乔迁等红白喜事，用"福娘茶"待客，体现了主家仁义、好客及家资殷实，同时可表达对来客的尊崇与祈福，是亲友间相互走往亲近的纽带，表达了希望亲友家庭和谐，蒸蒸日上的美好心愿。目前，"福娘茶"仍产于普安县江西坡联盟村，产量极为有限。

回回茶　夜郎古镇青山，生活着一个神秘而优秀的少数民族——回族，总人口仅有6 000多人的穆斯林兄弟以其对茶的情有独钟而远近闻名。宁可三日无米，不可一日无茶。品茶而食之有味，品茶而生活多趣，品茶而精神抖擞，品茶而瘦身延年，这是当地居民生活的真实写照。"回回茶"使用茶具独特，沏茶方式也很独特，其冲泡程序看似简单，但"火候"难以把握，不同的人甚至是同一个人，每次冲泡的"香度"皆略有不同，这正是"回回茶"的魅力所在。卢全七碗阳羡茶，不及"回回茶"三分香。整个"回回茶"冲泡过程都清香四溢，满屋飘香，品者无不心旷神怡，陶醉其间。

（3）茶的品质

"两叶一芽，南方有嘉木，千山万壑，盘江出香茗。"普安独特的自然环境，非常适宜茶树的生长。造就了普安茶开园早、品质优、生长期较长、产量高等与众不同的特点。

①普安茶吸附花香能力强，内质呈天然的栗香。

②普安茶品质独特，氨基酸含量高达3%以上，缓解了由于茶多酚含量高而导致的苦涩味。其成茶水浸出物、氨基酸、茶多酚的平均含量均高于国家标准。

儿茶素有简单儿茶素和复杂儿茶素之分，其比例高低，既是衡量茶树原始与否的一个标准，又是判定茶叶是否适口一个重要指标。简单儿茶素收敛性较弱，不苦涩，带鲜爽味；复杂儿茶素收敛性较强，具有苦涩味。普安四球茶简单儿茶素高达37.64～77.57毫克/克、比例为28.45%～36.98%，较云南勐海巴达大茶树25.21毫克/克、27.33%要高得多；复杂儿茶素为17.33～38.01毫克/克、比例仅为13.14%～21.09%，较勐海巴达大茶树48.42毫克/克、52.60%要低得多。

③普安茶锌、硒含量高，是天然的富硒、富锌茶。硒被国内外医药界和营养学界尊称为"生

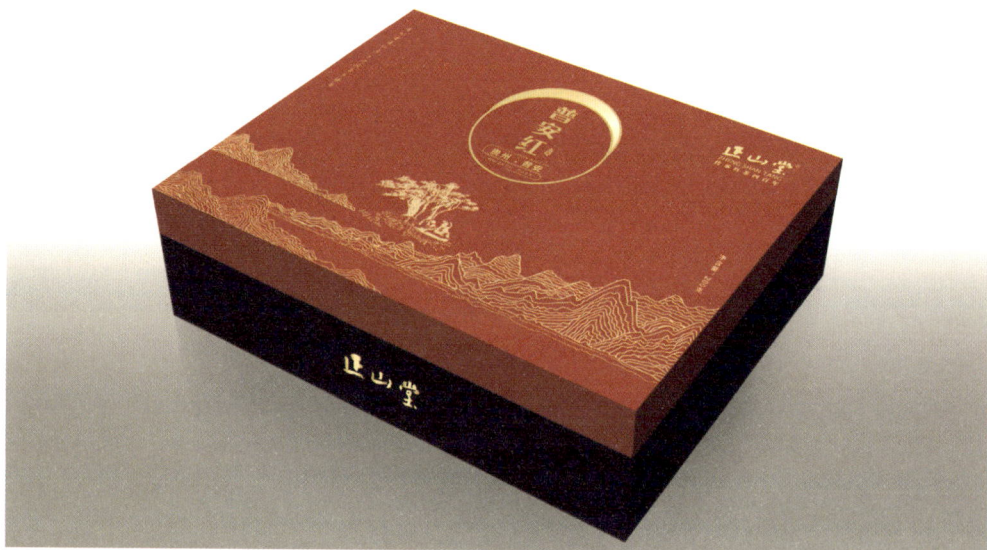

命的火种"，享有"长寿元素""抗癌之王""心脏守护神""天然解毒剂"等美誉。肿瘤、高血压、内分泌代谢病、糖尿病、老年性便秘都与缺硒有关。

④普安是贵州每年新茶上市最早的县，比普通茶区要早10～20天。目前还没有资料显示或证明全国其他地区春茶上市时间有比其早的，故有"黔茶第一春"之称。

3. 正山堂恋上了普安

由于在普安发展茶产业，具有明显的气候优势、生态优势、品种优势、文化优势和相对的劳动力优势，正山堂恋上了普安。

经过正山堂专家团队近两年的潜心研制，成功地推出了具有普安地方特色的"正山堂普安红"红茶新品。

全国茶叶标准化技术委员会副主任、中国茶叶流通协会副会长张士康等8位专家为"正山堂普安红"出具的鉴定意见是："外形条索嫩略曲、显锋苗，芽毫显露；色泽光润，金黄黑相间；内质香气似蜜、果、花香，香锐悠长，呈地域香；滋味醇厚、甘润、鲜爽、独具韵味；汤色橙黄、清澈明亮、显金圈；叶底呈金针状、匀整、软亮、鲜活，呈古铜色。新品地域特色鲜明、创意新颖、原料生态、制作精湛、品质优异。"

"结良缘，融武夷正山之技；创新路，扬普安古茶雄风。"正山堂普安红一经上市，就成为贵州省重点打造的"三绿二红"茶叶品牌和贵州"史上最牛的茶叶"。

（五）正山堂齐儒红

公元前1046年，周武王灭商纣，天下更始。武王首封辅佐有功的姜太公于齐；武王之弟周公则封于鲁。鲁国都于曲阜，周公在殷礼基础上重新制订礼乐，使鲁国成为尊尚仁义、传统、伦理、人和的"礼仪之邦"。鲁周公也因此被誉为正统儒家"礼"的代表，是"礼"的化身。

齐国定都营丘，后改名临淄，"通商工之业、便鱼盐之利，而人民多归"，融合"东夷文化""因其俗，简其礼""举贤而尚功"，务实革新、兼容并包，国力相当鼎盛，有"冠带衣履天下"的美誉。

齐鲁文化是先秦时期齐鲁国地盘对照至今山东形成和发展的一种地域文化，后逐渐演变为一种官方文化和主流文化，它的核心是儒家文化。蚩尤、孔子、孟子等是齐鲁两国对中华文明多方面贡献的杰出代表。孔子、孟子、荀卿、董仲舒、程颢、程颐、朱熹、陆九渊、王阳明代表了儒家发展的不同阶段。

"佛教见性，道教保命，儒教明伦。"儒家文化的核心是"礼"。"儒"为左右结构，从造字者的用意上看，我们可理解为，"儒"是"人"之所"需也"。

以茶为礼，始于鲁周公把茶作为贡品献给周武王。是他开辟了"礼与茶相契"的新元年。茶圣陆羽在《茶经》中说："茶之为饮，发乎神农氏，闻于鲁周公。"儒家思想在茶文化的形成与发展的过程中，发挥了重要的作用。

茶之清和纯真、清人神智，非酒所及之性，由于融入了儒家"礼"的思想文化，已不再是简单意义上的"茶"。从某种意义上说，"茶"在中国是"礼"最好的物质代表形式。所以，一千多年来，始终为统治者所推崇，更为普通百姓所认同和接受。

陆羽雕像

以茶为礼，利礼仁、表敬意，作为中华大众文化，它既有强大的机体、不老的基因、流动的血脉和厚重的内涵，同时还有较强的稳定性和约束力，不会因为近现代西方文化的冲击而发生大的改变。

中国茶，粹儒之正道。以齐鲁之地、孔孟故里的儒家文化为内核，命名正山堂地方茶，其寓意和出发点是想通过茶之承传，将儒家之礼、义、仁、德等思想理念以及中庸和谐的精神，诠释于杯盏之中，弘扬儒家文化思想，增强文化自信，构建和谐社会。

2015年，临沂市与福建正山堂茶业有限责任公司达成茶产业合作，共同筹划组建山东正山堂玉芽茶业有限公司，以临沂莒南洙边镇优质茶叶资源结合传承四百余年的红茶制作技艺并融合创新，研发推广具有产地文化特色与韵味的高品质红茶。它的出现是北方红茶的一大创新与突破，为北方的优质红茶打开了全新的局面。

莒南县位于山东省风景秀丽的沂蒙山区东部，东临黄海，紧邻日照港，南与连云港毗邻，属暖温带季风区半湿润大陆性气候；年平均气温12.7℃，无霜期198天，年平均光照时间为2 458.9小时，年平均降水量856.5毫米；空气洁净，光照充足，昼夜温差大，水质清纯，土壤有机质含量丰富，为发展茶叶生产提供了良好的条件。

　　莒南县是我国北方茶区最早实施"南茶北引"的县域，从20世纪60年代"南茶北引"试种成功开始，至今已近半个世纪。其盛产的"沂蒙玉芽"绿茶，味韵清香，品质上乘，独具特色；中国茶叶研究所原所长程启坤先生提笔写下"南有杭州龙井，北有沂蒙玉芽"的赞誉。如今，莒南已成为优质鲁茶的主产区，全县茶园面积已达8万多亩，无公害绿茶种植基地6.4万亩。

　　洙边镇，为"南茶北引"第一镇，是最早进行"南茶北引"的试种基地之一，植茶历史较早，茶园面积广阔，茶树品种丰富、茶叶品质稳定。这里为暖温带湿润季风气候，全年平均气温14.1℃，光照充足，雨量充沛，四季分明，天气的非周期性变化显著，昼夜温差较大；这里的森林覆盖率达到55%，山清水秀，地形条件良好，素有"山多高，水多高"的特点；这里的自然条件优越，生态环境良好，土壤含有丰富的有机物质和矿物质元素，尤为适宜优质茶叶的生产。洙边镇属高纬度茶区，茶树越冬期比南方长1～2个月，鲜叶内含成分明显高于南方茶叶。独特的气候和地理条件使得这里的茶叶含有丰富的维生素、矿物质和对人体有益的微量元素，有"叶片厚、耐冲泡、内质好、滋味浓、香气高"的美誉。在国家、省、市茶叶评比中共获得市以上名优茶奖116项，其中国家级20项、省级50项，并获得"中国名牌产品""最受消费者信赖的山东产品"等称号，被命名为"中国茶叶之乡"。

　　正山堂齐儒红，属全发酵类红茶。得儒韵，传真髓，条索紧细匀整，金毫显，色泽润，富有光泽，金、黄、黑三色相间；汤色金黄透亮，显金圈；叶底明亮柔软，色如古铜；滋味醇厚，有独特的鲜爽度；花香与熟果香变幻优雅，馥郁持久悠长。

（六）正山堂红安红

湖北红安在共和国的历史上是一个有重要影响、名声非常响亮的地方。1927年，"黄麻起义"在这里爆发；1931年，红四方面军在这里诞生。在这片土地上，诞生了董必武、李先念两任国家主席，走出了韩先楚、秦基伟、陈锡联、谢富治、王近山等233名将军。这里是全国将军人数最多的县，红安也因此成为举世闻名的"中国第一将军县"。

红安，原名黄安。1931年12月23日，红四方面军在黄安军民配合下，攻克黄安县城。鄂豫皖中央分局为了纪念黄安战役的伟大胜利，宣布将黄安县改名为红安县。1937年抗战爆发后，为了不影响国共合作，国共双方统一县名，称为黄安。1947年复置黄安县。1952年9月，为了表彰黄安人民革命斗争业绩，湖北省政府报请中南军政委员会转呈中央人民政府政务院核准，将黄安县正式改名为红安县，属黄冈管区。

红安县地处湖北省东北部大别山南麓，鄂豫两省交界处，东邻黄冈麻城，西接孝感大悟，南临武汉黄陂，北接河南信阳。全县国土总面积为1 796千米^2，辖12个乡镇场，396个行政村，有人口66.36万人，其中农村人口52.9万人；有耕地50.05万亩，山林面积7.25万千米^2，森林覆盖面积较大。截至2010年年底，全县尚有贫困人口（人均纯收入在1 250元以下）6.47万人，是一个典型的山区农业县，也是新一轮全国扶贫开发工作重点县，全国老区建设示范试点县。全县目前已被核准确认的重点文物保护单位有208处，其中国家级37处，省级8处，市县级163处。黄麻起义和鄂豫皖苏区纪念园、李先念故居纪念园被批准为国家AAAA级景区，天台山景区被批准为国

家AAAA级景区。

红安县地势北高南低，海拔高度一般为200米，东北部为山区，南部多丘陵，河谷平原少。境内诸山均属大别山及其支脉，主要山峰有201座，其中海拔在200米以上的山峰有114座。老君山、金牛山、阳台山、天台山、大斛山、紫云寨、游仙山等终年云雾缭绕；最高点为县北的老君山，海拔840.5米；最低处是南部的太平桥镇与新洲县交界的倒水河畔杜家湾，海拔仅30米。

老君山位于县北鄂豫两省交界处，是县内第一高山。据明弘治《黄州府志》记载，"*世传老君曾炼丹于此，上有药白石*"，故名老君山。东北与天台山对峙，南有小老君山、大兴寨等。四周群山环绕，巍峨壮丽，森木茂密，道路崎岖，峡谷纵横，地势险要。土地革命战争和抗日战争时期，是红军和新四军的重要依托和据点。《铁血红安》剧中刘铜锣，就是在此占山为王的。

红安属北亚热带大陆性季风气候，四季分明，气候温和，年平均气温为15.7℃，最高温为41.5℃，最低温为−14.5℃，无霜期平均为236.4天，全年≥10℃的有效积温达2 735.6℃；光照充足，年均日照时数为1 998.8小时，占可照时数的45%；雨量充沛，年均降水量为1 116.2毫米，夏季降水量占年总降水量的一半，年均相对湿度为77%；土壤由石英片岩、片麻岩发育而来，透气性好，微量元素丰富，腐质物土层深厚，pH为5.7左右，适宜茶树生长。所产绿茶，香高，持久、耐冲泡，当地人称之"有劲道"。

红安产茶历史悠久，早在南北朝时期，红安茶就被列为上品进贡朝廷。《太平御览》引《桐君

淮南第一峰——天台山

老君山

录》曰："西阳、武昌、晋陵皆出好茗。巴东别有真香茗，煎饮，令人不眠。"当时西阳就包括现今的红安县等地。据《黄安县志》记载："乡民多植茶，每年清明、谷雨季节，茶芽初发，乡间况事摘茶、踩茶、焙茶，民无暇刻。"老君眉茶历史悠久，《红楼梦》第四十一回贾母声称自己"不吃六安茶"，示意妙玉为她泡老君眉。国家主席李先念在故乡——红安县高桥乡庙咀烷北岔亲手开辟了安南茶园，老百姓至今还传唱着这样的歌谣："吃果不忘栽树恩，喝茶想起种茶人，多谢当年李师长，开出穷山栽富根。"

有资料表明，红安规模种茶始于1958年，以后逐步发展。1979年，茶叶总产量565.3吨，被定

红安香山湖

为全省10个重点产茶县之一。以后，每年产商品茶200～250吨。90年代末期开始大力发展高山有机茶。全县现有茶园面积5万多亩，有大小茶场60多个；老君眉茶场是红安县最大的名优茶生产企业，拥有茶园基地10 000余亩，下设7个茶叶生产基地和6个加工车间，一个质量检测部、一个包装车间和一个销售公司。先后被评为湖北省茶业行业先进企业、黄冈市农业产业化市级重点龙头企业、湖北省林业产业化省级重点龙头企业。

从红安茶业发展的现状不难看出其存在的问题是：种类单一，以绿茶生产为主；龙头企业个头小，带动能力不强；品牌影响力弱，缺少叫得响的品牌；茶叶单位效益不高。这些因素已成为制约红安茶业进一步发展不可忽视的因素。

红安的一山一水、一草一木，蕴涵着将军的风骨，红色的情怀。了解红安或到过红安的人，无不为这里可歌可泣的英雄事迹所感动。与福建茶区相比，这里的茶农如今并不富裕，他们需要来自各发方面的支持和帮助。就茶叶生产而言，红安最缺的是技术、品牌和市场。通过秦基伟上将之子——现任东部战区陆军司令员、中将秦卫江的穿针引线与牵线搭桥，正山堂将金骏眉创新工艺带到红安这片红土地，与老君眉茶场合作，同当地茶农一起，精选老君山高海拔生态茶青，虔心敬制，创制出了独具红安特色的红茶——正山堂红安红。

经有关专家评审，认为该茶条索紧细，油润；开汤红艳澄澈，有金圈；内质香气高甜，滋味爽口甜醇，连续冲泡十余次仍有茶韵；回甘悠长，经久不散，品质是非常好的。

风骨将军志，情属红安红。正山堂红安红的诞生，为推动当地茶产业的转型升级，促进茶农增收开辟了新路。

（七）正山堂潇湘红

　　"潇湘"指的是湖南省境内的潇河与湘江，在永州境内汇合流入洞庭湖而称之。中国山水画史上的代表性作品《潇湘图》，为五代董源所作。画面中清幽朦胧，平淡天真的意境，除向人们展示出了湘湖地区圆润秀美的自然风光，同时也流露出了作者静观、深思和内省的精神境界。

　　湖南自然风光优美，人才辈出，自古就有"秋风万里芙蓉国"之称和"惟楚有材，于斯为盛"之誉。同时，由于境内有雪峰山脉、武陵山脉两大山脉，有沅水、澧水两大水系，且与洞庭湖为邻，好山、好水，产好茶的地理气候条件十分优越。所以也是中国茶叶的发祥地之一，茶事历史悠久。汉志有"茶陵以山谷产茶而名之"的记载，茶陵也称"茶王城"，绕城而过的洣水亦称为"茶水"。岳阳是中国黄茶之乡，其中最著名的茶叶品种"君山银针"是中国十大名茶之一，唯岳阳君山独产。

　　据《中国茶经》载："湖红工夫茶主产于湖南省安化、桃源、涟源、邵阳、平江、浏阳、长沙等县市，湘西石门、慈利、桑植、大庸等县市所产的工夫茶谓之'湘红'，归入'宜红工夫'范畴。"湖红工夫是我国历史悠久的工夫红茶之一，对我国工夫红茶的发展起到十分重要的作用。

　　红茶是中国海外贸易高度化的产品。湖红的输出是先民们通过沅水、澧水两大水系的水运优势，走沅澧、过洞庭、入长江、达东海，对接海上丝绸之路，从而走出了一条"茶船古道"。这条全国独一无二的"茶船古道"，与中国茶运史上的"茶马古道"并驾齐驱，是"万里茶道"的

董源的《潇湘图》

重要组成部分。

正山堂潇湘红，以雪峰山与武陵山脉高山原生群体种茶树叶芽为原料，芽头茁壮，长短大小均匀；干茶紧结、油润、黑白黄三色相间，白毫显露。经有关部门检测，其高沸点香气成分、氨基酸、水浸出物含量极高。故汤色橙黄，香气高爽，滋味甜醇；耐泡性强，可反复冲泡10次以上，不会因为泡次的增加而快速出现色退味淡的特点。它说明正山堂潇湘红原料生态，品质好，工艺精。

雪峰山，因山顶常年积雪而得名，其主体位于湖南中部和西部，是湖南境内重要的山脉，为资江与沅水的分水岭。它南起湖南省与广西壮族自治区边境，与八十里大南山相接；北止洞庭湖滨；西侧是湘西丘陵；东侧为湘中丘陵；呈东北西南走向，南段山势陡峻，北段被资水穿切后，渐降为丘陵。主峰苏宝顶，海拔1 934米；次高峰白马山，海拔1 781米。植被以亚热带常绿阔叶林及各种杉木为主，垂直分异明显。山地主要土壤为黄壤，分布在海拔200～1 000米的地带；1 000～1 400米的地带分布有黄棕壤，顶部为山地草甸土。森林植被具有较明显的垂直带谱，植被处于华中区系与华南区系的交汇地带，并具有较多的黔桂区系成分，属中亚热带常绿阔叶林带。森林群落发育良好，除木本植物外，真菌、苔藓、地衣、蕨类、草本植物等林下、林间植物种类繁多。

优越的自然环境，育出了品质优异的蒙洱茶。

蒙洱茶，产于湖南雪峰山脉奉家山系蒙洱冲。它历史悠久，早在唐代就已生产、出名。文成公主出嫁西藏时就曾选带了蒙洱茶，后梁时列为贡茶，以后历代相袭。它的特点是：全由芽头制成，茶身满布毫毛，色泽鲜亮；香气高爽，汤色橙黄，滋味甘醇。虽久置而其味不变。冲泡时可从明亮的杏黄色茶汤中看到根根银针直立向上，几番飞舞之后，团聚一起立于杯底。

武陵山，是镶嵌在北纬30°、南中国板块上的一颗明珠，是世界上最适宜茶树生长的地方之一，它有悠久的产茶历史和厚重的茶文化。近年考古发现，武陵山区是原始人类的集居地之一，在怀化高坎垅遗址上至今还保留着大量新石器时代居民使用过的生产、生活工具。武陵山有陶渊明笔下宛若仙境的桃花源，有引发思古幽情的绝壁悬棺，有美丽而神秘的张家界，还有被原居山民经千百年驯化和栽培的茶树。三国《广雅》载："荆巴间采茶作饼。"三国时武陵郡地属荆州。西晋《荆州土地记》载："武陵七县通出茶，最好。"当时的武陵郡，治常德，领湖南沅水、澧水流域，湖北清江以南，贵州铜仁东南及重庆彭水、酉阳附近十县。早在西晋武陵山区就已成为茶叶重

要产区。陆羽《茶经》引《坤元录》："辰州溆浦县西北三百五十里无射山。云蛮俗当吉庆之时，亲族集会，歌舞于山上。山多茶树。"唐《通典》载："唐玄宗天宝年间灵溪郡贡茶芽二百斤。"灵溪郡在今永顺、龙山。唐《翰苑集》记载："碣滩茶曾充土贡。"明正德《湖广图经志书》："辰州府，茶。各州县皆出。"清嘉庆《湖南通志》引《一统志》："澧州，石门牛牴山产茶，谓之牛牴茶。"牛牴茶宋代已作土贡。民国《湖南各县调查笔记》："沅陵，又界亭镇产茶，每年出细茶叶亦多，其味清香。"

位于湖北、湖南、重庆、贵州四省市交界之处的武陵山区，属云贵高原的东延部分，莽莽苍苍10余万千米²，平均海拔1 000米左右。位于贵州境内的梵净山是武陵山脉主峰，海拔2 493米。湖南境内的最高峰是海拔2 098.7米的壶瓶山，湘西自治州、张家界市、怀化市大部及常德市的石门、桃源的部分山地都属于武陵山区。

武陵山区地质生态优越。地表主要由砂岩、石灰岩组成，还包括古老的板岩、千枚岩、石英砂岩及砂页岩，其中板溪群紫红色粉砂质板岩、砂岩是茶园土壤主要的母质母岩。武陵山区的变质岩为微量元素（如硒）和有效磷含量最丰富的地质类型，由变质岩（如板岩）发育的茶园土壤多为黄红壤。土层深厚，营养丰富，保水保肥，通透性能良好，易于耕作。

武陵山区气候环境宜茶。属亚热带季风湿润性气候，温暖潮湿，日照充足，昼夜温差大，全年无极寒极暑、重云积雾。通过云雾和高湿度空气过滤后的太阳光线，直射光少，漫射光多。充足的紫外线有利于茶叶芳香物质和氨基酸的形成。这里的亚热带常绿阔叶、落叶阔叶和针叶混交林植被组成十分复杂，物种丰富，适宜各种动植物生存，它为茶树生长提供了绝好的生态环境。用之制作红茶，香气高长，滋味鲜爽浓厚，非常适合现代人的口感和要求。

由于武陵山区是茶树由云贵高原向东北方向迁移进化的过渡带，这一区域的茶树除具有一般高山区"茶树叶片较大、叶肉丰厚、内含物丰富、氨基酸含量高"的优点外，还有茶多酚含量较高，特别是具有没食子儿茶素没食子酸酯含量高的显著特点，因而，具有很好的保健功能。

（八）正山堂闽南野生茶

福建是我国的产茶大省，历史悠久。依照行政区划和历史习惯，福建省茶区现分为：闽东、闽北、闽南、闽西、闽中五个茶区。闽南茶区，包括泉州、漳州、厦门三市。以泉州面积最大，产量最多。2012年茶园面积达35万亩，占全省的10.94%。从境内遗存的石刻看，其品质优良，茶文化源远流长，是最早有文字记载的产茶区。太元丙子年（376年）在莲花峰上立的"莲花茶襟"石刻，是迄今福建省发现的最早茶事石刻。

"茶"就是"荼"。在陆羽撰写《茶经》之前，对茶的提法有十多种，其中提得最多、用得最多、最为普遍的是"荼"。陆羽在《茶经》中说："茶"字，"或从'草'，或从'木'，或'草''木'兼从。"接着又在其注中指出："从'草'，应写作'茶'，此字见《开元文字音义》；从'木'，应写作'搽'，此字见《本草》；'草''木'兼从，写作'荼'，此字见《尔雅》。"陈宗懋主编的《中国茶经》认为："陆羽在撰写世界上第一部茶著《茶经》时，在流传着

闽南土楼   正山堂提供

茶的众多称呼的情况下，统一改写成'茶'字，这不能不说是陆羽的一个重大贡献。从此，茶字的字形、字音和字义一直沿用至今，为炎黄子孙所接受。"

莲花峰位于泉州南安古丰州北郊，是南安丰州古城著名的风景区之一。《泉州府志·山川》载："南安之山分自晋江双阳，转向西为九峰山、葵山、莲花山……莲花山峰一都，距县西北二里。"因其山奇、岩峻峭，中通外绽，宛若莲花而名。

早在新石器时代，莲花峰一带就有人类活动。秦末汉初，这里是汉人避乱之地。晋人衣冠南渡，在丰州建立晋安郡治，莲花峰成了晋士大夫登临胜地，并在峰上建立"莲花岩寺"。唐末以降，南安故城即在莲花峰下。唐朝名相姜公辅，诗人韩偓、秦系，文学家欧阳詹及宋朝朱熹、陈休斋、黄庭坚等历史名人亦流寓于此山，或筑室读书，或隐居修身，或讲学布道，在莲花峰留下了丰富的活动痕迹，仅摩崖题刻就有30多通。

泉州的安溪是中外驰名的"铁观音"的故乡。其产茶历史始于唐朝。建于唐朝末年的安溪阆苑岩寺，大门上有一茶联——"白茶特产推无价，石笋孤峰别有天"，证明安溪当时就有茶叶生产活动，而且茶叶质量很好。

宋元时期，泉州港口贸易兴盛；泉州茶叶尤其是安溪茶作为重要的外销产品，通过"海上丝绸之路"走向世界。

除太元丙子年莲花峰上的"莲花茶襟"和安溪阆苑岩寺大门上的茶联石刻外，泉州境内还有为数不少的茶事题刻。其中仅莲花峰、九日山和清源山等三地，就有多处是反映泉州茶叶品质和茶文化的。福建省博物院副院长、研究员、《福建文博》主编、福建茶文化研究会副会长、《农业考古》杂志茶文化顾问陈龙与陈陶然合著，并于2006年由福建人民出版社出版的《闽茶说》，对其一一作了解读。

莲花峰上，反映泉州茶叶品质和茶文化的题刻，主要有："岩缝茶香，大中祥符四年辛亥，泉州郡守高商惠连题""宋傅宗教游，莲花茶怀古""斗茶而归，淳祐丁未仲冬二十有二日古汴赵师耕题""上品莲花"等。

"岩缝茶香，大中祥符四年辛亥，泉州郡守高惠连题"——大中祥符四年，为1011年。"岩缝茶"是莲花峰地产岩茶，初载于北宋。因为茶长在石缝中，故称"岩峰茶"。南宋以后，当地僧人精心焙制，遂成历史名茶。高惠连，晋江安海人，咸平己亥年（999年）进士，授宣教郎，桂州学教授，转奉仪郎，知龙阳，迁朝奉峰郎、兵部郎中，改朝奉大夫知泉州。此刻在不老亭后，莲花石正面，楷书，直行阴文。

　　"宋傅宗教游，莲花茶怀古"——此刻见于莲花石背面右侧，楷书，直行，阴文。傅宗教祖籍南安，南宋淳熙间龙图学士。其叔父傅自得曾佐郡泉州、漳州、知兴化军，为政清廉，为文雄健。朱熹在泉时曾受其提携。傅宗教另作有《游莲花峰茶怀古》四言诗一首，诗云："天朗气清，惠风和畅，男女携筐，采摘新茶。"描述莲花灵山风光秀美，茶园采茶其乐融融的景象。

　　"斗茶而归，淳祐丁未仲冬二十有二日古汴赵师耕题"——莲花台为宋元丰中真觉禅师所建。真觉禅师"戒行精严，从之者数百人"（《名胜志》）。所以，大凡登莲花峰的名公巨卿，均喜到莲花台览胜斗茶。南宋后期，由于莲花台寺住持僧净业亦是一位爱茶并精于茶事的高僧，寺产茶园一派勃勃生机。净业培育的新品种被誉为神品名播海内，招引了众多名流硕儒在莲花峰游历之后留宿莲花台寺，以斗茶为赏心乐事。赵师耕的这一题刻反映了宋时泉州斗茶风的盛行。

　　"上品莲花"——此刻见于莲花石正面，"望云台"下方。楷书，直写，阴文。

　　明正德年间（1506—1621年），莲花台寺改建石亭。当地生产的茶叶也改称"石亭茶"，因种属绿茶，故称"石亭绿"。相传清道光年间（1821—1850年）住持僧复本，携"石亭绿"晋京，送闽籍住京大臣，后上贡道光皇帝。道光品尝后极为赞赏并召见复本，御书"上品莲花"赐之，复本回来后，即将此御书刻在莲花石上。从此，"石亭茶"声名大噪，众多游客慕名争品。至今，当地乡民仍保留石亭茶佐以咸柚柑款客的习俗。

　　从现存题刻材料来看，莲花峰茶事始于晋，历经六朝、隋、唐而盛于宋、明，但有关唐代茶事的石刻阙如。晚唐天佑间，韩偓筑室隐居莲花峰，其隐居遗址称莲花湖茅舍，在莲花峰欧阳詹读书室左约百步山坳平地，现已成茶园，近有观音井遗址，山坡上有"韩偓书室"题刻，为后人所制。

　　隐居莲花峰三年的韩偓，寄情山水，抒写情怀，留下诗集《南安寓止》，其中《信笔》一诗云："春风狂似虎，春浪白于鹅。柳密藏烟易，松长见日多。石崖觅芝叟，乡俗采茶歌。"诗中说吟唱采茶歌已成乡俗，说明唐时莲花峰一带应有人工茶园了。

　　泉州清源山茶栽植始于宋代，至明代，清源山茶已成为可与武夷、鼓山角胜的闽境名茶。明人谢肇淛《五杂俎》中载："今茶品之上者，松萝也，虎丘也，罗岕也，龙井也，阳羡也，天池也。而吾闽武夷、清源、鼓山三种，可与角胜。"明人许次纾《茶疏》亦云："武夷之外，有泉州之清源，倘以好手制之，亦武夷亚匹。"甚至断言："清源山茶，清翠芳馨，超轶天池之上。"

　　今日清源山的清源洞仍留有一方明万历三十六年（1608年）的碑刻。它是守僧山户得政府支持，严禁游人采茶的《纪德碑》。此碑高220厘米，宽90厘米，为明人乔远撰文。碑中记述了詹仰宪出资买田，并请求官府给种茶的清源山僧加饷，严禁游人采茶以保护旅游资源的故事。

　　清代是乌龙茶的盛行期。在福建形成了以武夷山为代表的闽北乌龙茶区和以安溪为首的闽南乌龙茶区。闽南乌龙茶区，不仅规模大、数量多，而且品质优。当时闽南茶区所产的名茶，据方志记载，有晋江清源山茶、南安英山茶、安溪凤山清水及留山茶。乾隆《泉州府志》云："茶，晋江出者曰清流，南安出者曰英山，安溪出者曰清水曰留山。清源山茶超轶天池之上，南安县英山茶精者可亚虎丘，惜所产不如清源之多也。闽地气暖，桃李冬花故茶较吴中差早。吾闽清源山茶可与松萝虎丘、龙井、阳羡角胜，而所产不多。"德化县茶"产高山上者佳"，永春以茶山石齿产茶最佳。

　　清道光十三年修编的《平和县志·物产志》"茶"条记载："出大峰山者良"。据古地名与现

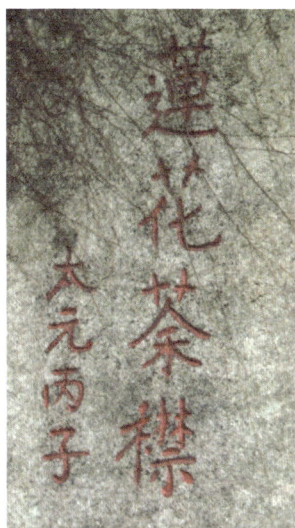

莲花茶襟　徐庆生摄

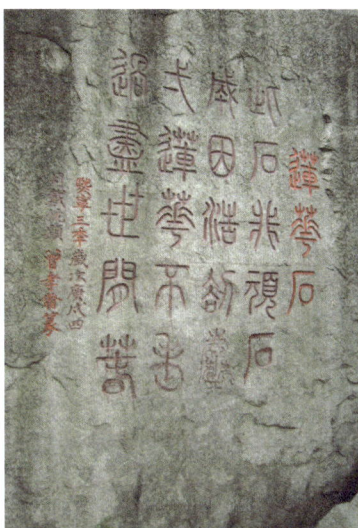

莲花石刻　徐庆生摄

岩缝茶香　徐庆生摄

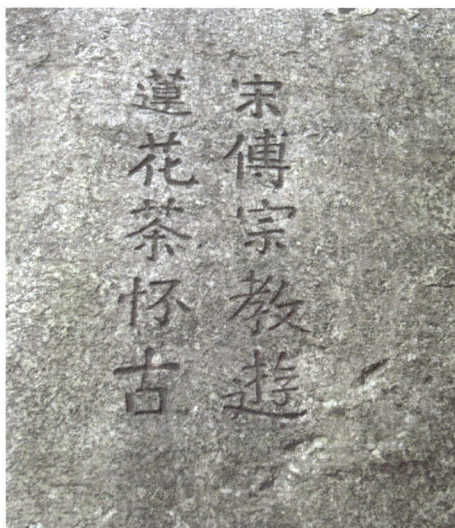

上品莲花　徐庆生摄

今地名志对照，"大峰山"即大芹山脉东南侧的灵通山，位置在现在的大溪镇和安厚镇之间；彭溪村则是在崎岭乡大芹山东北脉，两地相差几十公里。一个是现代名茶白芽奇兰的发源地；一个是道光年间有记载的平和最有名的茶叶发源地，一南一北，遥相呼应，它们都彰显了平和茶叶品质的优异和茶产历史的悠久。

闽南野山茶　正山堂提供

平和古茶树　徐庆生摄

　　闽南地区为丘陵地形，山多林密，沟壑纵横。博平岭、玳瑁山脉、戴云山脉为闽南三大山脉，三者毗邻交错，形成一道天然屏障。在这道屏障的作用下，来自太平洋的温湿季风更多地停留在此。因此闽南常年多雾，尤其在三大山脉的800米以上高海拔地区，终年云雾缭绕，空气湿度大，加之植被覆盖率高，生态链完整。在这些高海拔地区，自然地生长着一些野生茶树，多具有上百年树龄，清新飘逸，挺拔隽秀。新中国成立以来闽南茶叶工作者先后在安溪、平和、漳平等县多处发现有茶的野生资源分布，它们都以味苦为特征，即称"苦味型"野生茶。在缺医少药的年代，经常被闽南人用作草药，或直接煎煮或简单炒制，用于解毒祛火。而今，人们已鲜少追求其药用价值。

　　据浙江大学茶叶研究所陆建良《福建平和野生茶资源评价报告》可知，平和野生茶有红芽和白芽之分。红芽种，属小乔木，叶形大而狭长，叶色绿，革质状、易脆，嫩叶呈淡紫色，有60余种化合物，生物碱以可可碱为主，咖啡因含量低，在0.2毫克/克以下；儿茶素类的组成以非表型儿茶素为主，表型儿茶素类物质丰度低；儿茶素二聚体和花青素类物质种类多，丰度较高；四没食子酰基葡萄糖、山奈酚双葡糖类物质丰度较高。生物碱组成特色明显，是典型的低咖啡因资源，而且儿茶素类物质的组成也异于普通茶树，在分类学上属于可可茶类。白芽种，属乔木，叶形大呈长椭圆形，叶厚软脆，嫩叶色淡绿。有50余种化合物，生物碱以苦茶碱为主，具有咖啡因含量低，氨基酸含量高的特点，在分类学上属于苦茶类。

茶室　　　　荼　且　一　非　何
七　盏　卢　九　奎　莫　须
碗　　　　　　　　　　　　　

　　可可茶类由于不含或少含咖啡因，富含可可碱，不会兴奋神经，不仅不影响入睡时间，还能促进睡眠，提高睡眠质量，这也是可可茶最为独特的一点。苦茶类茶生物碱以苦茶碱为主，在药理上具有一定的镇静催眠和消炎镇痛的作用。

　　《茶经》云："野者上，园者次。"正山堂闽南野生茶，以生长在闽南地区高山上的优质野生茶为原料，融金骏眉红茶首创工艺，推出了正山堂闽南野生茶（厝）、正山堂闽南野生茶（福）两款闽南新式代表红茶。此茶条索紧秀挺拔，色润；开汤金黄透彻，清明亮丽；茶香芬芳；茶味醇厚、独特，微苦而后甘；十泡之后，仍显韵味。不但具有闽南农村特有的茶味，而且还有一定催眠作用。细品此茶，可感受大山的霸气、峡谷的豪情、森林的野韵和大自然的灵动，帮你寻觅儿时茶之苦味。

捌

啜玉含珠论品饮

正山堂茶经
金骏眉

ZHENGSHANTANG CHAJING
JINJUNMEI

武夷山御茶园　李少玲摄

　　我国饮料茶约起源于战国时期，经过漫长的历史岁月，在唐宋时期得到了普及和推广。陆羽《茶经》已指出，茶饮在唐代已自南向北逐渐推广，成为"比屋之饮"。《旧唐书》卷一七三《李钰传》也说："茶为食物，无异米盐，于人所资，远近同俗……田闾之间，嗜好尤切。"中唐以后，茶已从"昔日王谢堂前燕，飞入寻常百姓家"，由王公贵族专享品变为大众百姓日常生活的必需品。宋代以后，茶成为开门七件事之一。

　　"茶"字，从结构上来讲，分三层，是由"草、人、木"三者组成的。即所谓的"草木之中有一人"，它与中国传统文化中的"天、地、人"是统一的。

　　茶，按饮用方式的不同，可分为喝茶和品茶两大类。"喝酒喝气氛，品茶品文化。"喝茶与品茶是有差别的。为了解渴而喝茶，爱怎么喝就怎么喝，不受环境影响。品茶，是饮茶的最高方式。品饮佳茗，重在意境，特别强调情与景的交融，自古以来就是物质享受和精神愉悦高度统一的生活艺术。

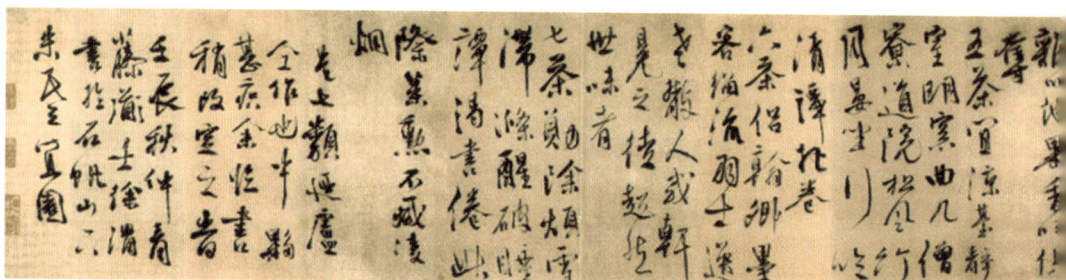

《煎茶七类》

中国四大名著之一的《红楼梦》在第四十一回《栊翠庵茶品梅花雪 怡红院劫遇母蝗虫》中，描述了品茶的过程。品茶之人是宝玉、黛玉、妙玉、宝钗之清流；泡茶之水是取自梅花瓣上，且埋藏地下达五年之久的雪水；所品之茶是珍贵名茶"老君眉"；所用之器是平常人无缘得见的珍奇古玩；饮茶之场所是清幽静雅的栊翠庵。如此品茶，真可谓人间之极。

明代杰出书画家、文学家徐渭，一生坎坷，但却对茶文化作出了非常杰出的贡献，其《煎茶七类》与陆羽《茶经》被后人同列茶书名录。该文的全部内容是：

一、人品。煎茶虽凝清小雅，然要须其人与茶品相得，故其法每传于高流大隐、云霞泉石之辈、鱼虾麋鹿之俦。

二、品泉。山水为上，江水次之，井水又次之。井贵汲多，又贵旋汲，汲多水活，味倍清新，汲久贮陈，味减鲜冽。

三、烹点。烹用活火，候汤眼鳞鳞起，沫渤鼓泛，投茗器中，初入汤少许，候汤茗相浃却复满注。顷间，云脚渐开，浮花浮面，味奏全功矣。盖古茶用碾屑团饼，味则易出，今叶茶是尚，骤则味亏，过熟则味昏底滞。

四、尝茶。先涤漱，既乃徐啜，甘津潮舌，孤清自萦，设杂以他果，香、味俱夺。

五、茶宜。凉台静室，明窗曲几，僧寮道院，松风竹月，晏坐行吟，清谭把卷。

六、茶侣。翰卿墨客，缁流羽士，逸老散人或轩冕之徒，超然世味者。

七、茶勋。除烦雪滞，涤醒破睡，谭渴书倦，此际策勋，不减凌烟。

是七类乃卢仝作也，中伙甚痕，余临书，稍改定之。时壬辰秋仲，青藤道士徐渭书于石帆山下朱氏之宜园。

徐渭曾以书法艺术的形式表现了该文的内容。《煎茶七类》为行书，笔画挺劲润腴，布局潇洒严谨，有宋代大书法家米芾的笔意和神韵，刻帖原石，现藏于浙江上虞文化馆，共分五帧，每帧31厘米×76厘米，横式。

明代冯可宾在《岕茶笺·茶宜》中提出了十三项品茶的要求，这"十三"要求是：

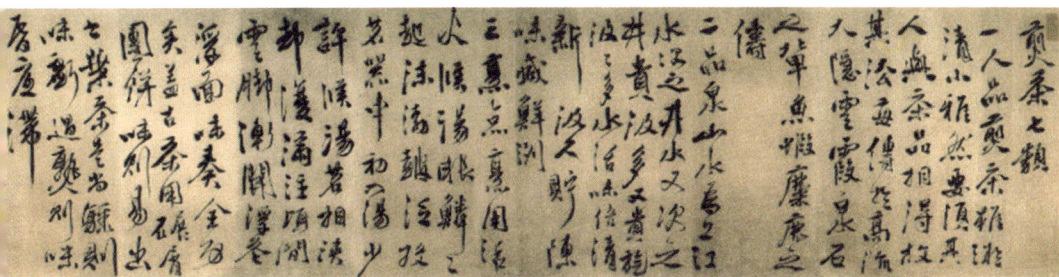

一是无事，俗务去身，悠闲自得；

二是佳客，志趣相投，主客两洽；

三是幽坐，心地安逸，环境幽雅；

四是吟咏，激发诗思，口占吟诵；

五是挥翰，濡毫染翰，泼墨挥洒；

六是徜徉，小园香径，闲庭信步；

七是睡起，酣睡初起，大梦归来；

八是宿醒，宿醉未消，惟茶能破；

九是清供，鲜爽瓜果，清口佐茶；

十是精舍，茶室雅致，布置精巧；

十一是会心，心有灵犀，彼此意会；

十二是赏鉴，精于赏茶，擅长品鉴；

十三是文童，伶俐书童，胸有点墨。

与此同时，冯可宾还提出七个不宜品茶的环境条件：一是"不如法"：指烧水、泡茶不得法；二是"恶具"：指茶具选配不当，或质次，或粘污；三是"主客不韵"：指主人和主宾，口出狂言，行动粗鲁，缺少涵养；四是"冠裳苛礼"：指戒律严多，被动应酬；五是"荤肴杂陈"：指大鱼大肉，荤菜腻杂，有损茶性；六是"忙冗"：指忙于事务，心乱意烦，无心品茗；七是"壁间案头多恶趣"：指室内杂乱、令人生厌、俗不可耐。

由此看来，古人对品茶要求是比较高的，也是比较具体的。现代人品茶虽不像古人要求的那样烦琐苛刻，但也非常讲究意境。

"境"作为美学范畴，最早见于唐代诗人王昌龄的《诗格》："处身于境，视境于心。莹然掌中，然后用思。了然境象，故得形似。"中国诗学一贯主张："一切景语皆情语，融情于景，寓景于情，情景交融，自有境界。"

品茶和做诗一样，希望获得的是宁静休闲、放松惬意、酣畅淋漓；讲究的是情景相融、天人合一、无我的意境；希望达到的是养心悦志，养性修身。

好茶不但要品，而且要细品。要品得其真，一是境要宜；二是具要雅；三是水要好；四是汤要沸；五是品要当。五者俱佳，才臻完美。许次纾在《茶疏》中说："茶滋于水，水借乎器，汤成于

秋山泉涌　朱蔡作

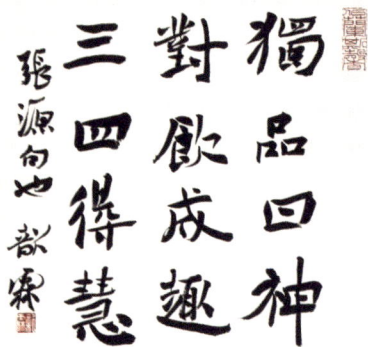

独品回神
對飲成趣
三四得慧
張源句　叶韶霖书

火，四者相须，缺一则废。"它表述了要泡好一壶茶，必须水好、火足、具美，否则茶性所固有的本色、真香、韵力是无法体现出来的。

"和"是茶之魂，"静"是茶之性，"雅"是茶之韵，品茶必须讲究艺术。

一、茶境

有好茶，还必须要有一个舒心的品茶环境。品茶环境对品茶人的心境有很大的影响。所谓茶境，指的是品茗的环境。它包括品茗的内外部环境、品茗人的心境和品茗的人数。

（一）环境

品茗自古以来，就是修身养性的一种方式。同时，又是一种以茶为媒的交友方式。它可增进友谊，美心修德。中国人品茶历来就十分重视环境，讲求清静恬淡，在品茶的过程中静心安神，陶冶情操。

品茶环境包括室内环境与室外环境两个部分。就室外品茶环境而言，要求的是以大自然的美景作为品饮的环境。追求的是野幽情溢，林泉逸趣，回归自然的意境，从而相得益彰。至于室内的品茶环境，则应坚持以窗明几净，装修简洁，格调高雅，温馨舒适，安静清心为宜。轻装修，重装饰，尽可能多的用茶书画作品来点缀。内部陈设要素雅简洁、古朴大方，切莫富丽堂皇，奇异夺目。室内光线要柔和，不能太明亮耀眼；空气应流通清新，忌异味。如能播放一些优雅的轻音乐，则更能体现品茶的室内环境与氛围。

一个良好的品茶环境，要求做到建筑物富有特色，室内装饰典雅，摆设讲究，茶具精美，室外周围环境景色秀美，安静优雅。

唐"大历十才子"钱起《与赵莒茶宴》诗云：

竹下忘言对紫茶，
全胜羽客醉流霞。
尘心洗尽兴难尽，
一树蝉声片影斜。

幽居　刘铁平刻

该诗描述了茶宴的环境，幽篁丛中、绿荫之下，香茗洗净凡心，荡涤尘埃，与宴之人兴难尽，一直喝到夕阳晚照，蝉鸣声声。

明代雅士陈继儒《小窗幽记》，对品茶的室内室外环境做了这样的描述：

听松　刘铁平刻

净几明窗，一轴画，一囊琴，一只鹤，一瓯茶，一炉香，一部法帖。小园幽径，几丛花，几群鸟，几区亭，几拳石，几池水，几片闲云。

"野泉烟火白云间，坐饮香茶爱此山。岩下维舟不忍去，青溪流水暮潺潺。"在这种环境下品茶，茶、人与自然最易展开精神上的沟通，洗净尘心，达到精神上的升华。

（二）心境

所谓"心境"即品茶时的心情。"心随流水去，身与风云闲。"品茶一般需有闲情，最好是静坐无为的时候。"山堂夜坐，手烹香茗。至水火相战，俨听松涛，倾泻入杯，云光滟潋。此时幽趣，故难与俗人言。"这是罗廪在《茶解》中的描述。山中静夜，身心闲适，亲手把持，既从味觉、嗅觉上得茶的清香甘醇，又从听觉、视觉上获"水火相战"之声、"云光飘渺"之景。此中之惬意，真只可体悟而难与人言。

刳得心来忙处闲，
闲中方寸阔于天。
浮生自是无空性，
长寿何曾有百年。
罢定磬敲松罅月，
解眠茶煮石根泉。
我虽未似师被衲，
此理同师悟了然。

唐人杜荀鹤此诗的大意是：人生在世为名忙，为利忙，不时忙中偷闲，且静下心来品茗。当我们的心一旦静下来，那方寸大小的心便会变得比天空还辽阔。它强调的是品茶时的心境。

所以，我们品饮金骏眉时，一定要有一个好的心境，否则不可能真正体味金骏眉与其他茶的区别和不同之处，就是浪费，也是对好茶的一种糟蹋。至于精神上的放松，就更无从谈起了。

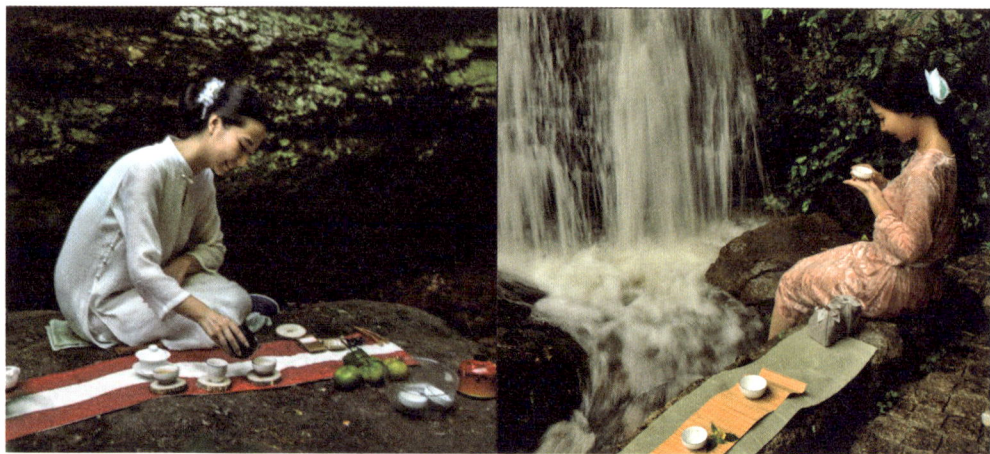

独品　沐茶提供

（三）人境

　　"心清可品茶，意适能言趣"，"人品即茶品，品茶即品人"。人境，即品茶人的人数以及品茶人自身素质涵养所营造出来的心理环境。

　　关于品茶人之涵养，皎然《九日与陆处士羽饮茶》诗中写道：

九日山僧院，东篱菊花黄。

俗人多泛酒，谁解助茶香。

　　这首诗的意思是说能够赏菊、品茶，体味茶香的，自然是超尘脱俗之人。明人徐渭在《煎茶七类》中云：煎茶非漫浪，"要须其人与茶品相得"。古来茶人都很看重人品茶清。陆羽在《茶经·一之源》中说："茶之为用，味至寒，为饮最宜精行俭德之人。"宋代欧阳修有诗云："泉甘器洁天色好，坐中拣择客亦佳。"他们说的是，喝茶品茗应是人与茶相宜，人与人相和，这样方有雅趣。

　　关于品茶的人数，一般而言，不宜过多，也不宜俗气。特别是品饮好茶，人一定不能太多太杂。否则，再好的茶，也是难辨其好坏，更不会有雅趣可言。明人张源在《茶录》中云："饮茶以客少为贵，客众则喧，喧则雅趣乏矣。独啜曰神，二客曰胜，三四曰趣，五六曰泛，七八曰施。"意思是说独自品茶，能体会茶的神韵；两人对啜能进入茶的胜境；三四个人品茶，能得到品茶的乐趣；五六个人饮茶，只能泛泛而乐，情趣就差了；七八个人在一起就不叫品茶了，充其量只能算是施舍茶水而已。因此，有人将之称为"独品曰神，对饮成趣，三四得慧。"

1. 独品曰神

　　一个人品茶，没有干扰，心更容易虚静，精神更容易集中，情感更容易随着飘然四溢的茶香而得到升华，思想也更容易达到物我两忘的境界。唐卢仝喜欢独啜品茶，因而在《茶歌》中云："柴门反关无俗客，纱帽笼头自煎吃。"北宋著名诗人、书法家黄庭坚夜晚酒后归来，独自碾茶煮水，

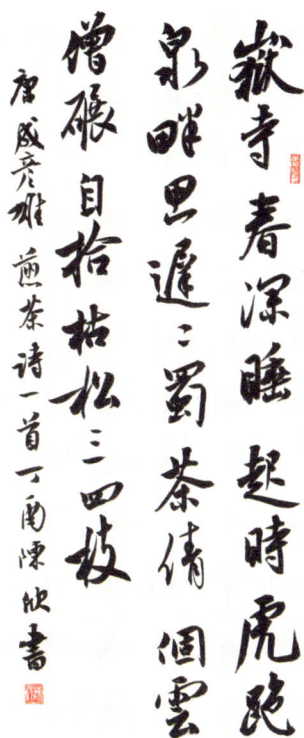

唐成彦雄《煎茶》　陈欣书

烹点品饮。有词云："味浓香永，醉乡路，成佳境。恰如灯下故人，万里归来对影。口不能自言，心下快活自省。"独自品茶，实际上是茶人心与茶的对话，心与大自然的对话，使人更容易做到心驰宏宇，神交自然，所以谓之为"独品得神"。

2. 对饮成趣

"茶逢知己，不置一词，心有灵犀。"品茶不仅是人与自然的沟通，而且还是茶人之间心与心的沟通。邀一知己相对品茗，或推心置腹，倾诉衷肠，或相对无语，心有灵犀，或松下品茗论弈，或幽窗啜茗谈诗，都是人生乐事，情趣无穷。知堂老人周作人认为品茶最好是两个人，他说："喝茶当于瓦屋纸窗下，清泉绿茶，用素雅的陶瓷茶具，二人共饮，得半日之闲，可抵十年的尘梦。"

3. 三四得慧

孔子曰："三人行，必有我师。"在清静幽雅的品茶环境中，大家最容易打开"话匣子"，相互交流思想，启迪心智，可以学到很多书本上学不到的东西。所以称之为"三四得慧"。

品茶最忌车水马龙，众声喧哗；七嘴八舌，道人长短；高谈阔论，废话连篇；喋喋不休，言不及义。

品鉴金骏眉，最好是选择一处雅境，或室外青山翠竹，小桥流水，茵茵绿地；或皓月清风，公园凉亭，花径信步；或室内对坐明窗静牖，用半日闲情，邀二三茶友，泡一壶金骏眉，品饮四五杯，祛襟涤滞，致清导和，推心置腹，此非庸人孺子可得而知矣。

茶文化作为中国不老的古文化，不仅具有厚重的内涵，更具有传承的载体和流动的血脉，穿越古今，引领风骚。假如徜徉武夷山的街巷，映入你眼帘的一定是一幅幅悠然自得、啜苦咽甘、无所不在、妙美的品茶图。有的一人独啜，似神；有的二人对品，寻趣；有的三四围坐，得慧。不论国籍，没有性别。不分年龄，也不管职业。不问你是哪里人，从哪里来，又到哪里去。几人围席共饮，东南西北，海阔天空，乐在其中，和谐妙美。

"小天地，大场合，有你一席；论英雄，谈古今，喝它几杯。"难怪林语堂先生会说："只要有一壶茶，中国人到哪都是快乐的。"

二、茶具

茶具古代称"茶器"，它因饮茶而生。一开始，由于饮茶方法较粗放，茶器相对比较简单，往往与食器、酒器混用。随着饮茶之风的流行，茶具逐步开始向专业化、艺术化方向发展。现已成为茶文化的重要组成部分。

王译焓作

◇◇◇◇◇◇◇◇◇◇◇

　　"工欲善其事，必先利其器。"器是茶之父。烹茶品茗，讲究器具，历来如此。《红楼梦》第四十一回《栊翠庵茶品梅花雪　怡红院劫遇母蝗虫》，妙玉给贾母、宝钗、黛玉、宝玉四人所用的茶杯皆十分讲究。贾母所用乃"一个海棠花式，雕漆填金，云龙献寿的小茶盘，里面放一个成窑五彩小盖钟"。宝钗所用是"一个旁边有一耳，杯上镌着'瓟、斝、鲳'三个隶字，后有一行小真字，是'晋王恺珍玩'，又有'宋元丰五年四月眉山苏轼见于秘府'一行小字"。黛玉用的是"一只形似钵而小，也有垂珠篆字，镌着'点犀盉'"。给宝玉盛茶用的是一只"前番自己常日吃茶的那只绿玉斗"，后来又换成"一只九曲十环、百二十节蟠虬整雕竹根的一个大盉盉"。由此可见，古人对品茗之器具相当讲究，是现代人难以效仿的。故古有茶房"四宝"之说。

武夷山御林亭窑址　徐庆生摄

(一) 茶房"四宝"

所谓茶房"四宝"指的是: 潮汕炉、玉书碨、孟臣罐、若琛瓯。

潮汕炉: 即烧开水用的火炉。原生产于广东省潮州、汕头一带,因而称之为"潮汕炉"。它小巧玲珑,可以调节风量,掌握火力大小,以木炭作燃料,现代家庭已很少使用。但在一些茶馆还是可以见到。以紫砂炉配紫砂壶最有意境,最合乎品茶之道。

玉书碨: 即烧开水的壶。为褐色薄瓷扁形壶,容水量约为250毫升,盖子"卜卜"作声,如唤人泡茶。现代已经很少再用此壶。一般的茶艺馆,多用宜兴出的稍大一些的紫砂壶,多作南瓜形或东坡提梁壶形。更多的是用电可保温的不锈钢壶。

孟臣罐: 即泡茶的茶壶。孟臣即明末清初时的制壶大师惠孟臣。时人评价其所制的茶壶"大者浑朴,小者精妙"。宜兴现代紫砂名师徐秀棠在《宜兴紫砂珍品》中说: "出土和不断发现之孟臣罐,多为小壶,且较大壶制作精良,为后世名壶之滥觞。"

若琛瓯: 即品茶的杯。为白瓷翻口小杯,杯子小而浅,容水量10~20毫升为好。现在常用的品茶杯有三种,一种是白瓷杯;另一种是紫砂杯,内壁贴白瓷;还有一种是纯紫砂的,这种杯因不利用于辨别茶的色泽,因而用得很少。

潮汕炉

玉书碨

孟臣罐

若琛瓯

张荔红摄

　　同样一泡茶，因使用不同颜色的陶杯或瓷杯，除了茶汤的颜色明显不同外，风味也大不相同。一般来说，若要精准掌握茶汤的颜色，使用白瓷杯最好。如要让茶品韵味得以完全体现，则以陶杯较为适合。

　　现在人们常用的一般都是白瓷杯。白瓷杯以景德镇出厂的为好。其烧成温度在1 300℃左右，无吸水性，音轻韵长。能真实反映茶汤的色泽，传热保温性能适中，与茶不发生化学反应，泡茶能获得较好的色香味，且造型美观精巧，非常适合用于冲泡金骏眉。

　　一个好的白瓷杯应是形态周正，无变形；釉色光洁，色度一致，无砂钉、泡眼、脱釉和裂纹，轻叩音质清脆。

（二）茶具选择

　　我国的茶具，琳琅满目，种类繁多，造型优美。由饮茶的习俗和选用茶的种类不同，茶具的选择也有所不同。但总的发展趋势是由繁变简，由粗向精。

　　品茗之器具必须与茶相匹配。冲泡金骏眉通常可用盖杯茶盏、白瓷壶杯、紫砂壶杯等。但以宜兴紫砂壶，配以白瓷杯、搪瓷托盘为好。壶大小要如拳头、杯小要似核桃。

紫砂壶体小壁厚，烧结温度在1 000～1 200℃，质地致密，既不渗漏，又有肉眼看不见的气孔，能吸附茶汁，蕴蓄茶味，传热缓慢不烫手，冷热骤变不破裂。用紫砂壶冲泡金骏眉，不但香味醇和，而且保温性好，无熟汤味。

（三）好壶一把伴人生

对喜茶爱茶之人来说，选择一把称心如意的紫砂茶壶，是最基本的，但往往又是难以把握的事。怎样才能选取一把好壶呢？

赏外观，窥其质，更要量其实用。一般而言，应从造型、质地、壶味、精度、出水、重心、匹配等方面加以把握。

1. 造型因人而异

壶的形状各种各样，有高有矮，有圆有扁，有大有小，或呈几何形状或似果形，依个人喜好而定。自己感觉满意即可，不必与流行的模式相符。总的是：造型要别致，外观要流畅，做工要精细，泥坯要光滑，壶面没有瑕疵。

2. 新旧依实力而定

古壶稀少，价格昂贵，难以辨认；新壶雅趣，常人能购，容易把握。要依据个人的经济能力来定。

3. 铿锵轻扬质地好

泡茶用的壶，质地多样，一般是以砂为主，其中不少又可分为手砂、紫砂、铁砂等类。由于砂器具有较好的吸水性，且不透光，其外形与冷硬的瓷器相比，较为纯朴亲和。如在上面题款则更具一番韵味。所以在泡茶上，通常砂壶较之瓷壶要更受欢迎。

以茶壶的质地作为选择条件，主要是对胎骨及色泽进行观察比较，常以胎骨坚、色泽润、壶音悦耳者为佳。要想对胎骨坚硬性加以验别，不妨将茶壶置于手掌上，轻拨壶盖，听其壶声，声色铿锵轻扬者为上品；音响迟钝，劲道不足者，其导热效果则稍逊；但若音高且尖锐，则是逼热过甚所致。为保证新壶选择结果的准确性，在测验时壶体必须干净。

4. 没有异味

在选购新壶时，应注意嗅闻壶中是否存有异味。有些新壶会略带泥瓦味，通常并不会有太大影响，可以选用。但若带有火烧味或其他异味，如油味或人工着色味等杂味，则极难除净，不可取。

5. 密合度要高

密合度是指壶盖和壶身结合的紧密程度。密合度愈高愈好，否则茗香会四处散漫，难以聚集。精密度高低的鉴定方法是将水注入壶体1/3～1/2，然后用手正面压住气/孔再倾壶倒水，如果涓滴不出则表明精密度高；或以手压流口再将壶身反倒，若壶盖不坠落，也同样表明其具有很高的精密度。

6. 出水要长

壶的出水效果与壶的设计关系最为紧密。当倾壶倒水，壶内滴水不存者，则为最佳之品。试水时，一般以出水有劲，水束长而不断，圆满者为佳。

7. 重心要稳

提壶时，重心要稳，左右要匀称。我们选壶时，把壶提在手中，有时会感觉不太顺手，这除了与壶把的设计弯度及粗细程度有关外，还与壶把的受力点是否位于或接近于壶身受水时的重心有关。一般可利用注水入壶3/4左右的方法对其加以测定。若将壶水平提起然后再慢慢倾壶倒水，以感觉顺手者为好。反之，如须用力紧握壶把，否则持壶不稳，则不宜选取。

8. 壶与茶相匹配

空有好壶，没有好茶，只能摩挲，徒增手泽；空有好茶，没有适泡的壶，不仅暴殄天物，更令人徒呼可惜。因此，茶必须与壶相匹配，以匹配者为佳。一般以壶音频率的高低程度来选配茶叶，如频率较高者，适宜用之冲泡香气重的茶叶，因为香由热蕴。反之壶音稍低者较宜配泡如岩茶、铁观音等重滋味的茶。茶具中瓷器的频率高于陶器，而玻璃的频率又较瓷器为高。

9. 手工紫砂壶的分辨

紫砂壶的制作，有全手工、半手工和机制之分。最有价值的当然是名家全手工制作的，如何分辨全手工紫砂壶？

从价格方面讲，很多卖家把几百元的紫砂壶都标为全手工壶。大家千万不要上当，这样的价格是不可能买到全手工紫砂壶的，一般价格在1 000元以下的紫砂壶除个别小品壶以外，基本都不是全手工壶。

招数一：紫砂壶的印章做在壶的内壁，这样的紫砂壶基本上可以判定是全手工壶。

招数二：全手工壶是由泥片打平后，根据壶的形状切好围起成壶身（也叫身筒），身筒上会有泥片接头。壶身外的接头可以通过手工处理掉，壶内有的地方因看不到，一些工具也用不上，所以很难处理平整，用眼就可看出，如用手自上而下地摸则会感觉有个条状的皱折突起。

招数三：全手工壶内壁有自然的皱褶，半手工壶通常会有一些人工刮过的痕迹。

10. 紫砂壶的保养

紫砂壶的保养很有学问，需要讲究方法。其方法主要是：

（1）刚买的新壶，要看将用以泡哪种茶。如果讲究的话，每种茶都应有专门的壶。新壶使用前一般要开壶，目的是去除新壶的烟土味和污垢，接受茶叶的滋养。其方法是用干净的锅盛水把壶淹没，将茶叶同时放入锅内，用水煮沸，待大沸后捞出茶渣，稍候再取出新壶，置于干燥无异味处，自然阴干后即可使用。

（2）旧壶重新使用，每次用完都应将茶渣倒掉并用开水洗涤残汤，以保持清洁。

（3）注意壶内茶垢的处理。有些人泡完茶后，往往只注意去除茶渣，不注意清理壶内残余的茶汤。留存在茶壶内的茶汤随壶阴干，日积月累便形成了茶垢，如不及时维护处理，壶内就易产生异味，从而影响泡茶质量。因此，在泡茶前应以滚沸之开水冲烫茶壶。把茶渣存放在壶内养壶的方法不可取，这是因为茶渣闷在壶内易发酸变馊产生异味，有害茶壶；用之泡茶饮后，对人体健康也不利。

（4）茶壶在使用的过程中，应经常擦拭，并应不断用手抚摸。日久不仅手感舒服，而且能焕发出紫砂陶本身浑朴润雅，耐人寻味的自然光泽，即我们常说的包浆。

（5）在清洗茶壶表面时，最好是用手加以擦洗，而后用干净细棉布或其他柔细的布擦拭，再置于干燥通风又无异味处阴干。

三、选水

"扬子江中水，蒙顶山上茶""龙井茶，虎跑水""泉从石出性宜冽，茶自峰生味更圆""精泉烹雀舌，活水煮龙团"。水是茶之母，明人许次纾在《茶疏》中说："精茗蕴香，借水而发，无水不可与论茶也。"水质的好坏直接影响茶汤的质量。所以，自古茶人就非常讲究泡茶用水。

在中国古代诸多茶书中，有不少是评鉴水质的。但真正将品水艺术化、系统化的还是明人田艺蘅。他在《煮泉小品》中说："茶。南方嘉木，日用之不可少者，品固有微恶，若不得其水，且煮之不得其宜，虽佳弗佳也。"

好茶要用好水泡。茶与水的关系，就像鱼与水的关系一样亲密。明人张源在《茶录》中说："茶者水之神，水者茶之体，非真水莫显其神，非精茶曷窥其体"。明代张大复在《梅花草堂笔记》中更是明确说明："茶性必发于水，八分之茶，遇十分之水，茶亦十分矣，八分之水，试十分之茶，茶只八分耳。"宋朝时尚斗茶，对用茶之水要求之高，是现代人难以想象的。宋代江休复

《嘉祐杂志》云："苏才翁尝与蔡君谟斗茶。蔡茶精，用惠山泉。苏茶劣，改用竹沥水煎，遂能取胜。"苏才翁指的是苏轼，北宋文学家，书画家；蔡君谟指蔡襄；大小龙团始于丁谓，成于蔡襄，著有《茶录》。这些都说明选择好水在品茗艺术中的重要作用。

名茶得甘泉，犹如人得仙丹，精神顿异。无好水是不可与论茶的。

（一）贡水

有了精茶，还要有真水、妙器，加上活火，即便是自然天成、甘滑冷冽的清泉，也是皇宫茶饮重视排场、讲究气势的物品。唐文宗时有"名山递水"之举，派人从无锡惠山汲取泉水，运至陕西长安，运程远达数千里。明、清两代皇宫饮茶用水，都是用水车将北京西山玉泉水运至皇宫。

唐代宫廷茶事，处处要显示皇家气派。顾渚山的紫笋茶和金沙水为山之二宝。《万历湖州府志》记载："金沙泉在县城北四十五里，顾渚山侧碧泉涌出，灿如金星，唐宋时注以银瓶，随茶入贡。"贡水之举，大概出于臣子忠心，锦上添花。贡茶搭上贡水，自然多了一条晋升之径。

唐相李德裕嗜饮惠山泉水，不饮京城水，茶汤悉用惠山泉水。惠山泉水自陆羽品为天下第二泉后，声名鹊起。唐"水递"，宋亦充贡。张邦基《墨庄漫录》卷三记其事云："无锡惠山泉水，久留不败。政和甲午岁，赵霆始贡水于上方，月进百樽。先是以十二樽为水式，泥卵置泉亭中，每贡岁，以之为则。"

自唐代始，朝廷茶风大行，每日都要从名泉运水至宫内。到清代，水车依然进宫门。末代皇帝

吃茶望月　谢辉旺刻

溥仪退位后，依然取玉泉水为专用水。溥仪和王室人员所用的茶叶，讲究色香味，那时北京吴肇祥茶店就是为朝廷提供香片（窨茶细茶）的大户；一斤香片要价三四十金。用水仍然是用禁止民间汲用的玉泉水。每天用毛驴拉的水车上面插着一面小黄旗，仍然赶到四十里外的玉泉水山，拉了玉泉水往回赶，时近黄昏才进入神武门。

香山法海寺南麓有名曰品香泉，清代才子曹雪芹来此品茶。有一天店主鄂比问："香山七十泉，何独喜品香泉？"雪芹曰："吾尝遍七十泉，烹茶要属品香泉。"一日，鄂比要想考验曹雪芹品茶能力，请其喝茶，雪芹刚喝半碗，便问："此水取自何泉？"鄂比笑曰："品香泉。"雪芹曰："别蒙人，这茶上半碗水清味正，是品香泉，下半碗差多矣，是水源头号儿之泉。"鄂比惊叹曰："你真是茶仙再世，陆羽复生。"原来鄂比在品香泉和水源头号儿泉各灌水半壶，以试其能否辨别。自此，远近之人皆来取品香泉烹茶。后为乾隆皇帝所知，于泉畔建了行营，品香泉遂为皇家独占专用。(摘自巩志《中国贡茶》)

（二）古人择水

古人对泡茶用水的选择，讲究水要甘而洁、清活新鲜。尤其重视水源，强调用活水。唐代陆羽在《茶经·五之煮》中云："其水，用山水上，江水中，井水下。""其山水，拣乳泉、石池漫流者上。""其江水取去人远者，井水取汲多者"。就山泉水而言，明人张源在《茶录》中指出："山顶泉清而轻，山下泉清而重，石中泉清而甘，砂中泉清而洌，土中泉淡而白。流于黄石为佳，泻出青石无用。流动者愈于安静，负阴者胜于向阳。真源无味，真水无香。"高濂在《遵生八笺·茶》中言："山厚者泉厚，山奇者泉奇，山清者泉清，山幽者泉幽，皆佳品也。不厚则薄、不奇则蠢、不清则浊、不幽则喧，必无佳泉。"宋徽宗赵佶在《大观茶论》中说："水以清轻甘洁为美。"综观古人各种鉴水方法，概括起来一是看其活、二是测其清、三是试其轻、四是品其甘、五是选其洌。

一看其活。就是要用流动的水。流水不腐，没有异味。宋代唐庚在《斗茶记》中云："水不问江井，要之贵活。"胡仔《苕溪渔隐丛话》道："茶非活水，则不能发其鲜馥，东坡深知其理矣。"水虽贵活，但由于瀑布、湍流一类"气盛而脉涌"之水，缺乏中和醇厚之气，古人认为与主静的茶叶性格不合，而不宜使用。

二测其清。宋代斗茶之风盛行，强调茶汤以白为贵，这就要求水质必须无色透明，清洁无沉淀物。为了获取清洁之水，古人创造了出了许多澄水、养水的办法。田艺衡在《煮泉小品》中说："移水取石子置瓶中，虽养其味，亦可澄水，令之不淆。""择水中洁净白石，带泉煮之，尤妙，尤妙！"

三试其轻。采用衡器测量，以水轻者为佳。乾隆皇帝就曾以银斗称量天下名泉，得出北京玉泉、镇江金山寺泉、无锡惠泉三处泉水最佳。他在《玉泉山天下第一泉记》中写道："水之德在养人，其味贵甘，其质贵轻。然三者正相资，质轻者味必甘，饮之而蠲痾益寿。故辨水者恒于其质之轻重分泉之高下焉。"他特别喜爱用雪水烹茶，他认为用雪水烹茶更胜于泉水，因为雪水来自天上，比重更轻。因此，他在《坐千尺雪烹茶作》一诗云：

汲泉便拾松枝煮，
收雪亦就竹炉烹。
泉水终弗如雪水，
以来天上洁且清。

乾隆嗜茶的轶事趣闻众多，流传最广的是他八十五岁让位时的一则轶闻：当他提出要让位给太子时，一位老臣不无惋惜地说："国不可一日无君。"他却悠然地接着说："君不可一日无茶也！"退位后，他常常到设有茶亭的御花园中煮泉品茗，悠闲自得。乾隆享年八十八岁，是历史上非常长寿的皇帝，他除了有独特的养身之道外，一生嗜茶，以茶修身养性是主要因素。

乾隆每次南下江南，总要饱览名山大川的美丽风光，更要品尝江南的各种名茶。在杭州品尝"龙井茶"时，因偏爱有加，敕封当时仅有的十八棵茶树为"御茶"。品尝"君山银针"，赞誉不绝，即令当地每年进贡十八斤。福建总督献上安溪茶，得名铁观音。

乾隆不但善于品茗、鉴水，而且对茶具亦十分有研究。他认为用紫砂壶沏茶，香醇芬馨，韵味无穷，曾曰："世上茶具宜兴称为首。"

乾隆还是沏茶能手。传说他微服私访时为随从沏茶，令随从手足无措，下跪接茶吧，怕暴露身份，要是不下跪，又有违君臣礼节，大为不恭。这时，有位学士伸出右手，弯曲中食指，朝着微服的皇上轻叩几下，形似双膝下跪，叩谢圣恩。其他随从心领神会，立即妙效。乾隆见状大喜，轻声夸奖道："以手代跪，诚意有加。"

四品其甘。宋蔡襄在《茶录》中云："水泉不甘，能损茶性。"王安石有"水甘茶串香"的诗句。所谓"甘"，就是水一入口，舌与两颊之间产生甜滋滋的感觉，颇有回味。

五选其洌。就是水的温度要冷、要寒。寒冷的水，尤其是冰水、雪水，滋味最佳。这是因为水在结晶过程中，杂质下沉，较为洁净。至于雪水，更是宝贵。屠隆在《考槃余事》中云："雪为五谷之精，取之煎茶幽人清况。"现代科学证明，自然界中的水，只有雪水、雨水才是纯软水，最宜泡茶。

（三）好水标准

决定水质优势的主要因素是水的硬度。即溶于水的钙、镁含量。水质硬度大，钙、镁含量高，茶汤浸出率低，汤色泛黄，产生浑浊，茶味淡，香气降低。那么，什么样的水才能算的上好水呢？

从现代科学的角度看，适宜泡茶的水其色度不得超过15度，浑浊度要小于5度，不得有异色、异味和肉眼可见物。其化学指标：

1. 酸碱度接近中性

pH以6.5～8.5为宜。茶汤色对酸碱度的反应很敏感，用pH为7的水冲泡，茶汤自然酸度为pH4.8～5.0；若此时所用之茶为金骏眉，汤色则金黄明亮；就红茶而言，当茶汤pH＞7时，汤色因茶黄素自动氧化而晦暗；当pH＞9时，茶汤黯黑；pH＜3时，茶汤则出现混浊沉淀物。

真水无香　翁迟康书

2. 硬度低于25度

水的硬度是指溶解在水中的矿物质含量。即钙盐与镁盐含量的多少。每升水中钙镁离子总和相当于10毫克氯化钙的，称之为1度。根据硬度的大小，水又有硬水和软水之分；8度以下为软水，8～16度为中水；16度以上为硬水，30度以上的极硬水。我国南方地区的水多为软水，北方地区的水多为硬水。

水的硬度与茶汤的品质关系密切。用硬度高的水泡茶，茶汤易形成沉淀产生浑浊，同时由于硬水含有较多的钙、镁离子和矿物质，茶叶有效成分溶解度低，故茶味淡。泡茶以软水为佳。软水溶质含量少，茶叶有效成分溶解度高，汤色明亮，细腻甘甜顺滑，香气清高，能最大限度地发挥茶叶本来的特性。

3. 金属含量范围内

要求氧化钙不超过250毫克/升，铁不超过0.3毫克/升，锰不超过0.1毫克/升，铜不超过0.1毫克/升，锌不超过0.1毫克/升。如水中钙离子含量大于2×10^{-6}，茶味变涩；若达到4×10^{-6}，则茶味变苦。如水中铁离子含量过高，茶汤就会变成黑褐色，甚至浮现"锈油"，使茶无法饮用，这是茶叶中多酚类物质与铁离子作用的结果。

4. 毒理学指标不超

氟化物不超过1.0毫克/升，适宜浓度为0.5～1.0毫克/升，氰化物不超过0.05毫克/升，砷不超过0.04毫克/升，镉不超过0.01毫克/升，铬（六价）不超过0.5毫克/升，铅不超过0.1毫克/升，挥发酚类不超过0.002毫克/升，阴离子合成洗涤剂不超过0.3毫克/升。

5. 细菌指标可控内

细菌总数在1毫升水中不得超过100个，大肠菌群在1升水中不超过3个。

6. 电导率越低越好

电导率高低是衡量水质好坏的一个重要指标。电导率在100以下可视为好水。

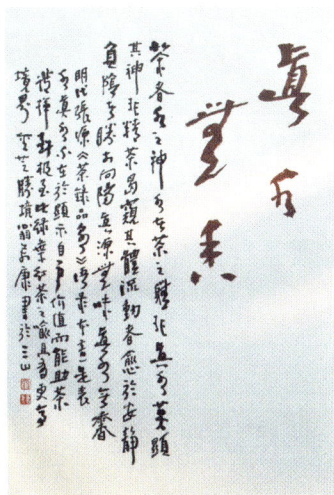

（四）宜茶用水

按照水的来源，宜茶用水可分为天水类、地水类、再加工水三大类。

1. 天水类

包括雨、雪、霜、露、雹等。立春雨水最适泡茶。明罗廪《茶解》云："梅雨如膏，万物赖以滋养，其味独甘，梅后不堪饮。"这是因为立春雨水得自然界春发万物之气，用于煎茶可补脾益气。我国中医认为露是阴气积聚而成的水液，是润泽的液气。甘露更是"神灵之精、仁瑞之泽、其凝如脂、其甘如饴"。用草尖上的露水煎茶可使人身体轻灵、皮肤润泽。用鲜花中的露水煎茶可使人容颜娇艳。

2. 地水类

（1）泉水。科学分析表明，泉水涌出地面之前为地下水，经底层反复过滤，涌出地面时，水质清澈透明。沿溪涧流淌，吸收空气，增加溶氧量，并在二氧化碳的作用下，溶解了岩石和土壤中的钠、钾、钙、镁等元素，具有矿泉水的营养成分。用之泡茶，色香味俱佳。

我国名泉总数众多，闻名遐迩的有上百处。其中公认的"十大名泉"是济南的趵突泉、镇江的中泠泉、无锡的惠山泉、杭州的虎跑泉、扬州的大明寺泉、苏州的观音泉、北京的玉泉、江西上饶的陆羽泉、庐山的招隐泉和安徽蚌埠荆山的白乳泉。

趵突泉 趵突泉位于山东济南市区中心，是以泉为主的特色园林。有"游济南不游趵突，不成游也"之盛誉。该泉位居济南七十二名泉之首，被誉为"天下第一泉"。趵突泉水分三股，昼夜喷涌，水盛时高达数尺。所谓"趵突"，即跳跃奔突之意，反映了趵突泉三窟迸发，喷涌不息的特点。"趵突"不仅字面古雅，而且音义兼顾。不仅以"趵突"形容泉水"跳跃"之状、喷腾不息之势；同时又以"趵突"模拟泉水喷涌时"卜嘟、卜嘟"之声，可谓绝妙绝佳。清代康熙皇帝南游时，曾观赏了趵突泉，兴奋之余题了"激湍"两个大字，并封为"天下第一泉"。

中泠泉 中泠泉也号称"天下第一泉"，位于江苏镇江金山西侧的塔影湖畔，原系江心激流中的清泉。金山原位于镇江市区西北扬子江的江心，被誉为"江心一朵芙蓉"。据传，唐代法海禅师在此开山得金，遂名金山。"白娘子水漫金山"的神话传说也源出于此。清道光年间，金山与长江南岸相连，中泠泉也和陆地相接。泉南镌刻着"天下第一泉"五字。中泠泉水宛如一条戏水白龙，自池底汹涌而出。"绿如翡翠，浓似琼浆"，泉水甘洌醇厚，特宜煎茶。唐陆羽品评天下泉水时，中泠泉名列全国第七，用此泉沏茶，清香甘洌，相传有"盈杯之溢"之说，贮泉水于杯中，水虽高出杯口二三分都不益，水面放上一枚硬币，不见沉底。从此中泠泉被誉为"天下第一泉"。此址历来是品茗、游览的胜地。

惠山泉 惠山泉被誉为天下第二泉，相传经中国唐代陆羽品题而得名，位于江苏省无锡市西郊惠山山麓锡惠公园内。此泉共分上、中、下三池。泉上有"天下第二泉"石刻。上池八角形，水质最好，水过杯口数毫米而茶水不溢。水色透明，甘洌可口。中池呈不规则方形，从若冰洞浸出，池旁建有泉亭。下池长方形，凿于宋代。泉水从上面暗穴流下，由龙口吐入地下。惠山泉名不虚传，泉水无色透明，含矿物质少，水质优良，甘美适口，系泉水之佼佼者。相传唐武宗时，宰相李德裕很爱惠山泉水，曾令地方官用坛封装，驰马传递数千里，从江苏运到陕西，供他煎茶。因此唐朝

诗人皮日休曾将此事和杨贵妃驿递荔枝之事相比联，作诗讥讽："丞相常思煮茗时，郡侯催发只嫌迟；吴国去国三千里，莫笑杨妃爱荔枝。"到了宋朝，二泉水的声誉更高。苏东坡向人推荐："雪芽为我求阳羡，乳水君应饷惠泉。"坐在景徽堂的茶座中，品尝用二泉水泡的香茗，欣赏二泉附近景色，听着泉水的叮咚声，实乃人生一大快事。中国民间音乐家阿炳(华彦钧)，曾在此作《二泉映月》二胡名曲，曲调悠扬，如泣如诉，更使二泉美名远播天下。

杭州虎跑泉　素以天下第三泉著称的虎跑泉位于浙江杭州西湖西南隅大慈山白鹤峰麓，在距市中心约5 000米的虎跑路上。虎跑梦泉是新西湖十景之一。虎跑泉是一个两尺见方的泉眼，清澈明净的泉水从山岩石罅间汩汩涌出，泉后壁刻着"虎跑泉"三个大字。相传，唐元和十四年（819年）高僧寰中居此，苦于无水，欲走，一夜他梦见一位神仙，告诉他说："南岳童子泉，当遣二虎移来。"第二天，果然看见"二虎跑地作穴"涌出一股泉水，故名"虎跑"。虎跑泉水色晶莹，味甘冽而醇厚。明代高濂在他的《四时幽赏录》中说："西湖之泉，以虎跑为最。西山之茶，以龙井为最。"如今，虎跑泉依然澄碧如玉，从池壁石雕龙头喷出的那股水流仍旧涓涓汩汩，不停涌出。坐到轩敞明亮的茶室中，泡上一杯热气腾腾的龙井慢啜细品，一股清香甘冽之味，透于舌间，流遍齿颊，顿感神清气爽。

扬州大明寺泉　江苏扬州大明寺，在北郊蜀冈中峰。寺内有平山堂，传为宋庆历八年（1048年）二月，欧阳修构筑，取"江南诸山，拱揖槛前，若可攀跻"之意。平山堂之后为谷林堂，系苏东坡为纪念恩师欧阳修而建。大明寺西侧，就是历来为人称颂的西园，建于乾隆元年，一称平山堂御苑。园内凿池数十丈，瀹瀑突泉，庋宛转折。由山亭入舫屋，池中建覆井亭，上置辘轳，仿效古之美泉亭。亭前建荷花厅。缘石磴而南，石隙中又有井。明僧智沧溟于此掘地得泉，即是此井。泉井侧勒"第五泉"石刻三字，为明御史徐九皋所书。旁为观瀑亭，亭后筑有梅花厅。以奇石为壁，两壁夹涧，壁中有泉淙淙。昔时剖竹相接，钉以竹钉，引五泉水贮以僧厨，西园之右，有芳圃。现在，大明寺西园新建了五泉茶社。人们在游览了蜀冈胜景之后，坐在茶社内小憩，品尝用五泉水沏泡的新茶，清香留颊，实在是一种怡人的享受。

苏州观音泉 观音泉位于江苏苏州虎丘山观音殿后，井口一丈余见方，四旁石壁，泉水终年不断，清澈甘洌，又名陆羽井。陆羽与唐代诗人卢仝评它为"天下第三泉"。此泉园门横楣上刻有"第三泉"三字，每年吸引大量游人前来游览。观音泉有两个泉眼，同时涌出泉水，一清一浊，两水汇合，泾渭分明，绝不相渗。游人到此观赏无不惊叹两泉之水："奇哉!观音泉"。观音泉既然以观音命名，当然就与观音菩萨的传说有关。民间传说此地有石身观音壁立泉上，手里的净瓶喷出两股水柱，一清一浊，清水赈济人间良善，浊水洗净尘世污垢。清代同治《汉川县志》记载："此泉岁尝一洗，洗出如脂，久始澄清，东清西浊。"

北京玉泉 玉泉在北京西郊玉泉山东麓，当人们步入风景秀丽的颐和园昆明湖畔之时，那玉泉山上的高峻塔影和波光山色立刻会映入你的眼帘。泉出石罅间，聚集为池，广三丈许，名玉泉池，池内如明珠万斛，拥起不绝。水色清而碧，细石流沙，绿藻翠荇，一一可辨。池东跨小桥，水经桥下流入西湖，为京师八景之一，日"玉泉垂虹"。玉泉，这一泓天下名泉，它的名字也同天下诸多名泉佳水一样，往往同古代帝君品茗鉴泉紧密联系在一起。明清两代，均为宫廷用水水源。清康熙年间，在玉泉山之阳建澄心园，玉泉即在该园中。据传，清帝乾隆验证了该水水质，其结果是：北京玉泉水每银斗重一两三钱；无锡惠山泉、杭州虎跑泉水均为一两四钱。证实乾隆自定评泉关键是水质轻。玉泉水含"杂质"最少，水清，质量最好，长期饮用还能祛病益寿。于是在"水清而碧，澄洁似玉"的"裂帛湖"畔，刻下了御制《玉泉山天下第一泉记》。

江西上饶陆羽泉 唐代茶神陆羽于德宗贞元初从江南太湖之滨来到信州上饶隐居。之后不久，即在城西北建宅凿泉，种植茶树。《图经》日："羽性嗜茶，环有茶园数亩，陆羽泉一勺为茶山寺。"由于这一泓清泉，水质甘甜，亦被陆羽评为"天下第四泉"。陆羽泉开凿迄今已有1200多年，在古籍上多有记载。清代张有誉《重修茶山寺记》："信州城北数武（里）岿然而峙者，茶山也。山下有泉，色白味甘。陆鸿渐先生隐于此，尝品斯泉为天下第四，因号陆羽泉。"陆羽当年在上饶隐居时开石引泉，种植茶树，在当地世代僧俗仕宦中间，产生了深远美好的影响。茶山寺、陆羽泉曾在历史上成为上饶著名胜迹，许多人为此写下了赞颂诗篇。

庐山招隐泉 招隐泉位于江西庐山观音桥风景区内三峡桥，泉水色清如碧，味甘如饴，又名"天下第六泉"。招隐泉的名字与唐代茶圣陆羽紧密相连。"招隐"二字的来历相传有二，一是陆羽曾隐居浙江苕溪，人称"苕隐"，由此演变为"招隐";另一种说法是由当时的大官吏李季卿慕名召见隐居在此的陆羽而来，因"召"与"招"同音，故人将此泉称作招隐泉。招隐泉旁旧有陆羽亭，曾是陆羽隐居煮茶的地方。据传，陆羽在此反复品评，遂将此泉定为"天下第六泉"。招隐泉为裂隙泉。泉水自基岩裂隙中流出，色清味甘，长流不竭。泉的四周砌石成井，以免水质遭受污染。

荆山白乳泉 蚌埠荆山北坡，古木参天，榴林似海。这里自古就是一处绝好的幽静之地。相传，唐代这里曾有白龟从一口泉中流出，荆山便有"白龟泉"。北宋文学家苏轼到此一游，曾以泉水烹茶煮茗，芬芳清洌，甘之如饴，泉水注入杯中，高出杯面而不溢，还能浮起铜钱，叹为观止。苏东坡赞此泉为"天下第一泉"，并留下诗篇作为纪念——"荆山碧相照，楚水清可乱""龟泉木杪出，牛乳石池漫"，为此泉留下了千古佳句。后人据此将泉名改为"白乳泉"。白乳泉边生一巨

趵突泉

苏州观音泉

中泠泉

北京玉泉

惠山泉

江西上饶陆羽泉

杭州虎跑泉

庐山招隐泉

扬州大明寺泉

荆山白乳泉

朴，古朴苍劲，树冠如盖，枝繁叶茂，盛夏之际荫翳蔽日，覆盖道院，清幽宜人。朴树侧旁有一株高大梧桐，岁在百龄之上。树下建有双顶金瓦泉亭。当代著名书法家林散之先生1987年题写了"天下第七泉"。每当盛夏，七月榴花红似火，清凉幽静的白乳泉更是人们向往的旅游休闲度假好去处。

（2）江、河、湖水。均属地表水，含杂质较多，混浊度较高。一般说来，江、河、湖水沏茶难以取得较好的效果，但在远离人烟、植被生长繁茂、污染较少之地的江、河、湖水，仍不失为沏茶好水。正如唐陆羽所言："其江水，取去人远者"，就是这个道理。

（3）井水。井水为地下水。国土资源部2013年4月20日公布的《2012年中国国土资源公报》显示，全国198个地市级行政区开展了地下水水质监测工作，监测点总数为4 929个，其中国家级监测点800个。依据《地下水质量标准》，综合评价结果为：水质呈优良级的监测点为580个，占全部监测点的11.8%；水质呈良好级的监测点为1 348个，占27.3%；水质呈较好级的监测点为176个，占3.6%；水质呈较差级的监测点为1 999个，占40.6%；水质呈极差级的监测点为826个，占16.8%。主要超标组分为铁、锰、氟化物、"三氮"（亚硝酸盐氮、硝酸盐氮和铵氮）、总硬度、溶解性总固体、硫酸盐、氯化物等，个别监测点存在重（类）金属项目超标现象。与上年度比较，有连续监测数据的水质监测点总数为4 677个，分布在187个城市，其中水质综合变化呈稳定趋势的监测点有2 974个，占监测点总数的63.6%；呈变好趋势的监测点有793个，占17.0%；呈变差趋势的监测点有910个，占19.55%。

井水由于缺乏流动，内含有大量的碳酸氢钙和碳酸氢镁，硬度大，水质差，且易被地面污染物污染，所以一般不宜用于泡茶。如果要用井水泡茶，宜取深井之水。因为深井之水虽也属地下水，但在耐水层的保护下，不易被污染；同时经高温煮沸，除去沉淀，使水质软化洁净，同样也能泡得一杯好茶。

（4）自来水。一般采自江、河、湖水，经过净化处理后符合饮用水卫生标准。目前，城市的自来水往往用加氯的办法来杀灭细菌，但余氯会与水中的有机物结合生成二氯甲烷等有害物质。同时，还因为自来水中有多余的氯气，而使自来水带有一种异味，它会影响茶的汤色和香气，对沏茶是不利的。因此，可将自来水注入洁净的容器，让其静置24小时，使氯气挥发，并适当延长沸腾时间，也可收到较好的效果。用自来水泡茶最好的办法是，在煮水的容器内置1～2节竹炭与自来水一起煮，能吸收异味、净化水质，达到理想的泡茶效果。

竹炭一般选择高山五年以上生的毛竹为原料，是一种经特殊工艺高温烧制而成的炭。竹炭的最大特性是分子结构呈六角形，质地坚硬，细密多孔，具有超强的吸附性。目前初步研究表明，竹炭对污水中的色度和浊度以及化学耗氧量（COD）去除效果明显；对污水中总氮的去除率近100%；对污水中有机磷农药的去除有一定效果，对水体中乐果的去除效果达70%，对甲基硫磷达60%，可完全吸附自来水中的余氯，分解三卤甲烷的毒素，净化水质，使水质呈弱碱性，用之泡茶甘甜、醇厚。

3. 再加工水类

主要指经过再次加工而成的纯净水和蒸馏水等。所谓纯净水是将水经过机械过滤，活性炭净化，超滤或离子交换，反渗透，臭氧杀菌和微粒过滤后出来的水，这种水含有氧，对细胞亲和力

好水　丁李青摄

强，有促进新陈代谢的功能，能消除人体内未消化的油腻和血管上的血脂。该水也称活化性水，用之泡茶可谓是好水。蒸馏水是用蒸馏的方法除去水中原本含有的重金属离子、细菌和病毒，而对非金属离子，如氯以及其他放射性物质和部分化学物质及有机物难以全部消除。同时，在高温下，水中溶解的氧气也全部被清除，使水失去活性，一般不宜泡茶。

（五）武夷山水串茶香

"千岩竞秀，万壑争流。美哉山河，真人世之希靓也。"这是南朝诗人顾野王赞美武夷山的诗句。武夷山因其得天独厚的地理环境、地质地貌以及保护极好的、未遭人为污染破坏的自然生态，自古以来适合烹茗的山泉比比皆是。元代赵若对位于四曲溪南御茶园内的呼来泉有诗云："石乳沾余润，云根石髓流。玉瓯浮动处，神入洞天游。"道人张三丰曾经过此泉，饮用该水，惊叹地称道："不徒茶美，亦此水之力也。"吴拭是明代有名的品茶鉴水之士，曾试采山茶用"松萝法"制作，汲虎啸岩下之语儿泉烹茶，汤色鲜美，带云石而复有甘软气。故云"浓若停膏，泻怀中，鉴毛发，味甘而博，啜之有软顺意。"语儿泉因泉水流淌之声轻快清脆，好像乳婴牙牙学语之音，而名语儿。沈宗敬有诗云：

> 夜半听泉鸣，
> 如与小儿语。
> 语儿儿不知，
> 滴滴皆成雨。

武夷山泉大多出自岩石重叠的山峦，它溶解了岩石中的矿物质，悬浮物含量极低，富含二氧化碳和多种对人体健康有益的微量元素，加之岩层的过滤作用，水质晶莹清静，氧气含量高，无污染，有活性。经有关部门检测，其耗氧量平均为2、pH 6.9、总硬度5.1、电导率平均在30以下，挥

发酚类、氰化物、铅、砷、汞、铬、镉等未检出，具有矿化度低、电导率低等特征，对人体健康十分有利，是泡茶之用的好水。用之冲泡金骏眉，甘甜醇厚、汤色金黄、清澈明亮、气味芳香，特别能显示金骏眉卓越的品质特征。

陆羽在《茶经》中言："烹茶于所产处无不佳，盖水土之宜也。"说的是用当地的山泉水冲泡当地出产的茶，能最大限度地展示茶的本性，这是由于水与茶生长环境的水土能相适宜。很多消费者在产地品茶时感觉很好，离开产地就再也找不到感觉，其原因就在此。

徐𤊹《茗潭》云："名茶难得，名泉尤不易寻，有茶而不瀹以名泉，犹无茶也。"说的是名茶与名泉是相得益彰的。

"双泉"是桐木的名泉。它水质甘软，能鉴毛发，可承托一角硬币。用之冲泡正山堂金骏眉，令人回味无穷，实为上品。

桐木"双泉寺"，因寺内观音莲花座下有两口优质泉井而得名，它始建于明朝正统年间，距今已有700多年，位居福建、江西两省交界处桐木关的东面，海拔1 535米，寺内原有观音殿、大佛殿、罗汉殿、弥勒殿等，寺貌壮严，香火旺盛，后毁于战火，现为20世纪80年代初期温长秀居士募捐所建。"双泉寺"风光秀丽，周边也种茶，其茶品质优。

老等作

唐无名氏茶诗　陈欣书　　　苏东坡《詠茶》　叶韶霖书

清泉流玉

四、煮汤

　　选择了适合泡茶的水，用火控制好泡茶的水温非常重要。水温是影响茶叶水溶性物质溶出比例和香气成分发挥的重要因素。一般而言，泡茶水温与茶叶中有效物质在水中的溶解度成正比，水温愈高，溶解度愈大，茶汤愈浓；反之，水温愈低，溶解度愈小，茶汤也就越淡。

　　水温有"老""嫩"之分，过"嫩"或"老"均冲泡不出一泡好茶。这与煮水过程中矿物质离子的变化有关。过"嫩"，水中的钙、镁离子由于沉淀不够，会影响茶汤的滋味；过"老"，由于久沸的水其碳酸盐分解时，溶解在水中的二氧化碳气体完全散失，会减弱茶汤的鲜爽度。因此，要泡好一壶好茶，就必须严格掌握水温；具体的应是急火猛烧，待水煮到纯熟即可，切勿文火慢煮，久沸再用。若为铁壶，则另当别论。

　　真金不怕火来炼，好茶不怕开水泡。正山堂金骏眉宜用沸水冲泡。好水、沸水、快出水，是冲泡正山堂金骏眉的要诀。

　　什么是沸水，唐代茶圣陆羽在《茶经》中云："其沸，如鱼目、微有声，为一沸；边缘如涌泉连珠，为二沸；腾波鼓浪为三沸；以上水老，不可食也。"很多人钓鱼，都喜欢打窝。用钓鱼打窝理论，指导冲泡茶叶，形象直观，容易把握、效果好。在通常情况下，为吸引鱼群，一般要先用饵料打窝，当鲫过来觅食时，水面会浮现细小的水泡，此时壶中的水温在80℃左右，适宜冲泡绿茶和花茶；当水面浮现较大连珠状水泡时，如鲤觅食，此时泡茶的水温在100℃，即为沸水，适宜用之冲泡正山堂金骏眉。

　　冲泡正山堂金骏眉"坐杯'时间不能长，应快出水，前三泡一般应掌握在3～5秒。"坐杯"时间过长，茶汤色泽变褐，香气低浊，从而影响茶叶活性和优良品质的发挥。

回味 许伟民摄

五、品鉴

　　"品茶评茶有学问，看色闻香比喉韵。"鲁迅先生说："有好茶喝，会喝好茶，是一种清福，不过要享这清福，首先必须有工夫，其次是练出来的特别的感觉。"他在《喝茶》这篇杂文中还说了这样一件事："一次，买了二两好茶叶，开始泡了一壶，怕它冷得快，用棉袄包起来，却不料郑重其事地来喝的时候，味道竟与一向喝着的粗茶差不多，颜色也很重浊。发觉自己的冲泡方法不对。喝好茶，是要用盖碗的，于是用盖碗。果然，泡了之后，色清而味甘，微香而小苦，确是好茶叶。但是，当时正写着《吃教》的中途，拿来一喝，那好味道竟又不知不觉地滑过去，像喝着粗茶一样了。于是知道，喝好茶须在静坐无为的时候，而且品茶这种细腻锐敏的感觉得慢慢练习。"赵朴初先生说："饮茶之道亦宜会，闻香玩色后尝味。"好茶是要品的，必须细品慢咽，悠然才能自得。

张荔红摄

（一）金骏眉冲泡方法

泡茶必须讲究方法。清代袁枚在《随园食谱》中云："余向不喜武夷茶，厌其浓苦如饮药。然丙午秋，余游武夷，到曼亭峰、天游寺诸处。僧道争以茶献，杯小如胡桃，壶小如香橼，每斟无一两，上口不忍遽咽，先嗅其香，再试其味，徐徐咀嚼而体贴之，果然清芬扑鼻，舌有余甘，一杯之后，再试一二杯，令人释躁平矜，怡情悦性，始觉龙井虽清而味薄矣，阳羡虽佳而韵逊矣，颇有玉与水晶品格不同之感。故武夷享天下盛名，真乃不忝，且可以冲至三次而其味犹未尽。"这是袁枚不懂武夷茶泡饮方法而不喜武夷茶，而僧道献茶以较适合的泡饮法很快改变了袁枚对武夷茶的看法并高度评价，说明泡茶方法正确与否的重要性。

茶叶冲泡的方法很多。正山堂金骏眉一般宜采用传统的壶杯法和盖杯法进行。

1. 壶杯法

壶杯法的茶具较为讲究，有"品茶四宝"及附属的茶盘、茶托等。具体方法是：先洗净茶具，用风炉以榄核、蔗渣或硬炭为燃料，用玉书煨炖水，水开先烫壶，烫后向内加入茶叶。随即以开水沿壶内壁徐徐冲之，需满壶略溢，持壶盖括去泛面的泡沫，并以开水冲洗壶盖后盖上，再以开水淋洗壶表，起洁净、加温作用。然后，取一较大的中杯注入开水，将四小杯放入，一一旋转烫热取置于盘。3～5秒钟后，将壶中茶汤均匀巡回倒入四小杯中，务使茶汤浓淡均匀。品评者以拇、食二指扶杯边，中指托杯底，移至鼻前闻香，稍离后再闻，以欣赏香之奥秘，后徐试其味，不能一口吞下，要"啜英咀华"。

香杯茗气恕沸水五好

周光辉书

　　这种方法适用于需高温冲泡的茶类，如铁观音、大红袍、冻顶乌龙、正山小种红茶等，它可同时体会闻香、尝味、观色、赏形以及从煮水、取茶、温壶、置茶、冲泡过程的乐趣。

2. 盖杯法

　　家庭冲泡一般宜采用本法。该法简便，适合各类茶的冲泡。

　　（1）将新鲜的水煮开。泡茶之水要用水质新鲜，无色无味，含氧量高，含镁钙低的"软水"。最好是山泉水，市售纯净水亦可，但以使用武夷山自然保护区一带的山泉水及水源地为杭州千岛湖所产的"农夫山泉"为最佳。家中的自来水一般不可直接用于泡茶，需经过相应的净水器等设备处理方可泡茶。两度煮沸的水、保温瓶内的水、持续沸腾的水，由于水中的空气已减少，继续使用会影响茶叶特有香气的发挥，使茶汤混浊、色泽变暗，适口性降低，一般不宜使用。新鲜水以沸腾后持续半分钟使用最佳。

　　（2）预热盖碗、公道杯和茶杯。茶叶诱人的香气要借助热气才能散发出来，如果将煮沸的水直接注入冰冷的盖碗，泡好后再倒入冰冷的茶杯，热度会大为降低，使香味难以很好地挥发出来。故在冲泡前应将盖碗以热水烫过，并在茶杯中盛以热水，待茶叶快冲泡好时，将杯中的水倒掉，再注入泡好的茶汤。

　　（3）取适量的茶叶置入盖碗。红茶原则上以3克左右为宜，东方美人4克、铁观音5克，岩茶以7克左右为好，冲水量以150毫升为宜。

　　（4）将沸腾的热水注入盖碗。正山堂金骏眉品质好，高沸点化合物较多，且氧化聚合的茶多酚更多，高温冲泡方可挥发出其独特的香气。首泡以3～5秒出汤为好。若冲泡时间过长，茶叶中的单宁酸和儿茶素会大量浸提释放出来，使茶汤变得苦涩。若冲泡时间太短，茶叶中的氨基酸释放量不足，则又泡不出正山堂金骏眉特有的韵味。

　　（5）在公道杯中放置茶滤，以过滤茶叶渣。把泡好的茶从公道杯里倒入杯中，就可以享用。

（二）金骏眉品鉴

　　品茶当品韵。所谓韵，明人陆时雍《诗镜总论》云："有韵则生，无韵则死；有韵则雅，无韵则俗；有韵则响，无韵则沉；有韵则远，无韵则局。物色在于点染，意态在于转折，情事在于犹夷，风致在于绰约，语气在于吞吐，体势在于游行，此则韵之所由生矣。"

有人把茶比作为音乐。一款好茶就是一首美妙的音乐，它带给你的是舌尖上的音乐享受。茶之清雅的本性，就像《幽谷清风》，幽婉深邃，逶迤舒雅，仿佛带你穿越时空，徜徉在大自然，与山水茶展开面对面的对话。如此山水之音，只有细心感悟，方能体味。

1. 品鉴要得法

品茶有三种境界，一曰得味；二曰得韵；三曰得道。所谓"得味"，指的是通过茶的色、香、味、形，辨别茶的种类、品种、优劣、新陈，它属于茶叶审评学研究的范畴。所谓"得韵"，指的是通过品茶等茶事活动，使人获得感官上的愉悦和精神上的享受，它属于茶艺学研究的范畴。所谓"得道"，则是品茶的最高境界，即所谓的"茶道即人道"。

中国茶文化博大精深，源远流长。以茶为媒，把品茶作为修身养性、愉悦心理、感悟人生、体验人生、传播文化的载体，自古有之。

唐代著名诗僧皎然在《饮茶歌·诮崔石使君》诗中言："一饮涤昏寐，情来爽朗满天地；再饮清我神，忽如飞雨洒轻尘；三饮便得道，何须苦心破烦恼。此物清高世莫知，世人饮酒多自欺。……熟知茶道全尔真，唯有丹丘得如此。"

周作人先生认为：茶道的思想，用平凡的话来说，可以称为"忙里偷闲""苦中作乐"，在不完全现实中享受一种美与和谐，在刹那间体会永久。当代茶圣吴觉农先生在《茶经述评》中说：茶道是把茶视为珍贵的、高尚的饮料，饮茶是一种精神上的享受，是一种艺术，或是一种修身养性的手段。庄晚芳先生则认为：茶道就是一种通过饮茶的方式，对人们进行礼法教育、道德修养的一种仪式。

品茶必须讲究方法，正确的品茶方式是：用眼观茶叶的汤色，用鼻嗅茶汤的香气，用舌尝茶汤的滋味，用心悟茶后的感受。

"玲珑玉书徐徐张，精致若琛浅浅啜。""品"为三个"口"。品茶，就一杯茶而言，哪怕杯小如核桃，也必须分三口喝。一口为尝，二口为回，三口为品；每口茶汤的量以5毫升左右为宜，过多感觉满口是汤，口中难以回旋辨味；过少又觉得口空，不利于辨别。

2. 具体细节

一是要观看汤色；二是要闻其香。热嗅茶香，温嗅香质，冷嗅持久；汤中闻气香，杯盖闻茶香，杯底闻留香。气香、茶香、杯底香，是品鉴正山堂金骏眉的要诀也。三是要品其味。把茶汤吸入口内，舌尖顶住上层齿根，嘴唇微微张开，舌根向上抬，使茶汤摊在舌的中部，再用腹部呼吸从口中慢慢吸入空气，使茶汤在舌上微微滚动，连续吸气二次后辨出滋味。茶汤温度以40～50℃最为适宜。茶叶的投放量，因茶的种类不同而有区别。金骏眉一般以3克为宜，注水量以150毫升左右为好。茶多味浓，茶少味淡，具体要因人而定。一般不要过淡，但也不要过浓。

（三）红茶饮用

红茶饮用的方法有上百种之多，但归纳起来主要可分为清饮和调饮两种。清饮指的是将茶叶放入茶壶中，以沸水注入冲泡，然后再置入茶杯中细细品尝。调饮则指将茶叶放入茶壶后，加沸水冲泡，倒出茶汤于茶杯中，再加入奶或糖、柠檬汁、蜂蜜等，成为风味各异的红茶。红茶之所以迷人，不仅仅是由于它色艳味醇，更主要的是它收敛性好，性情温和，故广交能容。正山小种红茶香气独特，浓郁带甜，有桂圆的干香，醇厚甘爽，既可清饮，也可调饮。正山堂金骏眉适宜清饮。

（四）茶叶冲泡到底要不要"洗"

现代人也不知从啥时候开始，把冲泡茶叶的第一道汤倒掉，谓之"洗茶"，这是不可取的。茶叶专家吕维新分析认为："*很有可能是把宋人采制过程中的洗茶，混淆为饮用过程的洗茶，故仿而效之。*"自号"懂百艺"的宋徽宗赵佶在《大观茶论》中曰："*饮而有砂者，涤濯之不精也。*"宋代赵汝砺在《北苑别录》中云："*茶既熟，谓茶黄，须淋洗数次，方入小榨以去其水，又入榨出其膏。*"以上两处讲的都是在采制过程中的洗茶工序，而不是现在的将冲泡茶叶的第一道汤倒掉的"洗茶"。福建农林大学教授詹梓金说："*乌龙茶无需洗茶。'洗茶'给人以不卫生的感觉。*"乌龙茶尤其是武夷岩茶大红袍在炒青时，锅温在200℃以上；焙火时，温度也在100℃以上，且足火、炖火时间长达几个小时，又经风选、扬颠，干净卫生，所以不用洗茶。正山小种红茶虽然没有杀青工序，但要过红锅，毛火、足火的温度同样也要在100℃以上，且要持续较长时间，不存在细菌污染问题，可大胆放心饮用。正山堂金骏眉制作不但精细而且考究，关键程序都在高温条件进行，无需冲洗，第一泡即可饮用。

茶浓茶淡茶有情。以茶喻人，古来有之，精辟莫过于苏轼"从来佳茗似佳人"。尘封的茶叶就像熟睡的少女，如陡然惊醒她，少女一时半会肯定难以适应。为冲泡出一壶好茶，在一般情况下，先予进行醒茶。

所谓"醒茶"是让沉睡或尘封的茶叶通过与空气和水分的接触苏醒过来，吸收天地人气，重新焕发出茶叶的本质，以便冲泡饮用，这对后续的冲泡有直接的影响。醒茶得当，能使所泡之茶香滑不涩，好入口。

醒茶宜缓，不宜急。正确的醒茶方式是将长嘴壶稍稍提起，沿茶壶（盖碗）内壁徐徐旋转，慢慢注水。冲水量以满不溢为宜。醒茶之汤，由于茶味相对较淡，一般不用于直接品饮，仅作烫杯之用。如要直接用于饮用，应相对延长茶叶的坐杯时间，以增强茶汤的浓度。

不同茶类，其醒茶的方法是不尽相同的。冲泡黑茶、青茶、红茶的时候，其方法是从保存状态取出，放入冲泡器皿中，用100℃的沸水来醒茶；相对嫩度较高的绿茶、白茶、黄茶醒茶方法是从冷藏保存中取出，放入高温烫过的冲泡器皿中，再用85℃左右的开水醒茶。正山堂金骏眉宜用100℃的沸水直接进行醒茶。

玖

茶通天地续文化

正山堂茶经

金骏眉

ZHENGSHANTANG CHAJING

JINJUNMEI

茶既是饮品，也是文化符号。以茶为载体，通过文字、书画、歌舞等形式，并与琴棋书画诗酒互为渗透、融为一体，形成了罕见独特而又历久弥新的中华茶文化。它表达了茶叶与人类生存密不可分的渊源关系，揭示了我国劳动人民铸造辉煌、憧憬未来的聪明才智与美好愿望，丰富了中华传统文化的内涵。

茶文化作为中华传统优秀文化的重要组成部分，有厚重的内涵、传承的载体和流动的血脉；犹如穿越千古风霜的耆老，又似充满青春活力的少壮；融知识性、趣味性、艺术性为一体，高远、典雅，具有鲜明的神韵、意境和情趣，带给人们的是感染力、感召力和心灵的震撼。茶文化的最大的功能是让人类走出丛林、步入文明，又使人生复归丛林、享受身处其间的快乐。大力弘扬茶文化，对提高人们生活质量、丰富业余生活；倡导文明新风、构建和谐社会；促进开放、推动国际文化交流等方面都具有十分重要的作用，现已成为时代之盛，时尚之魂，时运之帆。

文化是世代累积沉淀下来的习惯和信念，其核心是价值观体系。是文化让我们感知思想、观念和灵魂的力量。千载儒释道，万古山水茶。武夷山是世界红茶和乌龙茶的发源地，茶文化博大精深。正山堂根植于武夷山这块千百年来形成的得天独厚、丰富的人文地理环境，立足正山小种红茶四百多年历史文化的传承积累与深耕，以茶为友，以茶交友，以茶会友，不断总结汲取，融合创新，形成了有自己特色的茶文化体系，其内容涵盖方方面面，有茶诗、茶歌、茶著、茶艺、茶联、茶书画、茶摄影、茶科技、茶培训、茶旅游、茶饮食、茶养生，茶博物馆等。

一、正山堂茶艺

有人说："茶叶是植物，离开了文化，就是树叶。"他道出了茶叶的精神属性。的确是文化让"茶"彰显出了韵味，上升成了精神层面的东西，体现了更高层次的价值。

品茶当品韵。茶艺作为茶文化的一个范畴，是以茶文化的思维、观念作黏合剂和催化剂来体现茶韵的载体。没有茶艺，就没有茶韵的基石。

为彰显正山堂金骏眉"金贵之茶犹如骏马奔腾"之魅力，2010年"游离在茶界的非茶人"徐庆生先生博采众家茶道之长，编撰整理出了融武夷山、水、茶，儒家、道家、佛家三教文化思想元素为一体，能体现"金骏眉"自身品质特征、生长环境、名称内涵以及正山堂茶人精气神的与众不同，独具特色的红茶茶艺表演文化。它改变了长期以来红茶茶艺表演形式单一、内容简单的缺憾，为丰富红茶文化，起到了积极的推动作用。

（一）十八道表演工序

正山堂红茶表演艺术，分营造进入茶境、欣赏冲泡技巧、演义品饮艺术、展示茶礼茶仪四个部分，由恭请嘉宾、焚香静气、妙曲轻歌、目睹雄姿、活煮山泉、孟臣淋霖、若琛出浴、迎骏入宫、徐徐注水、刮沫淋眉、封壶温杯、玉液回壶、一江春水、点石成金、三龙护鼎、鉴赏玛瑙、喜闻华香、一试佳茗、百味凝香、再斟流霞、啜玉含珠、三斟玉乳、寻香探味、尽杯谢茶、九九归一、送客话别等二十七道程序组成。后又在此基础上，经过提炼，浓缩为现在的十八道工序：

第一道：恭请嘉宾，焚香静气

"一杯春露暂留客，两腋清风几欲仙。"中国是世界公认的文明古国，有着深厚的文化底蕴和珍贵的历史古迹。它不仅是礼仪之邦，也是茶的原产地和茶文化的发祥地。自古以来就有"客来敬茶"的优良传统。焚香静气，是点燃檀香，营造幽静，让茶友在芬芳的馨香里，回归自然，唤醒心中最真实的感受。

第二道：妙曲轻歌，活煮甘泉

"聆妙曲、品佳茗，金盘盛甘露，缥缈人间仙境；观五俗、赏绝艺，瑶琴奏流水，悠游世外桃源。"品茶是精神享受，一曲轻歌能使品茗者进入高雅的精神境界。"集山水之灵气，品嘉木之幽香"，意思是说好茶配好水，方能相得益彰。泡茶宜用山泉水。活煮仙泉，即用旺火来煮沸壶中的山泉水。

第三道：初探白瓯，若琛出浴

"初探白瓯"即烫洗白瓷盖碗，使之盖碗温度提高。"若琛出浴"即烫洗茶杯，若琛为清初景德镇制瓷名匠，以善制茶杯而名，后人就把名杯喻为若琛。山泉之灵性第一次与白瓯之皎洁相邂逅，让茶多了一份初见的美好。

第四道：目睹雄姿，迎骏入宫

正山堂金骏眉因条索紧秀，微带弯曲，有骏马奔腾之势。目睹雄姿是让大家欣赏正山堂金骏眉干茶的条形，感受其品质特征。迎骏入宫，将正山堂金骏眉送入盖碗内。骏，马也，在这里喻指金骏眉。

第五道：徐徐注水，骏眉初展

以茶喻人，古来有之，精辟莫过苏轼"从来佳茗似佳人"。茶就像熟睡的少女，不忍陡然惊醒，影响芳颜。所以，茶叶冲泡时应先进行醒茶。醒茶宜缓，不宜急。徐徐注水即沿盖碗旋转缓慢注入沸水进行醒茶。正山堂金骏眉以眉芽为原料，做工精细；注水后眉芽慢慢展开，犹如少女舒展的眉毛，称为"骏眉初展"。

第六道：玉液回壶，水绕茶香

把泡出的茶水倒入公道杯，我们称之为"玉液回壶"，目的是使茶水里的所有成分可以在公道杯中交融静置，让茶的香味与气韵转化到最和谐的状态。

第七道：一江春水，点石成金

"一江"暗喻正山堂江氏家族，一江春水是指将茶汤快速而均匀地依次注入茶杯。斟茶到最后改为点斟，将茶汤均匀地依次倒入品茗杯中。我们形象地称之为"点石成金"，象征着向嘉宾行礼致敬。

第八道：捧杯敬茶，众手传盅

捧杯敬茶先是向右侧的第一位客人行注目点头礼后把茶传给他，并依次将茶传给下一位客人。通过捧杯敬茶众手传盅，让这一杯茶融入大家的心田，使气氛更为温馨、融洽。

第九道：三龙护鼎，鉴赏金圈

三龙护鼎即用拇指、食指扶杯，中指托住杯底。三根手指喻为三龙，茶杯如鼎。这样的端杯姿势称为"三龙护鼎"。"鉴赏金圈"，就是端起杯子，察看茶汤的颜色。正山堂金骏眉品质优异，茶黄素含量高，汤色金黄清澈，有金圈。

第十道：喜闻花香，一试佳茗

"欲访踏歌云外客，注烹仙掌露花香。"观色闻香之后，开始品茶之味。正山堂金骏眉是当代中国顶级红茶品质的象征，是公认的"佳茗"。

第十一道：再注甘露，封瓯流香

在盖碗中注入沸水，让正山堂金骏眉的香气在盖碗中流连穿梭。

第十二道：再斟流霞，二探花香

即斟第二道茶。流霞即仙酒。唐李商隐有"只得流霞泛一杯"的诗句，喻茶胜若仙酒。正山堂金骏眉经过第二次的冲泡，水、香、味似果、蜜、花之综合香型，更添韵味。

第十三道：啜玉含珠，喉底留甘

"啜玉含珠"是范仲淹《斗茶歌》中的诗句，在这里是指品饮正山堂金骏眉宜小口品啜，让茶汤在舌部反复滚动数次，与舌部味蕾充分接触，然后以口吸气，以鼻呼气，徐徐咽下顿觉满嘴生津，齿颊留香，令人神清气爽。

第十四道：寻香探味，沁人心脾

轻闻杯底，正山堂金骏眉杯香持久、沁人心脾，仿佛使人置身于森林幽谷之中。

第十五道：君子之交，水清意远

古人云"君子之交淡如水"，而那淡中之味恰似在饮茶之后，喝一口白开水。缓缓咽下，回味红茶的甘甜饱满，领悟平淡是真的意境。

第十六道：骏马驰骋，生活本色

骏马驰骋即观赏叶底，有骏马驰骋之势。让客人观看正山堂金骏眉芽头的原形，回到茶的自然本质。

第十七道：再赏余韵，俭清和静

正山堂金骏眉可以连泡12次，口感饱满甘甜，芽尖鲜活，秀挺亮丽。必须静心地去感悟，进入"神游三山去，何似在人间"的妙境。在宁静中放下尘世放下自我，去尝试和自己的内心对话，去感受俭清和静。

第十八道：宾主起立，尽杯谢茶

正山小种红茶早在清代就誉满欧美，尤为英国皇室所珍爱，英吉利人云："凡以武夷茶待客者，客必起立致敬。"尽杯谢茶就是茶客起身喝尽杯中之茶，以谢茶人栽制佳茗的恩惠。

（二）茶艺表演要领

在整个表演过程，茶艺表演者应注意神，展示美，体现质，把握匀，贵在巧。

1. 注意神

神是茶艺的精神内涵，是茶艺的生命，是贯穿整个沏泡过程中的连接线。要求茶艺表演者无论

第一道：恭请嘉宾，焚香静气

第二道：妙曲轻歌，活煮甘泉

第三道：初探白瓯，若琛初浴

第四道：目睹雄姿，迎骏入宫

第五道：徐徐注水，骏眉出展

第六道：玉液回壶，水绕茶香

第七道：一江春水，点石成金

第八道：捧杯敬茶，众手传盅

第九道：三龙护鼎，鉴赏金圈

第十道：喜闻花香，一试佳茗

第十一道：再注甘露，封瓯流香

第十二道：再斟流霞，二探花香

第十三道：啜玉含珠，喉底留甘

第十四道：寻香探味，沁人心脾

第十五道：君子之交，水清意远

第十六道：骏马驰骋，生活本色

第十七道：再赏余韵，俭清和静

第十八道：宾主起立，尽杯谢茶

是脸部的表情、神态、光彩，还是思维、心理、状态都要有神。要尽表深情实意，给人以感染力。

2. 展示美

欣赏沏泡技艺，应给人一种美的享受，包括境美、水美、器美、茶美和艺美。茶的沏泡艺术之美表现为仪表之美与心灵之美。仪表之美是沏泡者的外表，包括容貌、姿态、风度等；心灵之美是

指沏泡者的内心、精神、思想等，通过沏泡表演者的设计、动作和眼神表达出来。在整个泡茶过程中，表演者始终要有条不紊地进行各种操作，双手配合，忙闲均匀，动作优雅自如，全神贯注，要忘却俗务缠身的烦恼，以茶陶冶情操，修身养性。

3. 体现质

品茶的目的是欣赏茶的质量。品茶之人对茶的色、香、味、形要求都很高，总希望喝到一杯好茶。因此，表演者事先要了解懂得正山堂金骏眉的茶性，从容沏泡，能连贯而下。

4. 把握匀

茶汤浓度均匀是沏泡技艺的功力所在。用同一种茶冲泡，要求每一杯茶汤的浓度均匀一致，这就必须练就凭肉眼能准确控制茶与水的比例，不至于过浓或过淡。

5. 贵在巧

沏泡技艺能否巧妙自如运用，是沏泡者的水平。要做到巧，就必须熟练掌握沏茶的技艺，领悟泡茶的精髓，这样方能成"巧"。

二、正山堂之歌

静观幽兰　王国正作

茶歌是由茶叶生产、饮用这一主体文化派生出来的一种茶叶文化现象。从现存的茶史资料来说，茶叶成为歌咏的内容，最早见于西晋的孙楚《出歌》，其称"姜桂茶荈出巴蜀"。这里所说的"茶荈"就是指茶。

茶歌的来源，一是由诗为歌。也即由文人的作品而变成民间歌词的。茶歌的另一种来源，是由谣而歌。民谣经文人的整理配曲再返回民间。茶歌的再一个来源也是主要的来源，即完全由茶农和茶工自己创作的民歌或山歌。

江西、福建、浙江、湖南、湖北、四川各省的方志中，都有不少茶歌的记载。这些茶歌开始未形成统一的曲调，后来，孕育产生出了专门的"采茶调"，以致使采茶调和山歌、盘歌、五更调、川江号子等并列，发展成为我国南方的一种传统民歌形式。当然，采茶调变成民歌的一种格调后，其歌唱的内容，就不一定限于茶事或与茶事有关的范围了。

在我国有不少以茶为主题的和与茶相关的歌曲，如《采茶歌》《请茶歌》《茶山小调》等。从茶歌的历史上来看，茶歌大都是劳动人民创造的口头文艺形式，并以口头形式在民间流传，它具有广泛的群众基础。如清代流传在江西，每年到武夷山采茶制茶的劳工中的歌，就是完全由茶农和茶工自己创作出来的山歌。茶歌的大意是：

> 清明过了谷雨边，背起包袱走福建。
> 想起福建无走头，三更半夜爬上楼。
> 三捆稻草搭张铺，两根杉木做枕头。
> 想起崇安真可怜，半碗腌菜半碗盐。
> 茶叶下山出江西，吃碗青茶赛过鸡。
> 采茶可怜真可怜，三夜没有两夜眠。
> 茶树底下冷饭吃，灯火旁边算工钱。

歌词既反映了江西茶农为了生计远走福建的艰辛和无奈，也反映了武夷茶生产的繁荣。同时，也透射出了武夷（崇安）茶品质的优异。"吃碗青茶赛过鸡"就是武夷岩茶质优的形象比喻。

2014年5月16日，由苏冽作词、溪风谱曲、风小筝演唱的原创歌曲《金骏眉》与听众见面。歌曲曲风古典、优雅，富涵中华茶文化的韵味。

《红茶醉美中国梦》，由当代著名书法家、楹联家、音乐家姜卫东老师作词谱曲，中国著名歌唱家阎维文倾情演唱。该曲高雅、雄厚、大气，音律优美，节奏欢快；通过赞美、向往的音乐表现手法，增添了中国红茶文化的魅力，为具有强烈中国复兴特色的"中国梦"谱写了精彩艳丽的

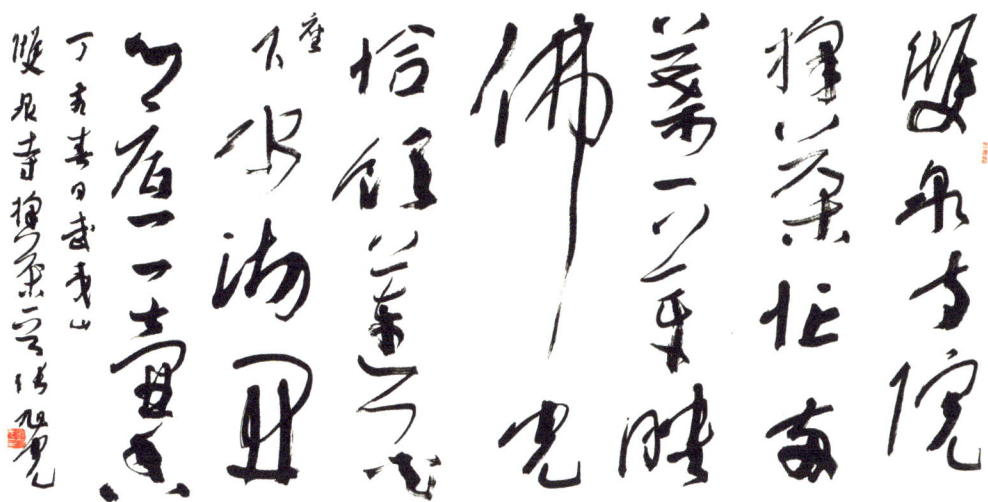

双泉寺采茶诗　张旭光作并书

一曲。

动人的《正山堂之歌》，好似袅袅升起、沁人心扉之金骏眉茶香，让人陶醉。即使你未曾到过桐木与金骏眉谋面，听了这首歌之后，也会萌生亲近武夷山水，热吻"金骏眉"的念头。

三、正山堂茶著

中国茶叶历史悠久，在古代浩瀚的文化典籍中，包括历代正史、野史、地方志、古人笔记、杂记、类书和专著积累着大量的茶叶文献、资料。这其中有历代专门论述茶叶的茶书，有各个朝代的茶事、茶话、茶史、茶法记载，构成了丰富多彩、上下三千年的茶叶历史资料宝库。按其内容大体可分为：茶书专著、茶事茶话和茶法三类。

自古名山出名茶。武夷茶始于唐，兴于宋，盛于清，历史悠久。早在南北朝时期，即在上层社会中作为赠品流行；唐代被载入史册；宋代名声大振，秀于茶坛；清光绪年间，走向世界，香飘欧洲。但在相当一段时间里没有专门研究武夷茶的论著和系统介绍武夷茶的专著。《武夷茶经》载："如果说民国以前的武夷茶文都是从不同角度介绍武夷茶的杂著，那么，进入近现代，开始有了专门研究武夷茶的论著和系统介绍武夷茶的专著。"

武夷山桐木是世界红茶的发源地，正山小种是红茶的鼻祖，这是不争的事实。但由于缺乏系统研究介绍正山小种方面的专著，原先真正知道或了解它的人并不多；由中国农业出版社出版的《中国名茶丛书　世界红茶的始祖：武夷正山小种红茶》《中国名茶　元正金骏眉》《中国名茶丛书　名门双姝——金针梅、金骏眉》三本茶叶专著，伴随正山堂始创金骏眉演绎的传奇，掀开了正山小种红茶以及在正山小种基础之上发明金骏眉的神秘面纱，为宣传普及红茶文化、丰富拓展中国茶文化的内涵，起到了积极的推动作用。

金 骏 眉

1=C 2/4

苏 洌 词
溪 风 曲
风小筝 演唱

3232 356｜65 5 32｜1 16｜5.
午后斜阳一炉 清香你弹着 古弦 杯中金黄摇曳
雨后溪亭一挂 风铃它摇着 深情 松下竹旁轻浇

5 5｜6 1｜6 1｜
3 2 55｜53.｜3 -｜3232 356｜65 5 32｜11 i6i6｜
光圈倒映红唇 远山如梦似这 袅袅茶烟轻佛伊人
孟臣我转柔黄 江南如梦似这 茶香幽幽深浸玲珑

5.｜56 i6 56｜53 21｜235｜6 1.｜1 -｜
裳 犹记当年 共采茗芽 巧揉慢捻同 做茶
心 还忆今朝 收雪采露 你我一同煮 佳茗

‖: 0 03｜5 356 65 32｜11 12｜3. 5｜6666 65 3｜
只叹日月参 横斗转星移历风霜 笑万丈红尘 熙攘
只愿与你共 饮杯中玉液尽欢畅 笑河山如画 不如
看那百捻岩 骨意烙兰馨梦倾城 赏绝代风华 千年
听那蟹眼鱼 日吐珠连连沸松声 赞好泉终遇 佳茗

1.
2163｜2 -：‖2223｜5 5.｜6566｜i
人间梦一场 潇洒走一场 都说螺梦庄
玉影醉容颜 甘露润心田 都说螺梦庄

2.
5｜33 323｜2i 65｜65 56｜55 3-｜3.65｜
叟 却哪堪这锦绣 山川你我梦里 共把那骏眉寻 都说
叟 却哪堪这锦绣 山川你我梦里 共把那骏眉寻 都说

66 i｜2.5｜33 323｜2i 65｜66 i｜23｜6 i.｜
谢娘喜联 却难抵这数杯香汤融进一颗茶心敬茗神。
谢娘喜联 却难抵这数杯香汤融进一颗茶心敬茗神。

红茶醉美中国梦
——正山堂之歌

阎维文 演唱
娄卫东 词曲

1=C 4/4

♩=108 抒情 歌颂 悠扬地

娓娓百鸟唱，潺潺流水声；鱼儿
青青茶园美，袅袅云雾升；晨露
悠悠文化蕴，浓浓华夏情；诚信

瑚浅底，雄鹰击长空，翠竹盈盈入云霄，
随风去，茗香满山中。正山小种传天下，
得天下，创新迎彩虹。堂堂正正擎天地，

苍松傲雪郁葱葱；武夷山水甲天
金骏眉飞大地红；桐木风光美如
品位高雅皇家风；正山堂门通四

下呀，人杰地灵百业兴，人杰地灵呀
画呀，红茶始祖万古名，红茶始祖呀
海呀，红茶醉美中国梦，红茶醉美呀

1.2. 百业兴哎嗨哎嗨哟
万古名哎嗨哎嗨哟。
3. 梦哎嗨哎嗨

中国

哟正山堂门通四海呀红茶

醉美中国梦，红茶醉美呀中国梦。

渐慢 红茶醉美 原速 中国梦。

（一）《中国名茶丛书　世界红茶的始祖：武夷正山小种红茶》

　　《中国名茶丛书　世界红茶的始祖：武夷正山小种红茶》是中国著名茶叶专家骆少君主编的中国名茶丛书中的一部。由毕业于福建林业学院、林业高级工程师、原福建武夷山国家级自然保护区管理局党委书记邹新球主编，浙江大学博士、高级茶评师郭雯飞，福建武夷山国家级自然保护区管理局高级工程师金昌善，原福建武夷山自然保护区元勋茶厂厂长江元勋、福建武夷山自然保护区桐木茶厂厂长付连新任编委，于2006年5月在中国农业出版社出版。

　　该书共九章，全面介绍了我国最早出现的红茶——正山小种产生和传播的历史以及它对世界红茶文化形成的影响；介绍了正山小种产地的自然环境和人文环境，及正山小种红茶的制造工艺、品质特征、品质化学特征和冲泡的技艺。

　　骆少君在本书的序中说，红茶是近代世界各类茶中产、销量最大的一类茶。中国是茶的故乡，也是世界红茶的发源地。虽然茶史界也公认红茶源于福建省崇安县（武夷山）星村桐木村，但在起源的时间上、在茶史的研究中还颇有争议；对红茶初起时如何传到海外，也鲜有研究文章论及。而这本书以历史为起点，客观而系统地介绍正山小种红茶，对正山小种的产生、传播、影响进行了客观而翔实的归纳和总结。由于主编邹新球长期在武夷山自然保护区（也是红茶发源地、正山小种产地）工作，他在工作中发现了正山小种红茶辉煌的历史，及其产生的震撼世界格局的重大影响，从而花费大量时间对正山小种红茶进行了全面系统深入的研究，因此这本书里不乏独到的见解。

（二）《中国名茶　元正金骏眉》

　　《中国名茶　元正金骏眉》由徐庆生、江志东、徐希西、祖帅四人合著，2011年10月在中国农业出版社出版。书名由改革开放总设计师邓小平之女邓林题写。

　　该书共分十三章，系统地向人们展示了金骏眉深厚的历史文化渊源、独一无二的生态环境和精湛创新的工艺流程，较全面地介绍了金骏眉的起源、生态环境、品种资源、采制工艺、品质特征、品鉴要素及贮存方法等。该书内容丰富、图文并茂，融史料性、专业性、理论性、实用性和可读性为一体，受到社会各界的欢迎和好评。

　　《中国名茶　元正金骏眉》的出版发行，为消费者提高对什么是金骏眉的认识，澄清当今金骏眉市场鱼目混珠、真假难分、良莠不齐的问题，保护真品金骏眉，还其本来面目，促进该产业的健康发展产生了积极的影响，为丰富我国红茶文化内涵增添了一道亮丽的风景线。

　　为纪念《中国名茶　元正金骏眉》的出版发行，金骏眉创始者——江元勋先生，还亲手制作了一款限量版金骏眉，送给长期以来关心帮助正山茶业发展的老茶友。

（三）《中国名茶丛书　名门双姝——金针梅、金骏眉》

　　《中国名茶丛书　名门双姝——金针梅、金骏眉》是中国名茶丛书中的一部，由徐庆生、祖帅合著。2012年8月由中国农业出版社出版发行。该书既介绍了金针梅、金骏眉两款茶的生长条件、加工技术、品质特征、品饮方法等技术内容，也有其发展历史、人文环境、典故传说等传统文化知

识。骆少君对该书的评价是："有一定的学术价值，有很强的可读性和应用性，如同所介绍的茶一样，散发着缕缕幽香，沁人心脾。"

四、正山堂红茶博物馆

　　正山堂红茶博物馆于2016年年底正式开馆。它位于世界红茶发源地、福建武夷山国家级自然保护区内的桐木，现展馆面积500米^2，是目前闽北地区唯一的一家红茶博物馆。馆名由福建省南平顺昌人，现任首都师范大学中国书法文化研究院教授、博士生导师、中国书法家协会理事叶培贵先生题写。展厅分"得天独厚，地蕴之灵，奇种之奇，红茶鼻祖正山小种，正山小种制作工艺，正山小种发展的推动者，金骏眉、红茶产业复兴，红茶功效"共八个部分，并运用多媒体及声、光、电等综合科技手段为喜好红茶人士，重点展示了正山小种红茶独一无二的自然生态条件、深厚的历史文化、名扬四海的盛况，以及金骏眉的脉络、优异品质的形成和红茶独特的药理保健作用。该馆已免费接待全国各阶层参观、学习、体验人士10 000多人次。

五、正山堂茶诗词

> 茶。
> 香叶，嫩芽。
> 慕诗客，爱僧家。
> 碾雕白玉，罗织红纱。
> 铫煎黄蕊色，碗转曲尘花。
> 夜后邀陪明月，晨前独对朝霞。
> 洗尽古今人不倦，将知醉后岂堪夸。

　　这是一首宝塔诗，又叫一字至七字诗，诗句由一个字至七个字组成，所以又叫做一七令。该诗出自唐代诗人元稹。全诗一开头，就点出了主题是茶。接着写了茶的本性，即味香和形美。第三句，显然是倒装句，说茶深受"诗客"和"僧家"的爱慕，茶与诗总是相得益彰的。第四句写的是烹茶，因为古代饮的是饼茶，所以先要用白玉雕成的碾把茶叶碾碎，再用红纱制成的茶罗把茶筛分。第五句写烹茶先要在铫中煎成"黄蕊色"，尔后盛在碗中浮饽沫。第六句谈到饮茶，不但夜晚要喝，而且早上也要饮。结尾时，指出茶的妙用，不论古人或今人，饮茶都会感到精神饱满，特别是酒后喝茶有助醒酒。

中国既是"茶的祖国",又是"诗的国家"。茶很早就进入诗词之中,从最早出现的茶诗《娇女诗》到现在,历经1 700多年,为数众多的诗人、文学家创作出了不少优美的咏茶诗词。有人估算,唐代约有500首,宋代多达1 000首,再加上金、元、明、清,以及近代,总数当在2 000首以上。

正山堂,从红茶诞生,到金骏眉创始,传承红茶四百年。金骏眉的创始,是对红茶制作技术、品饮要求以及专业鉴定等方面的整体革新,完全改变了传统红茶"浓、红、苦、涩"的特点,使红茶进入一个全新的发展高度。为此,全国各地的文人雅士不断赋诗作词予以赞颂,丰富了金骏眉红茶文化的内涵。

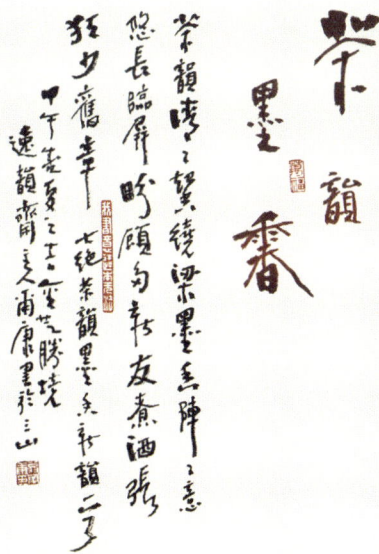

茶韵墨香　翁迈康书

正山传人赞

关牧村

晚车伴云入正山,几缕茶香醉陶然。
世人皆夸小种好,谁知传人更可赞。

金骏眉颂

郑德福

红茶灵妙写千诗,大展辉煌金骏眉。
锦绣武夷多璀璨,全球瞩目茗惊奇。

正山堂赞

弘涛

(一)

桐关幸有正山堂,奇茗小种誉八方。
骏眉水仙妃子笑,岭外能有几个尝。

(二)

高朋满座正山堂,蓬荜生辉喜气长。
妙笔丹青诗画意,茗茶文化永弘扬。

(三)

手把青秧插满田,低头便见水中天。
六根清净方为妙,退步原来是向前。

咏金骏眉

冯家传

武夷桐木茗新添，叶嫩明前个个妍。
丽质天然遐金誉，精良制作本甘甜。

和若兮金骏眉茶诗

吴根旺

分得云中水，笑烹天上霞。
松烟明月夜，谁品玉人茶。

七律　武夷山品金骏眉

孙付斗

花自从容客自闲，曲溪活水煮春山。
气蒸骏影腾云舞，叶敛蛾眉共月弯。
果有清风翔腋下，真疑香国在人间。
推杯已缔今生约，卜宅拟寻桐木关。

七绝　茶歌

官岚岚

云峰雾谷染青霞，晨采骏眉千百芽。
桐木关中生紫气，茶歌一串落山崖。

七绝　金骏眉颂

陈创

三春初雨早微凉，一夜新芽叶未张。
小笠青罗争拾玉，柔荑红袖雅分香。

行香子　金骏眉

葛永红

螺盏飘红，掬雪烹春。
正山堂、不愧元勋。
玉芽一叶，至味三分。
得金之质，眉之相，骏之身。
杯浮月色，敲诗赋韵。
饮丹霞、香遏天云。
神凝水魄，秀毓山魂。
合禅之悟，僧之趣，道之真。

七律　茶缘

刘成宝

流云染碧孕仙家，露润风亲拥翠华。
郎望山前歌绕岭，妹行坡后鬢斜花。
纤纤玉指拈新叶，款款柔情对远霞。
一片相思金不换，吟来绝唱入香茶。

浣溪沙　金骏眉

苏俊

桐木关前绿梦浓，采茶歌里摘春风。
仙芽不与世间同，金骏眉烹香自远，
青瓷盏溢韵无穷，美人佳茗几回逢？

七绝　人间一眉

陈希瑜

色胜丹霞声远蜚，武夷一曲最心痴。
谁将天上云英草，化作人间金骏眉。

七绝　金骏眉

李林根

瑶园一盏乐重尝，小种携人入醉乡。
喜看几前蝴蝶舞，花香不恋恋茶香。

五绝　茶之恋

王天明

绿涌千山画，红浮几缕春。
吾踪君莫问，已是武夷人。

五绝　金骏眉

王凤祥

武夷金骏眉，一饮起相思。
谁撷尖尖叶，煎成碗碗诗。

七绝　题金骏眉茶园

何永哲

宝树无边翡翠妆，懒同桃李竞春光。
借来名岳千重秀，蕴作红尘一盏香。

江南水乡　杨宏汉作

七绝　游武夷山品金骏眉

戴庆生

明前芽展影婆娑，玉盏漾金香溢波。
难却武夷情一片，竹林谁赋饮茶歌？

五律　金骏眉

陈学伟

武夷云海阔，茶采万山中。
老树鲜芽绿，精工小种红。
烹泉邀陆羽，研墨待卢仝。
我已贪多饮，清生两腋风。

浣溪沙　登武夷山品正山堂金骏眉

叶红萍

岩骨花香入我怀，武夷寻胜上云台。
望中自有画屏开。
小种满山生翠绿，红汤一盏涤尘埃。
九州嘉客慕名来。

五绝　眉峰绽嫩芽

吴进文

春云携雨至，岭上问新茶。
未待惊雷震，眉峰绽嫩芽。

五律　金骏眉

生吉俐

正山栽小种，春发嫩芽鲜。
桐木关前采，紫砂壶里煎。
闻香人亦醉，见色月犹怜。
但得三杯饮，堪为寿国仙。

七绝　茶女思

钱燕群

便有名茶寄与谁，春宵无处觅王维。
东风更化相思雨，一夜染红金骏眉。

七绝　重游武夷

姚金生

武夷灵秀正山奇，胜日寻芳共展眉。
夜坐围炉烹好梦，回甘馥郁沁心脾。

七绝　金骏眉

王见贤

一盏红茶香四弥，静观细品悟禅机。
只缘深得正山韵，极品应崇金骏眉。

七绝　金骏眉赞

张建设

万颗芽尖不满斤，三香沁润自氤氲。
金汤一碗情醇厚，闲卧云轩意足欣。

七绝　金骏眉

张建设

天赋悠然地赋香，茶人采制费时长。
白汤倾入成金色，云雾环杯饮夕阳。

卜算子　深山有嘉茗

沈志坚

青霭漫雄关，嘉茗弥深谷。
梦醒仙翁未卷帘，何处馨香馥？
一盏入云端，二盏开天目，
三盏微醺唤仆童，移驾人间宿。

阮郎归　咏金骏眉

沈志坚

清流飞壁落寒烟，茶歌遍陌阡。
素香盈袖舞婵娟，珠玑点点弦。
醇似桂，爽如泉，甘融舌齿鲜。
愿沽美茗一壶煎，归来不羡仙。

七绝　金骏眉

翁景星

金骏眉舒靓玉姿，正山小种赛灵芝。
武夷寻梦三江客，一盏红茶一阕词。

七绝　盛夏登武夷山品正山堂金骏眉

翁景星

为避炎风入武夷，花香岩骨沁心脾。
思茶试向山人屋，喜得一杯金骏眉。

潇湘神　金骏眉

李家文

金骏眉，金骏眉，武夷山上惹仙随。
道尽世间茶解语，清香怡荡吐兰芝。

七绝　金骏眉

卢旭逢

岩骨灵芽出武夷，山间明月最相知。
客来无酒心犹醉，三盏烟浮金骏眉。

七绝　亦是诗家亦是仙

陈书锦

金骏扬眉映月天，一壶春酿一壶烟。
正山醉我云游客，亦是诗家亦是仙。

七绝　题金骏眉

肖玉娥

丹霞着色品如金，岩骨情揉盏底春。
香醉武夷千古月，饮来俱是寿眉人。

七律　金骏眉茶

翟红本

凤藻龙章不足奇，正山堂里展神仪。
碧云裳舞千丝雨，金骏眉开一局棋。
毫萃春光分烂漫，汤收霞色惹迷离。
人生别样逍遥饮，月夕风晨总适宜。

醉花间　金骏眉茶

毛维娜

红如玉，润如玉，回转烟云雨。
揉碎小眉尖，把盏人间趣。
入唇香不语，只把肝肠许。
逐马向江山，一梦千年去。

临江仙　金骏香眉初制成

郑瑞霞

青峰灵雾蓬莱雨，参差竹密花繁。
隐约绿影峭石间。
最奇天上品，独在武夷山。
玉指弹风云中取，木楼缭绕松烟。
芳菲似缕暗回环。
红锅旋定妙，乌索现金斑。

七绝　金骏眉

张远益

兰溪汲满紫铜炊，煮罢春风煮骏眉。
却问桐关烟景里，茶歌一曲唱阿谁？

浣溪沙　初饮金骏眉

刘进平

为爱一壶金骏眉，乘车直到武夷西。
天生佳茗果神奇。
掌上兰芽含碧雨，杯中绝色舞红衣。
翛然饮罢带香归。

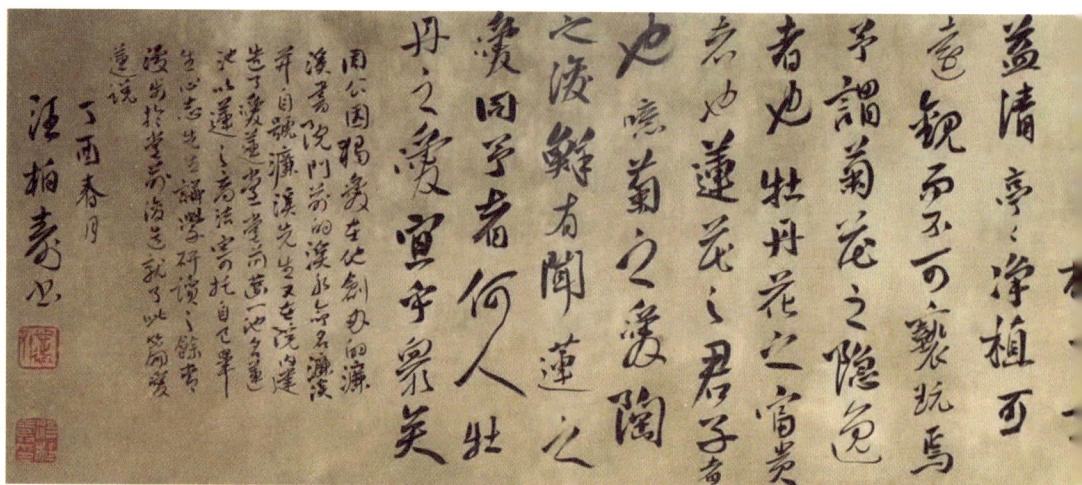

爱莲说　汪柏寿书

临江仙　金骏眉

王志明

爽口滑喉回味久，茶红绚烂芬芳。

武夷山上映霞光。

茶林葱郁秀，溪涧水流长。

金手点拨娇嫩叶，元勋重铸辉煌。

黑黄相间美人妆。

清风明月夜，把盏品茶汤。

鹧鸪天　品正山堂金骏眉茶感怀

赵文华

一品嘉声笃信诚，一堂好梦透清明。

一春绿向心头漾，一抹红从眼底横。

金之贵，骏之灵，眉间袅袅正山情。

经年但得三杯饮，甘苦人生当自平。

浣溪沙　咏金骏眉

谢毅

金骏灵芽摘露光，玉壶七泡有余香。

堪邀陆子细评章。

泉水烹红岩骨润，氅丝饮绿寿眉长。

武夷佳茗惠黔苍。

爱莲说

用敦颐

水陆草木之花，可爱者甚蕃。晋陶渊明独爱菊。自李唐来，世人盛爱牡丹。予独爱莲之出淤泥而不染，濯清涟而不妖……

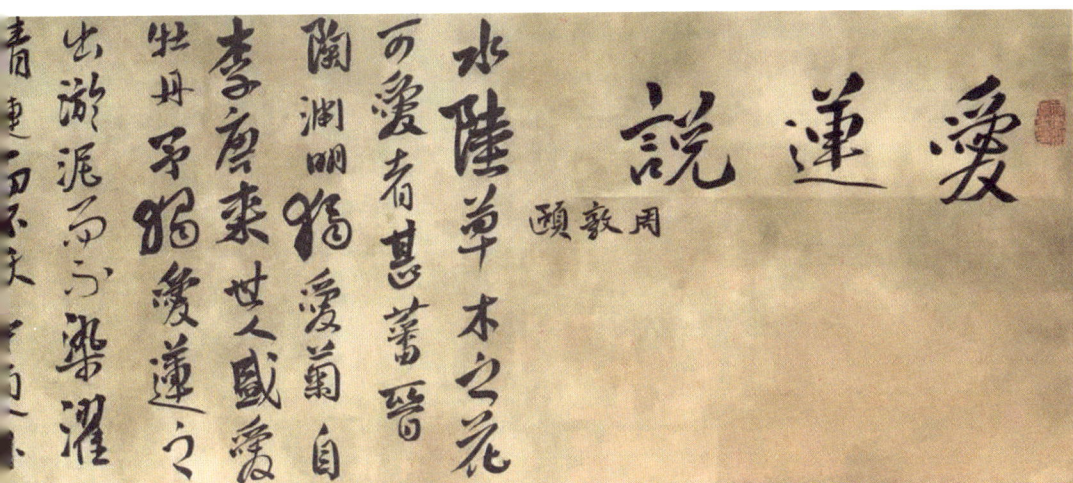

古风 金骏眉茶咏

杨大林

武夷金骏眉，正山小种茗。
生于宝山地，摄取天地精。
灵气千融合，炉火百炼成。
绝色胜翡翠，纯香漫华庭。
与君花前坐，品酌赏月明。
盼君解人意，共赴玉台春。

清平乐 金骏眉

楼晓峰

云蒸霞蔚，雨露何充沛。
美慕武夷山品位，爱此物华名贵。
春晴谷雨山前，夏来翡翠生烟。
最是秋分奢侈，青瑶上接云天。

五律 咏金骏眉红茶

罗震雷

武夷先得月，山露润红茶。
金骏眉新出，卢仝句未夸。
浮香惊过雁，溢韵赛流霞。
长饮风生腋，匆匆一咏嗟。

减字花木兰　金骏眉

刘净微

眉弯纤巧，晕黑匀黄舒窈窕。

欲赴红尘，桐木关前各掉身。

朱唇暗启，一桁香回公道底。

又是清明，琥珀光寒满紫庭。

七绝　喜得金骏眉茶

李志强

何时更买正山茶？红木深藏品自佳。

几叶金眉香满室，一杯烟色带流霞。

古风　金骏眉

孟庆千

武夷东南秀，佳茗瑞草奇。桐关云雾绕，九曲迤逦随。

枝嫩黄金蕊，芽香峭壁危。纤指摘晴翠，骏逸似扬眉。

萎凋叶转绿，摇青看季期。小炉焙新火，罗扇动风吹。

煮泉轻泛碧，芳馨透玉卮。含英入唇齿，清芬沁身姿。

举杯烟袅袅，凝眸意痴痴。世间称绝品，谁个不萦思。

品正山堂齐儒红

何智勇

相对青山品茗甘，尘心一浣极沉酣。

谁知北引茶犹好，才解当年道渐南。

正山堂莒南洙边茶生态园

孙付斗

嘉木新栽十万株，聘来春色嫁红都。

金龙湖岸茶歌起，一队蓝裙拖绿芜。

题正山堂齐儒红茶

武晓勇

天南玉叶态玲珑，一沐淳风味转浓。

恰似熹翁寻活水，早知洙泗是儒宗。

题正山堂齐儒红茶

康永恒

欲向天南叩武夷，正山小种此谁移？

从今茶重齐儒品，洙上春风乐泮思。

咏正山堂齐儒红名茶

苏俊

洙边甲齐鲁，嘉木已成林。
茶韵兼南北，儒风自古今。
细尝山水味，静会圣贤心。
一盏天人合，灵香流素琴。

咏正山堂齐儒红茶

李永新

天留佳种在沂蒙，选焙洙边号最工。
素手摘来春片片，清泉沏出日瞳瞳。
垂帘偶助敲诗兴，把卷平添破睡功。
滋味只今惭独赏，清欢愿与万方同。

六、正山堂茶联

茶联，作为中华茶文化的艺术表现之一，它最早应出现在宋代。但有记载和广为流传的茶联，还多在清代。现在的名山大川、茶楼、茶馆、茶社和茶亭等处，均可见到一些意味深远、妙趣横生的茶联，它给人们以美的享受。

2015年5月，中国楹联学会会长蒋有泉在武夷山调研时候提出，要实施"茶联共荣，联墨同兴"，打造"大楹联"文化的发展思路。经研究决定以武夷山正山堂书画院为依托，成立"中国楹联学会武夷山茶文化交流中心"。6月22日，中国楹联学会在北京举行授牌仪式，同时聘请中国楹联学会副会长、福建省楹联学会会长陈健担任"中国楹联学会武夷山茶文化交流中心"主任。各地会员踊跃撰联庆贺。

茶联合壁，溢彩流光，韵起武夷香满地；文化联姻，藏风聚气，缘逢金骏誉齐天。【河北张家口 武文宝】

万载正山追梦远；三春茶色映联红。【福建德化 庄志佳】

雅聚风流，茶香联语一堂趣；新开气象，山主云宾四海春。
意趣同清，茗客新逢墨客；云山作证，茶缘永结联缘。【广东 陈创敬】

因墨得香，风雅情怀联趣味；以茶会友，人生境界道非常。【山西大同 韩崇文】

春水青山，华章香墨；吉云美燕，金曲爽茶。【山西大同 韩崇文】

遇水变成滇，少女欣牵手；学文既是斌，一人苦练弓。【山西大同 韩崇文】

秦岭春意　柴欣明作

　　文中有武，武能出文，文武德才兼备；联可当茶，茶里品联，茶联水乳交融。【山西大同 韩崇文】

　　玉局宏开，艺术薪传茶业梦；平台共筑，联花绽放武夷山。【湖北大悟 张应明】

　　一部经，七碗诗，万泉煮茗；两行字，千秋对，九曲串联。【福建霞浦 王雪森】

　　茗联携手，山乡添彩，美画千秋将共绘；贤墨并肩，日月增辉，锦程万里永同行。【甘肃兰州 董西珍】

　　墨染茶乡添七彩；联吟天地醉千秋。【甘肃兰州 董西珍】

　　武夷山品茗，文化交流，精英荟萃牌今授；楹学会书联，粹珠庆贺，众画增光誉世驰。【天津红桥 温战勇】

　　遍邀天下友；漫品武夷春。【江西万载 李成炳】

　　武夷茶赫，红袍风韵山堂荡；文化大兴，正气心中国粹祥。【福建泉州 黄欣笙】

　　联帜高擎，艺苑频传朱子韵；茶香远播，春光早占武夷山。【湖南衡山 朱海清】

　　心中文化梦，寄意诗联，依然是四季情浓、一轮月朗；笔下武夷春，迷他境界，莫负了千方客醉、万盏茶香。【贵州安顺 肖波】

　　放怀揽画意诗情，人醉武夷，品茶韵得林泉趣；挥墨书清词丽句，联吟大雅，论道壶烹天地春。【山东龙口 张树路】

正山烹茗乾坤大；雅室谈联境界高。【江西井冈山 黄武】

金骏眉茶荣国粹；正山堂业建中心。【天津北辰 穆洪信】

文化开篇，茶香助兴，看武夷岭畔，云淡风轻，春潮滚滚催生金骏业；科学圆梦，诚信推波，期绿色航中，帆高水顺，紫气腾腾铸就正山堂。【黑龙江肇源 邵兵】

品正山堂，和山水联吟，茶韵满堂聚集正能量；听新春曲，揽春风怀抱，武夷九曲展开新画图。【厦门湖里 赵恒章】

光大正山堂，品味茶文化；传承中国粹，萦怀闽艺林。【广西岑溪 黄已力】

仗信结缘，春入千家圆好梦；以茶交友，和融四海送真香。【河北 张志强】

小种真极品；中心大话题。【天津红桥 李四宝】

韵逸武夷，茶香常共墨香远；客迎四海，诗意犹同春意浓。【山东龙口 马瑞新】

紫砂烹雪，同听明月清风语；红袖分香，共话高山流水情。【湖北天门 李孝荣】

绿风载梦，茶诮传情，香凝一品正山种；楹苑焕春，联花出彩，韵满千秋金骏眉。【广东揭阳 黄少珍】

文企联合，事业繁荣春烂漫；茶联共赏，生活美满乐逍遥。【辽宁 王瑞华】

正山堂，文化领航，靓丽楹联书骏业；时代梦，精神给力，优良品质拓宏图。【辽宁 王瑞华】

将平仄韵、古今词，嫁接正山，联花染亮新名片；揉武夷风、金骏味，匡扶大雅，芳茗飘红美画图。【辽宁建平 赵文华】

客醉武夷山，春色一壶添画意；茗涵文化韵，香茶七碗润诗肠。【广西北海 韦代林】

茶以文传，爽心一口扬天下；业因人壮，携手八方卓世间。【湖南新邵 颜资芳】

联起茶兴，小种先吐黄金蕊；堂开画展，骏眉正舒碧玉心。【广东 张跃】

武夷山上，一品香茶千秋韵；金骏眉间，万副红联四海春。【广东 张跃】

两行妙句呈大雅；万朵联花舒骏眉。【广东 张跃】

情牵国粹，缘聚武夷，千秋平仄互联网；壶逐春波，笔蘸秋水，九曲茶文相对歌。【福建霞浦县楹联学会】

武夷流韵，中心分享茶文化；国粹遗风，南北交流联艺能。【广东惠阳 余仁杨】

山色天光凝对句；茶香墨韵入联花。【山西襄汾 薛启发】

茶联一体，武夷山上透香雅；星月交辉，陆羽经中添画图。【山西襄汾 薛启发】

茶业得联辉，闽地初推惊世举；香风融句雅，南天正耸创新碑。【山西襄汾 薛启发】

丝路帆飞，联雅茶香频醉客；闽山翠叠，风清水秀早迎宾。【山西襄汾 薛启发】

借武夷宝地，探究交流，高扬艺帜；重文化内涵，切磋分享，广育新葩。【广东东莞 刘枫】

羊毫健举新联苑；骏业腾飞大武夷。正山堂一叶清时给力；多美意两行翰墨飘香。【厦门湖里 赵恒章】

一品岩茶，卢仝陶醉武夷月；畅游仙境，大圣不回花果山。【河北柏乡 王昊宁】

文澜壮武夷，金骏眉香四海誉；产业臻高品，正山堂雅一壶春。【山西平定 梁璞】

正山腾骏业，一缕红香行世界；联朵引春风，两行国色注仁心。【河北 王桂珍】

联妙句；品香茶。【山西襄汾 薛启发】

茶香四海；联动九州。【山西襄汾 薛启发】

一茶香四海；两句对三江。【山西襄汾 薛启发】

九州联妙句；四海品香茶。【山西襄汾 薛启发】

妙句流传四海；香茶陶醉九州。【山西襄汾 薛启发】

联句流传四海；岩茶香醉九州。【山西襄汾 薛启发】

京华城中联妙句；武夷山上品香茶。【河北柏乡 崔会格】

文汇报中读妙句；武夷山上品香茶。【河北柏乡 崔会格】

千里飘香，茶品武夷醉彩凤；两行得趣，句联京华舞春风。【河北柏乡 崔会格】

千里飘香，香引卢仝奔闽赣；两行联韵，韵压太白动京华。【河北柏乡 崔会格】

2015年7月，正山堂茶业举办纪念"金骏眉诞生十周年"海内外楹联大赛，评选产生一等奖2名、二等奖4名、三等奖8名、优秀奖50名。

一等奖

云领正山，树一派红茶气象；堂开胜境，恰十年金骏风华。【甘肃兰州 王家安】

柔黄拾玉，十载春风新着绿；螺盏分红，一杯甘露淡生香。【广东佛山 陈创】

二等奖

两眉缘大智；一叶冠群芳。【安徽合肥 汪从周】

素手拈茶，翠烟袅处三分醉；骏眉弄影，金盏开时满室香。【辽宁建平 杨晓雁】

金骏眉馨，源自正山臻妙品；玉壶心暖，基于厚德跃巅峰。【安徽铜陵 周广征】

一盏金芽，香凝丹岫通禅意；千秋骏业，茶润苍生尽寿眉。【山东邹城 韩冰】

三等奖

出武夷以带儒风，方为正品；得小种而兴大业，允赖元勋。【江西瑞金 钟宇】

岩骨揉情，千秋唱响武夷曲；正山追梦，四海泡红金骏眉。【福建霞浦 王雪森】

若水情怀，臻于至善；如金品质，始自正山。【广东电白 李清才】

名荟金之贵，骏之雄，眉之寿；品兼形者佳，色者润，味者醇。【江苏仪征 高扬】

金毫一叶，俏如眉，香醉月；骏业十年，立于信，梦飞歌。【安徽无为 任家潮】

骏业逢时，春到正山红一点；眉峰着意，香弥茶鼎寿千家。【山东济宁 王建】

清香隐正山，有缘者，乃禅者；小种传神话，虽偶然，亦必然。【山西临县 张兴贵】

骏业十年，眉间生色；金风万缕，天下飘香。【山西应县 杨怀胜】

优秀奖

云蒸千古武夷韵；月醉一壶金骏眉。【山西临县 曹银半】

莫辞你我，炉上半壶新沸水；饮尽古今，舌尖一座武夷山。【湖北武汉 辜学超】

回味红茶，半壶醉了八闽月；扬眉金骏，十载拓开一片天。【广东电白 李清才】

正山堂润雪芽肥，飞红摇翠；金骏眉开香气满，品月啜云。【河北南宫 田伟】

凝逸者情，一盏漱心开境界；摄春之韵，半壶写意品天香。【福建福州 李航】

幽谷青霞，一方仙韵正山种；奇峰紫气，十载茶香金骏眉。【河北唐山 苏雪峰】

长在云山，始得仙液三分味；浴于玉盏，犹带兰花几许香。【江西九江 何永哲】

武夷春好千重绿；金骏眉飞一品红。【江西万载 李成炳】

一品骏眉，壶逐春波人逐梦；千秋茶道，山添神韵水添魂。【福建霞浦 王雪森】

正山香遏九天云，眉开金骏；小种闲烹千古月，情漾铜壶。【河北南宫 田伟】

孤诣苦心，精挑绿叶三千树；创新承古，未负红茶四百秋。【山东淄博 王世侠】

饱涵日月精华，色有金黄黑；尽毓山川灵秀，香兼果蜜花。【北京朝阳 生吉俐】

煮露蒸霞，万家同醉正山月；秉卢承陆，一叶独扬小种风。【山西太原 范青山】

绿着春烟，岭上柔黄轻拾玉；红斟螺盏，堂前雅客笑分香。【广东佛山 陈创】

岩骨凝香，壶里三秋归梦里；松烟入味，毫尖一品醉舌尖。【河北张家口 武文宝】

韵自天成，喜有丹山生翠碧；香薰人醉，先教玉盏上酡红。【河南商丘 王芬】

汲武夷秀，正山摘下青芽骨；育中国红，明月弯成金骏眉。【河南扶沟 葛永红】

绿雪烹春，香随明月九千里；红炉焙韵，魂系武夷四百年。【河北张家口 杨碧】

凝江门一脉心香，方臻极品；扬茶道千秋底蕴，不愧元勋！【山东邹城 韩冰】

舌尖流韵，韵自芽尖流起；心底涌情，情由盏底涌来。【山西高平 马慧明】

一盏金汤，教饮者香，闻者醉；十年骏业，有眉之相，果之甘。【浙江宁波 应绿霞】

桐木天香，一化清风一化气；武夷神韵，半融山水半融云。【广东佛山 吴成伟】

借三叶醍醐，品人生一味；凭一壶小种，悟茶道三千。【河北廊坊 杨文博】

依陆羽经，细调金骏眉中色；借卢仝碗，远送武夷山上香。【北京怀柔 赵久生】

儒道兼修，叶里深藏文化史；秀灵并蓄，壶中足鉴武夷风。【北京朝阳 生吉俐】

眉状之形，金言其色；天成其妙，地蕴之灵。【甘肃陇南 赵永杰】

虽承古法，不囿枝头三寸绿；勇辟新方，终成当下满堂红。【湖北咸宁 陈文杰】

茶道崇天，叶出山间方是正；眉形似骏，品登极顶乃称金。【山西侯马 马志成】

金匾生辉，茶兼四百人文味；骏图竞彩，堂共十年天地春。【广东广州 谢潇】

绿叶无声，正山堂染千重锦；红尘有韵，金骏眉烹十载春。【广西凤山 黄江】

撷万树春芽，指尖凝绿；品一瓯金液，舌底蕴香。【河北邯郸 籍兵山】

茶采山中，正是堂前无上品；名扬海外，恰如杯底不绝香。【江苏昆山 康黎明】

蒸活东南，一盏红茶君子性；饮通天地，千秋玉液圣人心。【山西太原 范青山】

清香　崔学坤作

巧摘弯月作新梭，元勋织梦；敢叫科园生瑞草，嘉木噙香。【河北唐山 冯贵明】

访茗武夷，谁作元勋开骏业？闻香茶盏，神来妙韵涤尘心！【福建松溪 李忠云】

兼果、蜜、花香，小种臻于大道；融山、林、水色，地利出自天然。【福建厦门 曾清严】

溪曲三三，堂聚山川正气；峰奇六六，茶凝草木精华。【福建晋江 陈志成】

正德惟和，清源每在非常处；山茶自馥，真味何须第一泉。【广东广州 谢潇】

金骏犁云，十载图成七彩卷；正山煮梦，一壶香透九州春。【河南郑州 张保珠】

春色一壶，红似丹霞情未了；香风万缕，淳如闽水韵无穷。【湖北天门 李孝荣】

桐木关前，烟霞舒卷三千顷；正山堂里，薪火传承四百年。【广西岑溪 刘红波】

金骏舒眉，千枝竞放三春韵；名茶吐意，四海同斟一品红。【陕西宝鸡 蔡哲】

何谓正山？武夷山抱玉清境；岂惟茶史，文化史标金骏眉。【河北唐山 郭凤林】

金骏飘香，一壶醉倒眉边月；丹霞着色，十载皴红天下春。【河南扶沟 葛永红】

一路走红，生风金骏眉间舞；十年筑梦，带露春芽水底香。【湖北大悟 张应明】

雾毓芳茗，香融三教玉芽露；壶烹雅韵，色润九州金骏眉。【贵州铜仁 杨万新】

谁采新茶，纤纤玉指红酥手；独钟此味，郁郁浓香金骏眉。【重庆彭水 张孝举】

卢仝品罢，何止清风生两腋；陆羽闻知，应教茶典续三篇。【安徽合肥 姚莉】

本色依然，曾历一番水火；清香如故，不惊几度沉浮。【河北衡水 董海红】

源溯明清，正山载誉中国梦；茗香欧亚，世界风靡下午茶。【澳大利亚悉尼 张楠】

2016年6月，举办"正山堂杯"全国第二届金骏眉诗词楹联征集大赛大赛，评选产生一等奖2名、二等奖4名、三等奖8名、优秀奖30名、入围作品若干。

一等奖

天下闻香，四海争传桐木秀；座中论道，一杯不觉武夷遥。【江西赣州 刘新才】

小种一壶，风情万种；正山百里，茶韵满山。【江苏泰州 温继鹏】

二等奖

桐木关前，十万春芽含雨露；正山堂里，一壶秋水袅云烟。【广西贺州 卓玉郎】

唯其骏字可称，看玉盏高冲，杯水能容龙马跃；真与眉弯相类，随金波微漾，香氛欲引蝶蜂来。【河南虞城 孙付斗】

茗海试新芽，玉盏盛来，轻启莺唇香咂舌；正山培小种，金牌铸就，宏开骏业喜扬眉【湖南长沙 周永红】

厚韵正山，新声凤起十一载；红茶鼻祖，故事风行四百年。【云南曲靖 丁武成】

三等奖

无边绿韵园中秀，且流连九曲溪前，三春梦里；有味红茶舌底香，犹陶醉正山堂上，金骏眉间。【湖北大悟 张应明】

小种春秋，云中茶毓青岩骨；漫斟日月，盏底春舒金骏眉。【江西修水 胡小敏】

金骏眉弯，芙蓉指上春来去；玉壶茶舞，琥珀汤中叶卷舒。【辽宁盘锦 陈应山】

小种扎根山裏秀；灵芽吐瑞水涵香。【天津 李四宝】

根共武夷，生来嘉叶年年绿；芽香桐木，采得春风浅浅斟。【重庆 咸丰收】

小种大乾坤，香浮雨露滋仙掌；嫩芽新境界，影动清流见寿眉。【山西太原 范青山】

遗朱子风，一叶金毫眉带彩；品武夷韵，半瓯玉液室浮香。【河北定兴 李金明】

传承八闽武夷韵，谁借卢仝碗，均分堂上茶香、山中春味；打造一流金骏眉，我依陆羽

西安马军作

经，大写汤中红浪、鼎上白云。【北京怀柔 赵久生】

优秀奖

地近云烟，桐木春藏千顷绿；艺和禅道，正山品蕴百年香。【安徽合肥 何珊】

云飘九曲溪，绿染桐关千嶂雨；雪煮二春芽，红涵玉盏满堂香。【江苏连云港 杨海波】

绿叶舒心，陆羽半壶香溢齿；红茶醉口，卢仝七碗笑盈眉。【重庆 钱燕群】

烹峻岭之金，袅袅壶烟倾一线；共长眉之寿，悠悠座客饮千年。【重庆 傅渝】

正味清幽留客梦；山居素雅溢茶香。【福建晋江 王天准】

诗吟九曲武夷水；梦醉一壶金骏眉。【广西岑溪 刘红波】

碧溪滋雪芽，桐木关前千顷绿；金骏介眉寿，正山堂里一瓯红。【广西岑溪 刘红波】

欲知金骏眉中味；当品正山堂上茶。【吉林白城 段颖越】

金骏眉香，自桐木关前，正山堂上；武夷神醉，恰千重春绿，一品茶红。【吉林白城 孙英】

清香总绕玉壶口；秀色常凝金骏眉。【天津 牛士斌】

几叶长眉彰大寿；一方骏业铸金声。【河北滦县 张志强】

四百年底蕴捻揉，金骏绝尘，举世无俦传正统；八千里声名显赫，弯眉涵韵，武夷有德植春风。【河北定兴 韩全兴】

春水碧于天，汲半壶星云浩瀚；茶香浓似酒，饮一口肝胆清明。【湖北孝感 李林芳】

聚八闽灵秀，汇九曲春光，尽入一杯荟萃；剪几片红霞，煮半壶清韵，长添四座馨香。【湖南岳阳 陈惠群】

红茶待客，珠履三千，登堂共醉武夷月；绿雪陶情，正山十载，饮者独钟金骏眉。【吉林榆树 王亮】

一叶金芽，两眉骏气；千秋茶道，七碗红诗。【江西抚州 朱赣军】

寿饮骏眉红，一片温情轻啜月；德归桐木绿，十分春色淡生香。【江西上饶 赵继杰】

一品正山堂，香从金骏眉舒处；十分甘露味，红映玉蟾影照时。【江西南昌 张绍斌】

玉芽叶展三春韵；金骏眉飘一品香。【江西景德镇 蒋乐思】

几叶新芽春色近；一杯小种月痕深。【辽宁朝阳 吉铁林】

嫩色鲜香，蟹眼新烹螺盏品；金芽绛雪，骏眉久饮鹤龄添。【辽宁本溪 谢毅】

岩骨凝情，金盏清香飘世界；禅心臻寿，骏眉至味品人生。【辽宁本溪 谢毅】

至善文章，烹一鼎春烟知味；正山风采，融千秋岩韵溢香。【辽宁辽阳 赵滨】

谷雨春风，芽头初绽三分绿；纤眉骏影，座上争尝一盏香。【辽宁建平 杨晓雁】

万嶂撷来金骏色；一壶沏出武夷春。【山东莒南 赵进轩】

桐木奇珍，秀水平分千古月；武夷妙品，正山独占一堂春。【山东单县 张贵祥】

春抱正山，醉九域名茶气派；堂开妙境，引一方金骏风华。【上海 刘喜成】

水上闲观，无边紫竹如仙境；云中对饮，一品红茶忘俗尘。【上海 汪滢】

分武夷翠，情从壶底通心底；品中国红，韵自毫尖醉舌尖。【上海 雷鸣】

骏业振金声，武夷茶煮三江水；眉峰生逸韵，玉碗烟腾六合春。【四川西充 马弘】

入围作品

色若夕阳艳；味如新雨甜。【檀祥松】

红正浓时，茶中又创新高度；情难舍处，月下还烹金骏眉。【王冬】

如若烹茶，当向正山求极品；果真爱饮，无须仙国觅琼浆。【鲍余华】

薪火相传，上善流芳中国梦；风骚独领，红茶得意正山堂【汪星群】

扬帆梦想，十载辛勤歌满路；问鼎红茶，一杯醉月业飞歌。【任家潮】

绿雾红汤金骏眉，香风冉冉；铜壶瓦灶紫砂盏，古韵悠悠。【周文杰】

正山堂雅，涵濡文化，八闽立高新企业；金骏眉香，打造品牌，十年创顶级红茶。【白启寰】

以德焙成，金骏眉烹云欲醉；萃优做就，银名片举世同尊。【宋贞汉】

凭厚德以立巅峰，红茶帝子；产武夷而名世界，国茗魁姝。【宋贞汉】

佛道参茶参造化；骏眉养性养天和。【高银交】

培特培优，骏眉铺起黄金路；作强作大，茶业拓开红火门。【于红捷】

驰出山中，金骏眉舒千盏韵；舶来午后，英伦岛叠十年香。【刘敏】

秀眉飞八闽；金骏报三春。【吴洪美】

瑞气常盈，芽衔茶岭三分绿；骏眉争赏，香醉武夷一盏春。【张杨】

金骏眉香，似花、似果、似蜜；红茶业旺，惟正、惟清、惟和。【赵春明】

赤子情真，真意真功真趣旨；红茶品正，正心正道正山堂。【项光来】

元气长存，四百年追梦；正山永立，三千里飘香。【项光来】

甜里回香，芽尖攒起千千绿；山中撷秀，壶口冲开盏盏香。【咸丰收】

金鞍玉勒真名骏；凤眼蛾眉小美人。【刘旭】

八闽形胜，桐木关春风惬意；九域勋声，正山堂茗韵舒怀。【蔡为群】

正山堂逐梦凌云，九州驰誉；金骏眉邀春醉月，十载蜚声。【蔡为群】

春润武夷，碧水丹崖呈翠色；梦寻桐木，洞天福地品红茶。【郭秋妹】

金骏眉金，德性双修成大道；正山堂正，禅茶一味致中和。【李忠云】

九曲揉情，翠拥岩骨千重韵；百年执信，红透云霞万里天。【王雪森】

凝武夷魂，红韵着迷儒释道；圆中国梦，骏眉陶醉地天人。【王雪森】

极品走红，茶共双遗香万里；真情铸正，品齐九曲韵千秋。【王雪森】

放眼诸峰，正山存古韵；泛舟九曲，小种溢清香。【黄天来】

金骏眉香，将欲烹茶香已醉；正山堂雅，还凭逸韵雅长弘。【程经华】

小种红茶凝露，九州播誉；金鞭骏马追风，万众扬眉。【郭道鉴】

骏马奔腾，浓香阵阵心脾沁；眉娥舒展，厚味丝丝舌齿留。【李廉德】

金骏扬眉，十年引领新高度；正山储韵，万里融通大市场。【祁明规】

名山化出金风露；玉碗盛来琥珀光。【蔡厦生】

色如金，山如骏，眉如弯月；味在正，香在醇，茶在清心。【林秋月】

味兼果、蜜、花，茶苑公推极品；色显金、黄、黑，玉杯尽现奇观。【潘炳煌】

经承陆羽开新派；韵化卢仝法古风。【作林山】

正道天成天道正；山茶福润福茶山。【作林山】

丹霞悦目，金骏驰骋十载路；玉女舒眉，红茶泡出四时春。【翁景星】

正如金骏惊寰宇；山种好茶醉武夷。【林再新】

芳馥八闽桐木谷；红遍天下正山堂。【高财庭】

四百载传承，八闽毓秀桐关谷；十余年融合，一味芬芳金骏眉。【高财庭】

色以之红，醉客何须金盏满；饮称其妙，倾心只待骏眉香。【赵永杰】

金骏眉香，香飘天下八千里；红茶业盛，盛创正山四百年。【刘志刚】

味在一芽，厚醇清爽高山韵；香凝千载，珍品龙头中国红。【毛得江】

神凝红韵，品立正山千载誉；质系嫩芽，香萦闽地四时春。【毛得江】

金色殿堂，一脉奇香同醉客；新程骏马，十年雅韵喜扬眉。【蔡锡拱】

正山修正道，开启富民千里势；新品领新风，蔚成待客第一杯。【谢潇】

韵宜一道芙蓉色；眉有十年豆蔻香。【谢潇】

正山名蜚三千界；小种茶香第一家。【符志文】

情钟小种，四百年人文底蕴；缘聚正山，一千里雅韵灵芽。【梁健】

岩韵飘香，汤映丹霞凝玛瑙；金毫泛彩，香和甜蜜壮精神。【梁健】

一盏人文，馨香早沁中和外；十年品质，雅韵长融信与诚。【车飞雄】

小种寄情，一杯盛满武夷韵；正山圆梦，四海窜红金骏眉。【刘革新】

红入螺杯，几壶春暖；香分雅座，一盏心怡。【陈创】

一品丹心，堂坐正山开慧智；九重客梦，眉扬金骏会巅峰。【刘少卿】

十载归心，极品当然传世誉；一杯在手，清香犹胜沐春风。【黄立溢】

芽尖披晓雾；盏里泛流霞。【覃德开】

四百载传承，茶蕴绵延厚德；两三壶品饮，人心向往正山。【左万青】

博爱为仁，金骏眉涵王者气；兼容乃大，正山堂沐古人风。【苏俊】

一脉红茶新境界；十年金榜正山堂。【梁小江】

雅苑吟风，春色每凭茶色润；琼楼醉月，秋香常伴茗香来。【孔令斌】

掬雪烹红，沏出十年韵味；倾壶醉月，斟来四海豪情。【胡育秋】

红遍五洲，金骏眉扬王者气；茶香百载，正山堂蕴武夷风。【胡育秋】

元韵四时涵秀气；勋功十载铸茶魂。【韦代森】

伟业十年，正气和风萦福地；清香一脉，山丹水碧铸茶魂。【韦代森】

元韵流长，万树绿敷文化地；清香溢远，一杯红透武夷山。【韦代森】

骏眉道骨留香久；妃子仙风载韵长。【何定远】

春润武夷，千年犹续新品牌；梦驰八闽，九域纷寻古道茶。【路志宽】

春光巧飨武夷，壶纳群芳露；韵味妙贻溪水，客尝金骏眉。【易杰】

玉树簪金，骏业风流冠十载；红茶享誉，眉端馥郁延千秋。【任建传】

融旧创新，正山堂上红茶馥；登峰造极，金骏眉间喜气扬。【杨炳伟】

金光耀眼山如骏；茶色舒眉水染红。【杨炳伟】

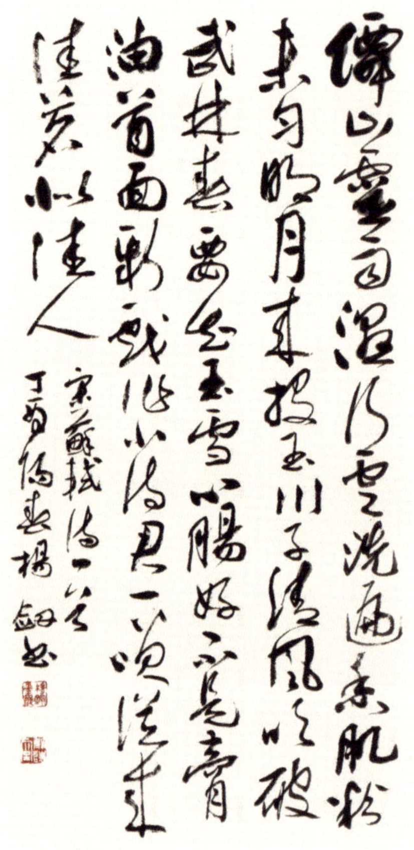

苏轼茶诗　杨剑书

雪浮金骏眉，一盏足倾天下；源溯正山韵，千秋独占鳌头。【刘红波】

一壶金骏眉，眉飞色舞；千古正山韵，韵厚情长。【刘红波】

金骏眉间，几缕幽香馨四海；正山堂里，十分醇厚誉千秋。【黄江】

茶似人生人似茶，耐品；道如溪水溪如道，长清。【罗方友】

眉挂香风，金芽沏梦春情暖；杯斟极品，骏业飘红茗色新。【肖波】

筑梦十年，金芽兴骏业；斟春一盏，香气绕眉峰。【肖波】

十载著风华，茶开妙境；一芽萃灵气，香出天然。【曾入龙】

品古味今，几芽香沸壶中水；兼容并蓄，一叶红惊天下春。【曾入龙】

撷来万点玉芽露，高山入韵；捧上一杯金骏眉，大海吟诗。【耿战浩】

芽肥九曲溪，正山德润；炉瀹八闽月，金骏眉开。【田伟】

元泽沛然，十载研瓯苦；勋声卓尔，千家吹沫闲。【田伟】

小种正山，业继卢仝彰大雅；名枞嘉茗，经传陆羽拓新香。【苏雪峰】

神话谁邀，一年问世，三年问鼎？骏眉我煮，初品沁城，再品沁国。【杨文博】

杯盏浮金，遥向武夷邀月；亚欧驰骏，且由华夏扬眉。【董海红】

十年金骏眉，登高必赋；一脉武夷茗，历久弥香。【邢伟川】

业始武夷，十载梦圆茶济世；诚赢天下，八方德耀玉镶金。【冯贵明】

汲天地精华，香弥万里；涵人文韵味，誉盛十年。【韩全兴】

香传四百年，红茶源起；誉盛八万里，金骏扬眉。【韩全兴】

品质如金，四海扬馨驰骏足；香甘比蜜，一瓯盈室引轩眉。【康永恒】

金骏扬威，眉尊上品；红茶驰誉，堂号正山。【康永恒】

正山长毓秀；金骏喜扬眉。【康永恒】

载德正山，时引卢仝斟七碗；驰香金骏，更邀陆羽著三篇。【张雪芳】

凭元勋掌舵，金骏一鞭香问鼎；借小种萌芽，正山十载誉齐天。【张雪芳】

金骏扬眉，小种提升新境界；正山饮誉，茶芽撬动大江湖。【武文宝】

旗树十年，金骏扬眉传厚德；茶红万盏，正山立鼎跃巅峰。【武文宝】

蕴味集香，举世同斟南岭韵；熏霞焙月，骏眉再振正山春。【桑润悦】

万盏溪山闲送爽；一壶风月暗飘香。【韩秀丽】

堂曰正山，长借红茶传美誉；眉称金骏，更凭厚德跃巅峰。【曹杰】

红炉煮翠，杯蕴三分春色；月露滋芽，壶藏万缕天香。【杨碧】

斟来眉韵三分，韵藏杯底；拈取天香一缕，香到心间。【杨碧】

天香一缕斟来久；眉韵三分回味长。【杨碧】

茶道传承，小种烹出新境界；骏眉问鼎，芽尖撬动大江湖。【卢云苍】

采露凝烟，教正山织梦；焙馨融韵，任金骏扬蹄。【田丽亚】

正山堂上，清香一沸溢天外；金骏眉梢，丰韵百般凝宇间。【田丽亚】

三叶醍醐，清心三界外；一杯定性，返璞一菩提。【周中兴】

芽尖承露三春雨；舌底留香一缕馨。【向志远】

黑黄醒目，三芽冲沸高山韵；甘苦怡人，五味品出活水魂。【向志远】

岩语留香，小种捎来云信息；骏眉舒展，金芽撬动大江湖。【向志远】

淡雅胸怀，看清世上几多事？馨香意趣，洗净心中万缕尘！【王展林】

金字招牌，骏马驮来眉上喜；高山韵味，泥炉煮出梦中情。【刘洪枢】

藉几叶骏眉，把大江湖撬动；挟十年豪气，将新梦想放飞。【董汝河】

金其贵，骏其速，眉其珍，堪赞！嫩以芽，浓以香，鲜以色，如歌！【董汝河】

金骏眉清，一瓯煮酽三江水；正山堂旺，十载弥香四海春。【张家口】

金骏眉香，茶红红透十周岁；正山堂阔，德厚厚叠四百春。【刘增才】

品质如金，数叶眉芽清肺腑；情怀若海，十年骏业领风骚。【张志强】

嘉誉生金，正山不负红茶祖；眉芽铸信，国饮长为骏业先。【张志强】

十载传承，与众分香赢赞誉；几回烹煮，同禅一味胜醍醐。【樊伯涛】

武夷山下，闲将世味拈杯品；金骏眉中，静看茶烟出水浮。【樊伯涛】

正山神韵，灵芽滴露禅心乐；真水无香，玉盏生金智者来。【马剑平】

大业逢春，三年问鼎新高度；底香持久，万户倾心金骏眉。【曹文献】

质如金，速如骏，眉红色润；香满室，乐满怀，誉远业兴。【曹文献】

八闽添香，泡热中华茶市场；五洲铺纸，写成精彩茗文章。【李瑞环】

四百年香透金芽，凭谁点化；一十载蔚成骏业，看我焙来。【陈金珍】

芽似当年，驰欧美万家醉品；业如八骏，领芬芳十载高歌。【陈金珍】

传承四百年，一壶韵雅；馥郁三千里，半盏情浓。【吴继强】

撷第一芽，情凝枝上尖尖叶；煮无双味，风散壶中郁郁香。【吴继强】

金骏飘香，一盏沁红中国梦；玉壶流韵，双眉醉透正山春。【葛永红】

盛业情怀，茶道十年臻上品；正山风骨，心弦一曲奏南薰。【林玉新】

金骏眉香，玉韵满杯驰誉远；紫砂壶暖，红茶一碗占春多。【肖玉娥】

金骏扬眉，十年梦筑高山韵；清香入口，四海情融中国红。【肖玉娥】

叶蕴花魂，不教山色随春老；汤留泉韵，顿使诗心漱玉清。【孙付斗】

韵逐香风，题诗谁是玉堂手？声隆茶界，品茗人夸金骏眉。【孙付斗】

桐木关前，十里春烟催谷雨；松篁荫下，一瓯秋水煮花风。【孙付斗】

缘自武夷，筑成骏业；未经冰雪，香过梅花。【郑万才】

烹岁月馨香，和臻上善；蕴正山风骨，道秉中庸。【吴德秀】

撷取灵芽，一瓯新绿揉诗味；烹来雅韵，几缕清香化月魂。【吴德秀】

背篓撷香，闽地金芽千载誉；衔杯漱玉，正山骏业四时春。【吴德秀】

春凝绿豌千重碧；月醉红茶一鼎香。【郑国敏】

一叶生金，尽藏云外武夷韵；十年腾骏，相映眉间中国心。【张德新】

业元元、绩勋勋，正山一骏；金灿灿、醇酽酽，眉寿万年。【鄂明尔】

叶解中庸，久在高山知淡定；心涵上善，一经开水散清香。【郭德萍】

一叶在天，已将春韵凝筋脉；十年圆梦，更把武夷化色香。【郭德萍】

容我摘来，一品正山天赐味；看谁陶醉，几回红韵梦留香。【张应明】

山呈景美千回客；春带茶香一品堂。【张应明】

香闻心已醉；味品兴尤酣。【孙国和】

驰骋翩跹，香盈艺苑；飞翻舞动，红了时间。【熊振文】

志与梦相连，执心报国；人同茶一样，揣意放香。【熊振文】

正山堂染千重绿；金骏眉开一品红。【李家桥】

十载扬眉，岁月流金驰骏马；万家飞韵，春风得意赋红茶。【赵勇】

厚重捲帘，推出金骏春天卷；人文挥笔，赓写红茶生态篇。【丁淑琴】

四百年清香弥远，金输其贵；十多盏甘味犹鲜，人醉此茶。【陈文杰】

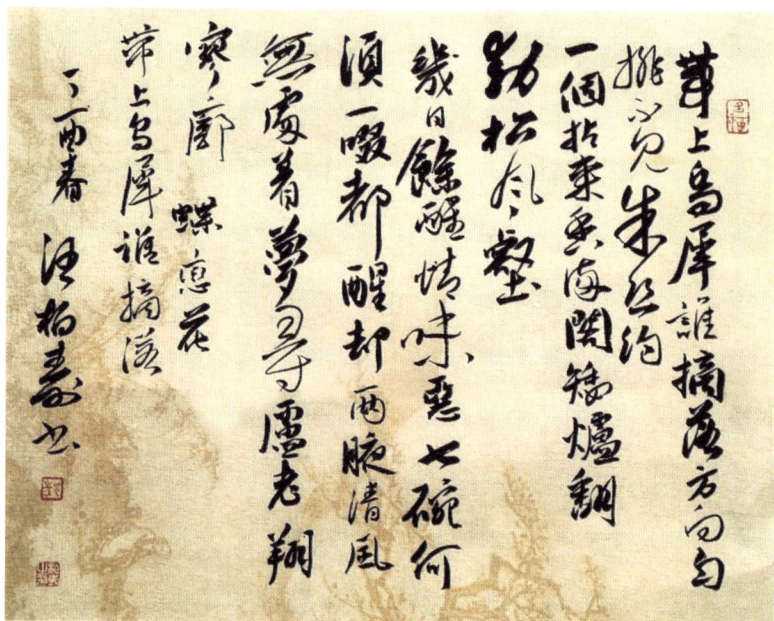

汪柏寿书

醇透东南情似火；香飘中外气如虹。【李孝荣】

梦醉八闽，茗舌三泡催笑靥；心驰九曲，红汤七碗漾诗情。【王小波】

煮九曲风云，品壶中日月；赏八闽烟雨，啜盏底河山。【王小波】

十载耕耘，崇山峻岭飞金骏；满园涌动，妙手精心采秀眉。【戴高峰】

香若君兰，对皓月幽琴，一盏柔盈妃子笑；色如琥珀，借卢仝雅兴，千杯醉染正山春。
【吴建华】

桐木春深，百万尖芽萦绿韵；正山香溢，十年心事寄红汤。【伏滚】

大道南来，武夷秋老；正山高卧，两腋风生。【蔡聪】

茶道通灵，十载精神堪种玉；青山列坐，一壶风月可斟诗。【蔡聪】

四方茗饮，源从华夏始；两腋清风，情自骏眉来。【罗金龙】

功在元勋，十载铸成金品质；香飘华夏，一壶煮出国精神。【刘松山】

杯盏蕴情，因有雅风于雅座；陆卢臻品，固缘佳茗似佳人。【肖奇光】

定灵桐木关，幽远内涵舒展；成熟正山种，裕优原色复兴。【肖奇光】

芽叶活鲜，仪型韵显汤、香、味；骏眉高贵，寓意锋滋果、蜜、花。【肖奇光】

弘扬茶文化，养性、修身、悟道；品味正山堂，添金、跨骏、扬眉。【罗先祥】

探武夷景，若是八仙也迷目；尝金骏眉，惜叹陆羽未逢时。【罗桂章】

堂号正山，香流十载玉汤茗；茶名中国，美溢千秋金骏眉。【吕可夫】

千里相求来骏足；万金不换笑娥眉。【康黎明】

金骏眉舒，香来七饮卢仝碗；正山堂立，兴起一吟陆羽经。【康黎明】

茗海识珠，潜心探得骊龙颔；正山获宝，惬意舒开金骏眉。【周永红】

十载开怀，共啜一盅讴陆羽；三番惬意，同烹七碗致卢仝。【胡春迪】

九曲回春，茗舌三泡无俗韵；十年逐梦，红汤一碗有天香。【胡春迪】

骏业十年，展眉天下；金汤一盏，驰意山中。【杨发余】

啜露餐霞，一芽泅透武夷韵；敲诗读月，百载饮酣金骏眉。【杨发余】

廿四代传承，元德馨扬中外；五百年工艺，勋门功耀古今。【高扬】

十泡飘香犹饱满；一杯入口即神仙。【卜用可】

汲武夷淑气，独领红茶雅韵；承小种精华，尽扬金叶风流。【余诗蕾】

佳茗宜人，闲抱一壶明韵；正山有梦，高吟千古大风。【缪旭东】

业著新高，字号隆成分水岭；茶涵古雅，香芽撬动市场春。【缪旭东】

金骏眉开，欲邀风而醉月；红茶味上，许问道以参禅。【徐俊杰】

品骏眉茶，得来七碗新滋味；读正山史，领略百年真性情。【沈建华】

海内远扬，名高鼻祖千金誉；盏中曼舞，状若天仙一缕眉。【渠芳慧】

红遍全球，红茶鼻祖百年业；江通大海，江氏源流一脉香。【蒋东永】

堂衍正山，茶清可鉴无双品；眉标金骏，香远益传小种红。【尹国庆】

金眉揉作琉璃叶；玉碗盛来琥珀光。【戴永平】

香从金骏眉中溢；芽在中国梦里红。【王凤祥】

筑中国梦以聚缘，和融一脉；饮金骏眉而清肺，香溢五洲。【王凤祥】

疏瀹涤心，指间轻夹白瓷影；熏陶入梦，眼底宜舒金骏眉。【张绍斌】

壶里大方，色香皆蕴武夷水；人间小种，灵秀俱涵金骏眉。【钟宇】

小饮提神，金骏眉扬翔八闽；漫烹入味，红茶韵溢醉千川。【万斌】

十年金骏眉，风靡华夏；一脉正山韵，味透古今。【雷银喜】

正雅化琼津，水之灵，山之秀；堂皇兴骏业，基以德，品以情。【赵继杰】

厚德生风，庭堂荟萃三千士；清香载梦，底蕴传承四百年。【赵继杰】

品贵于金，九曲氤氲松雪韵；情浓如月，一壶清雅武夷风。【赵继杰】

品正而香，芳魂本是瑶池种；芽灵且秀，净土长怀玉树风。【赵继杰】

一杯隽永一杯韵；半步人间半步天。【刘育生】

惜山水缘，烟霞供养青岩骨；合乾坤道，儒释馨香金骏眉。【胡小敏】

红逸梅花，一盏暗香旋芷梦；茶烹岁月，几番禅韵悟人生。【袁桂荣】

玉盖银瓯腾雾中，清神纳福；金丝黛叶飘香处，消欲和人。【杨曦光】

眉俊千般秀；茶香一品红。【贾英】

奇香自正山，红茶问鼎；珍品融文韵，厚德传名。【赵滨】

奉一盏红茶，融和世界；秉千秋厚德，撬动江湖。【赵滨】

德延江氏千秋业；情溢骏眉一盏茶。【赵滨】

韵显高山，十分出彩色香味；芳流寰宇，一茗惊人金骏眉。【苏纪利】

一杯醉品林泉韵；十载润滋天地红。【张树路】

喜上眉梢，已是十年十段锦；金辉骏业，必为一步一层天。【王建】

业起正山，势如金骏；香透禹甸，喜上寿眉。【王建】

业肇正山，一垄春催千树绿；香倾禹甸，十年誉获满堂红。【苏振学】

品重武夷，翠芽初采红酥手；香飘四海，玉盏长斟金骏眉。【马瑞新】

正山四百年，红茶冠首；大道八千里，金骏扬眉。【马瑞新】

品重正山，满堂香醉三千客；眉舒金骏，一盏情浓四百年。【马瑞新】

杯里奇珍，活水平分千古月；茶中妙品，正山独领一堂春。【张贵祥】

脱俗超凡，金骏眉如黛；融情识性，玉壶月似钩。【白晋锋】

江氏心中，让红茶焕彩；武夷山下，正骏马扬蹄。【廉宗颀】

壶鼎谁调，武夷霞隐玉川子；春秋我续，文化香窨金骏眉。【范青山】

从零起步，满山碧叶绿文化；与外蜚声，一碗幽香金骏眉。【薛启发】

金骏扬眉，宇中业盛名犹盛；正山揉韵，堂上茶香墨亦香。【李轩才】

十年赋好诗，约少陵，邀坡老；一梦开新局，腾寰宇，品骏眉。【李轩才】

暗香浮动如驰骏；清气充盈欲展眉。【乔中兴】

骏眉取自顶尖，得天独厚；声誉流传海外，其贵如金。【乔中兴】

志竞鸿鹏，大业扬眉千里骏；情融茗墨，正山壮气满堂金。【李劲松】

借问茶源，只在山高处；闲谈岩语，宜于味雅时。【张兴贵】

品味相谐三盏雅；天人共醉一壶春。【梁璞】

醉天地人，馨香万里高山韵；合儒释道，风骨千秋金骏眉。【马弘】

从峻岭来，甘甜如蜜；呈寿眉状，贵重若金。【杨新立】

名首以金，来头已教千秋逊；品巅而紫，旺象尤朝万里延。【纪创社】

骏眉开辟金天地；品质登临紫顶巅。【纪创社】

骏眉开辟金天地；韵脚登临紫顶巅。【纪创社】

茶暖人心，四百春秋臻上善；香飘世界，十年气象舞高天。【吴岱宝】

千年茶道中华韵；一品骏眉盛世春。【蔡哲】

求是创新，红心撑起千秋业；登高谋远，茶艺攀升四百年。【蔡哲】

碧野流金，十年茶业增春绿；丹心筑梦，一品骏眉耀世红。【蔡哲】

十载堪旌，骏蹄遍播峰峦色；千金难换，眉叶新煎琥珀光。【卫建国】

撷取武夷千树绿；化为玉盏一团红。【蒙卫军】

守正推新，百年技艺千秋业；溢香载誉，万绿茶丛一品红。【蒙卫军】

茶承百载，筑梦正山铭古训；名誉九州，燃情骏业领新潮。【李琼】

问金骏眉，缘何迷醉三千客；品正山韵，有此传承四百年。【梅篮予】

堂号正山，十年业绩；眉扬金骏，八闽荣光。【邓亚曾】

吐气扬眉，十年托起正山梦；登堂入室，一盏沏来中国红。【陈亮】

香溢皇家，早有大名闻海外；业驰骏足，还看小种竞风流。【贾雪梅】

十载运筹，儒生砚底金汁酿；一朝问鼎，雅士杯中玉液融。【纪根起】

质贵如金，沏出高山韵味；名驰似骏，牵来旷世春风。【陶大明】

形如初月娥眉，俏而有品；味比琼浆玉露，醇以弥香。【张建芳】

凭心中壮志，成斯事业；看世上红茶，溯此渊源。【何智勇】

人当如是，一任浮沉香益远；吾愿效他，百经冲浴味尤浓。【林嵩】

珍贵如金奔若骏；甘甜似蜜寿盈眉。【高威廉】

金骏飞，银汉去，寻中国梦；流霞落，武夷来，润九州春。【刘景山】

七、正山堂书画院

　　茶文化和书画文化皆为中国传统文化的精华。通过茶与书画的完美结合，让观众在欣赏优秀书画作品艺术魅力和享受美感乐趣的同时，领略感知中国茶文化的博大精深，既是把传统茶产业打造成为文化产业，实施产业转换升级的需要；也是弘扬推进中华传统文化，增强国人文化自信的需要。

　　正山小种是世界红茶的鼻祖，历史悠久，文化厚重，影响深远。为再扬我中华红茶之魂，2014年6月18日正山堂依规注册成立了"正山堂书画院"。7月20日，正山堂书画院举行揭牌仪式，国家一级美术师艾明福、厦门市青年书协副主席叶韶霖、福建省政协书画室特邀书法家翁万康、厦门市茶叶学会副会长徐庆生和正山堂董事长江元勋共同为正山堂书画院揭牌。

　　正山堂书画院成立以来，与中国楹联学会、福建省武夷山市文学艺术界联合会、厦门日报书画院、中国楹联学会武夷山茶文化交流中心、福建省武夷山市书法家协会、福建省武夷山市诗词楹联学会、福建正山堂茶业有限责任公司等单位，联合举办了两届"正山堂杯"全国茶文化楹联书法作品大赛；获奖作品先后在厦门、福州、济南、潍坊、兰州、长春、广州、白城、大连等城市巡回展览。这种通过楹联书法展示茶文化的内涵和魅力的方式，取得了社会各界的高度认可。此举为继承和弘扬中华茶文化，配合国家"一带一路"倡议，提升武夷山茶文化内涵，展示当代楹联、书法家风采起到了积极的推动作用。

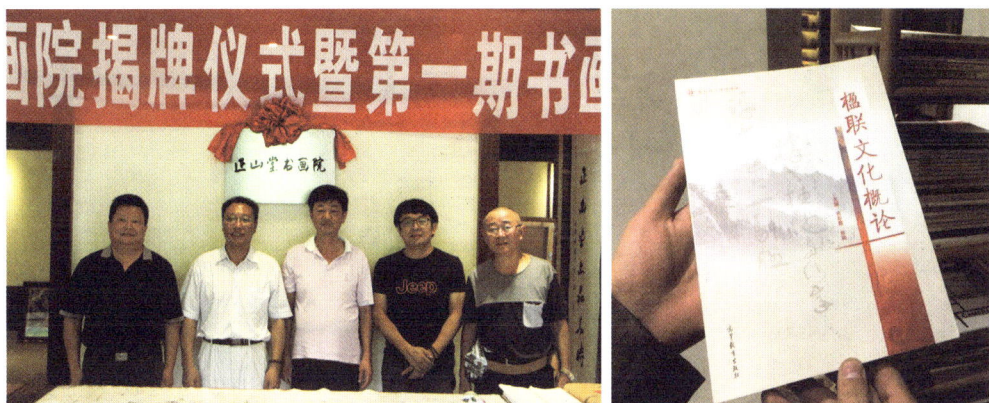

由正山堂书画院组织创作的柯云瀚、张坤山等人的楹联书法作品，还被宋彩霞、孙英编入《楹联文化概论》，作为教材由高等教育出版社出版发行。该教材在第九章"楹联与书法"中，详细列举了正山堂7副茶文化楹联书法作品。

1. 柯云瀚创作的对联

正山品茗，如痴如醉；武夷赏歌，似梦似随。

该联落双款，上款于上联右侧，书明时间及书写地点。下款落于下联左侧，落名款。

柯云瀚系当代中国书坛实力派书法家。1999年被中国文联评为"全国百名杰出书法家"；2001年被评为全国第二届德艺双馨书法家。

2. 钟宇撰、张坤山书的十一言隶书联

出武夷以带儒风，方为正品；
得小种而兴大业，允赖元勋。

该联落四行款，上联左右各一行，下联左右各一行，错落有致，独树一帜。

张坤山为著名书法家、评论家。第三、四、五届中国书法家协会理事，国家一级美术师。

3. 任宗厚创作的对联

彭武彭夷，功垂闽水；
元勋元正，香溢神州。

此联四行落款，皆是长款，内容为联句内容的典故由来。款识与正文紧密结合，布局上显得盈实丰满。

任宗厚，字敬文，号友梅、三余斋主人。中国书法家协会会员。

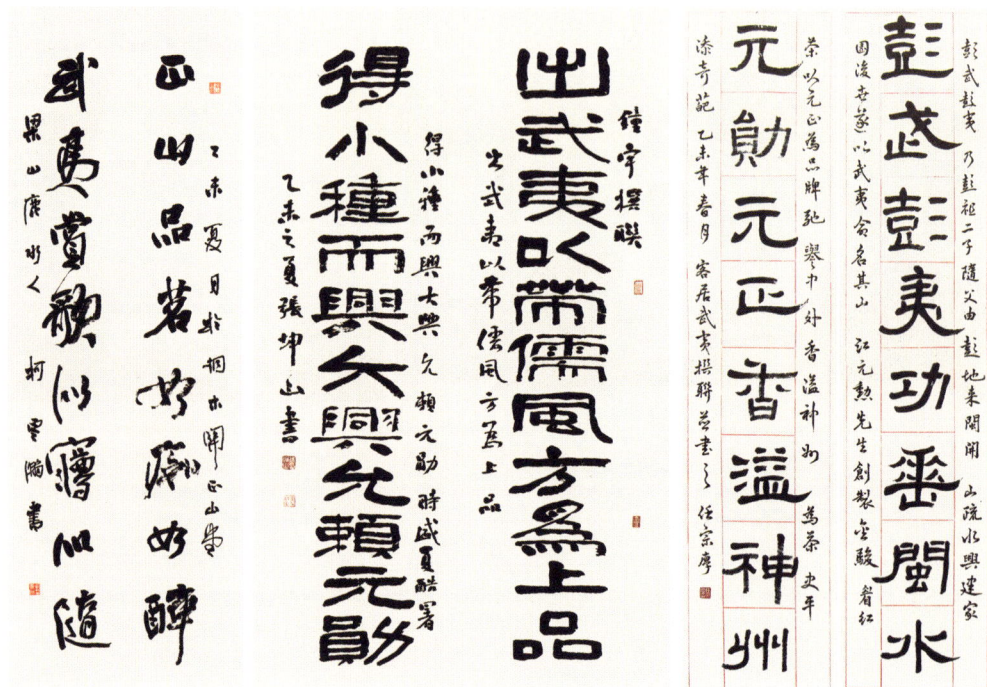

4. 李航撰、谷向阳书十一言行书联

凝逸者情，一盏漱心开境界；
摄春之韵，半壶写意品天香。

该作品线条流畅、笔墨灵动，展现了潇洒、流美之风。此联用仿古宣纸书写，钤盖一方圆形引首章，名款下用一方形名章，有遥对呼应之效。

谷向阳，号犁云居士，山东嘉祥人。北京大学东方学系教授，中国书法家协会会员、北京大学书法协会副会长，中国楹联学会顾问。

5. 郭凤林撰、唐云来书十一言行书联

何谓正山，武夷山抱玉清境；
岂惟茶史，文化史标金骏眉。

作品率意纵横却不失端庄、中正，以随形章钤盖在上联右侧中间位置，在此起到了平衡布局的作用。

唐云来，字俊泉，现为中国书法家协会理事、评审委员、书法培训中心教授、刻字研究会副会长，天津市书法家协会主席。

何謂正山武夷山抱玉清境
豈惟茶史文化史標金駿眉
郭風林撰聯 丁玉澄書 陳心境癸未春

正山堂茶業
瀟逸者情一盞漱心開境界
攝春之韻半壺寫意品天香
李航撰聯 谷雨陽春於北京大學

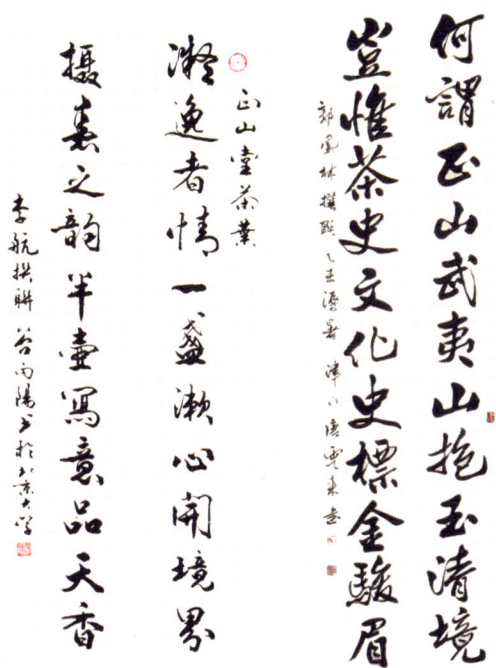

6. 王家安撰、李培隽书十一言楷书对联

云领正山，树一派红茶气象；
堂开胜境，恰十年金骏风华。

7. 李成炳撰、高寿荃书七言草书联

武夷春好千重绿；
金骏眉飞一品红。

《楹联文化概论》对楹联文化进行了细致、深入的梳理和总结，语言通俗易懂、生动活泼。书中引用的正山堂茶文化楹联书法作品，是正山堂书画院在构建金骏眉茶文化体系中一个缩影文化的呈现。我们期许有更多人在学习楹联的过程中，对茶文化产生兴趣和了解。

在2016年、2017年春节来临之际，正山堂书画院、中国楹联学会武夷山茶文化交流中心先后邀请了16位楹联家创作了16幅原创春联，由16位书法家着墨，印刷制成春联，主动融入由中宣部统一部署，中央电视台、中国楹联学会、中国书法家协会、中国国家图书馆主办，央视网承办的"万福送万家"系列活动中，为营造欢乐、喜庆、祥和、浓郁的迎春氛围承担服务社会的义务，受社会各界的广为好评。

雪霁风和春韵雅；茶香水暖日程新。

横批：肇庆调春

撰联：徐荣前（辽宁）中国楹联学会会员，中国对联创作奖得者

书法：杨剑（江西）中国书法家协会会员，西泠印社社员

半缕茶烟欣载福；一团春气喜萦怀。

横批：瑞气盈门

撰联：韦代森（广西）中国楹联学会会员，中国对联创作奖得者

书法：叶韶霖（福建）中国书法家协会会员，国展最高奖得者

福映华堂云映彩；茶融春色雪融香。

横批：时和岁好

撰联：王家安（甘肃）中国楹联学会会员，甘肃楹联学会副会长

书法：秦文亮（甘肃）中国书法家协会会员，甘肃书法家协会理事

喜雪飘来门聚瑞；寒梅香到盏浮春。

横批：金猴贺岁

撰联：渠芳慧（江苏）中国楹联学会会员，中国对联创作奖得者

书法：肖良平（北京）中国书法家协会会员，中国楹联学会书艺委主任

骏业逢春名万里；眉峰绽笑福千家。

横批：香溢神州

撰联：孙英（吉林）中国楹联学会会员，吉林省楹联家协会副主席

书法：任宗厚（吉林）中国书法家协会会员，东北师范大学书法教授

铺笺舞墨凝春韵；采雪烹茶暖比邻。

横批：风和日丽

撰联：万斌（江西）中国楹联学会会员，中国对联创作奖得者

书法：徐壹民（广东）中国书法家协会会员，国展最高奖得者

震出东方，万户春风扶绿萼；福延赤子，四时清兴品红茶。

横批：诗意人生

撰联：康永恒（河北）河北楹联学会理事，连续五年获"中国对联创作奖"金奖提名

书法：傅绍尉（广西）广西青年书法家协会副主席，"正山堂杯"全国第二届茶文化楹联书法展金骏奖得主

东风送暖梅花发；和气生春茗叶香。

横批：海宁承平

撰联：贾雪梅（女）中国楹联学会会员，中国楹联学会对联文化研究院研究员

书法：葛良胜（安徽）中国书法家协会会员，安徽省书协篆书委员会委员"正山堂杯"全国第二届茶文化楹联书法展佳作奖得主

杨剑书

叶韶霖书

秦文亮书

肖良平书

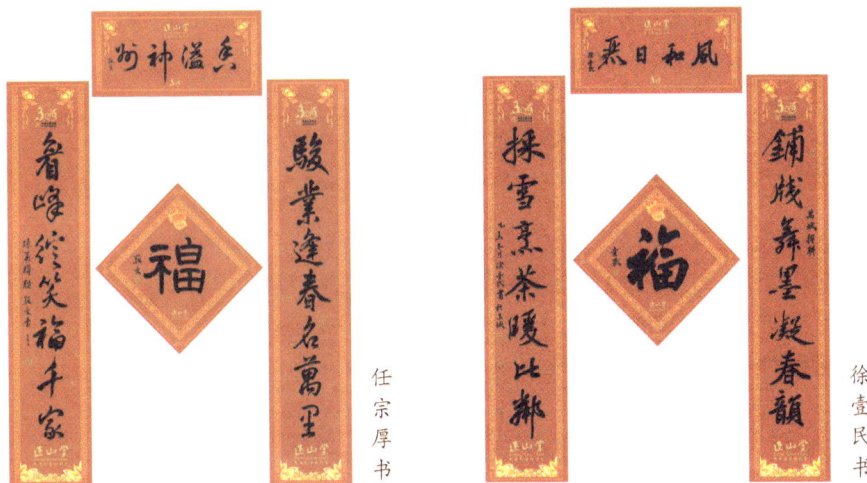

任宗厚书

徐壹民书

烟腾佳茗春风坐；果品丰年笑语喧。

横批：一门吉庆

撰联：严海燕（陕西）文学硕士，西安某高校副教授

书法：况冬冬（河北）中国书法家协会会员，"正山堂杯"全国第二届茶文化楹联书法展"银骏奖"得主

锦绣家园舒柳韵；温馨岁月溢茶香。

横批：春醉心扉

撰联：贺宗仪（山东）中国楹联学会理事，山东省楹联艺术家协会副主席书写作者

书法：廖树富（河南）河南省书法家协会会员，"正山堂杯"全国第二届茶文化楹联书法大赛佳作奖得主

腊肉香中迎旧雨；春风座上试新茶。

横批：大国小康

撰联：文伟（重庆）重庆市楹联学会常务理事，中国对联创作奖金奖获得者

书法：刘吉强，中国书法家协会会员，"正山堂杯"全国第二届茶文化楹联书法展银骏奖获得者

茗色春调梅瓣盏；烟花晓报竹枝词。

横批：嘉年祥和

撰联：王家安（甘肃）中国楹联学会会员、中华对联文化研究院研究员，甘肃省楹联学会秘书长

书法：蒙和（蒙古族）中国书法家协会会员，"正山堂杯"全国第二届茶文化楹联书法大赛"佳作奖"得主

大地东风千里绿；名茶瑞雪一壶春。

横批：嘉年祥和

撰联：邹宗德（湖南）中国楹联学会理事，湖南省楹联家协会副主席

书法：肖玉锋（江西）江西书协会员，中国硬协会员，中国硬协少儿工委委员

春山过雨茶烟绿；柳陌回风鸟语喧。

横批：生机盎然

撰联：卜用可（女，江苏）中国楹联学会理事，中国对联创作奖金奖获得者

书法：叶韶霖（厦门）中国书法家协会会员，厦门市书协常务理事，厦门市青年书协副主席，厦门日报书画院院长，北京水墨公益基金提名"福建十大青年书法家"

几枚新叶醉归客；满院娇莺嬉瑞年。

横批：春到人间

撰联：张小华（江西）文学博士，现就职江西省社会科学院

书法：张志，"正山堂杯"全国第二届茶文化楹联书法展佳作奖得主

新芽两瓣壶中绿；晓唱一声天下春。

横批：活色生香

撰联：吕可夫（湖南）中国楹联学会会员，中华对联文化研究院研究员，湖南省文史馆馆员，长沙市楹联家协会副主席

书法：赵恩（山东）中国书法家协会会员，"正山堂杯"全国第二届茶文化楹联书法展佳作奖得主

与此同时，正山堂书画院还在中国新闻摄影学会、新华社福建分社摄影部、新华网福建频道、闽北日报、南平市新闻摄影学会的支持下，成功举办了两届"何止于米，相期以茶"正山堂全国主题摄影大赛，征集作品近万件，评选获奖作品近百件。

吹糖艺人 *李海涛摄*

叶韶霖在创作　徐庆生摄

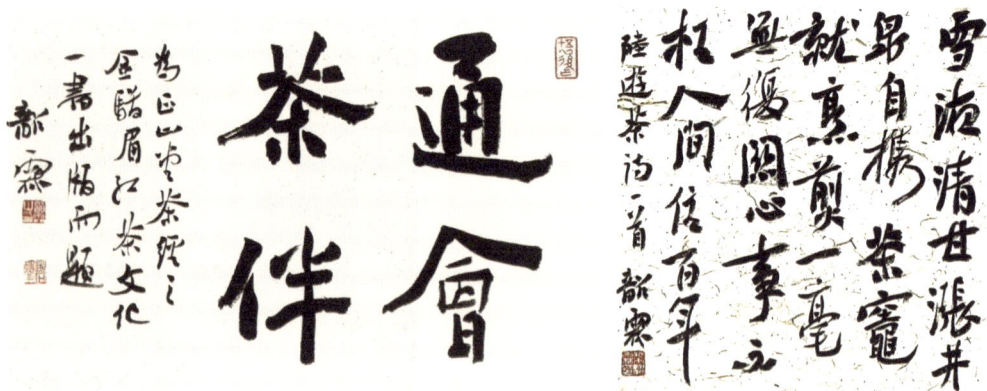

通会茶伴　叶韶霖书

叶韶霖，是从武夷山下走出来的艺术家。了解他的人都知道，他喜茶爱茶，茶伴通会，任《厦门日报》文创周刊主编，开辟茶叶专栏，为武夷茶走入更多厦门人家发挥了积极的推动作用。执着与灵性，成就了他在艺术道路上的成功。闽北著名杂文家乔夫，撰写的《四尺丹上的耕夫》，描述其成长的经历，现附于此，以飨读者。

四尺丹上的耕夫

乔夫

叫我看书法作品，如同叫我喝酒：一杯美酒倒入口中，只知好喝，但不知好在哪里；一幅书法摆我面前，只知好看，却不知其"法"在何处。因此，每每有人谈及书法，我从不敢插嘴。

年前的一日与友煮茶，又有人谈及韶霖现今如何了得，作品入国展犹如进自家厨房，大名出得已是一字千金，这使我不由心生妒意。

想我年少之时，小学三年加上初中二年，每天下午20分钟的毛笔字是必修之课，老师"字无百日功"和"写字不怕丑，只要划划有"的训诫，至今烂熟于心。更有甚者，在我习字时，家父冷不丁在我头上狠狠敲下的那一记"毛栗子"，至今让我心颤。家父可是只有毛笔的那个年代的高小毕业生，那时候，别说是农家的红白喜事，就是村坊上盖庙建亭的栋梁留墨，他也是提笔就挥，虽说书不得法，那字却也好看。

"字是读书人的招牌"，家父老是这样对我说。可怜天下父母望子成龙之心。

与韶霖相识，是在20多年之前。那时，体单力薄的我，心恐父母对我缺乏劳动体能的担忧，却也早早地逃离了农村，再几经周遭，在某机关当了个刀笔小吏，却又不思"勤能补拙"，而是总想寻取捷径，一有机会就往文人堆里扎。其时的韶霖已是闽北日报的小编，一来二往，我俩便对上了眼，常常啤酒桌上也要一分伯仲。殊不知机会一来，韶霖却脚底抹油，远离养育他的闽北跑到了厦门，还居然没被都市的灯红酒绿淹死，反而暴出个大名来。

韶霖在书法界暴出大名，到底名声有多大？据载，他的作品已30余次入选国展，并且还获得全国书法协会最高奖——兰亭奖。尽管有人疾呼：练书法者，不要以参加国展为目标。难道除了参展级别与获奖档次，对书法作品还有别的评判标准？

妒心之下，打开电脑读韶霖的字。行草，犹如他的一头乱发，癫狂却不遁遢；隶书，就如他的眼睛，虽恣意夸张却不张扬；魏楷，更似他的身板，虽谦恭却墩实有力。倘若与友人煮酒论茶间，翘望墙上他那篆隶兼具的条幅，仿佛一群头戴发髻的淑女正在你的眼前婆婆起舞，典雅而不骄奢，真似水袖漫舒，怡然自得。

一言以蔽之，韶霖的字好看！

中华民族的文字起源于距今五六千年前的仰韶时期，韶霖兄能有此书法名声，莫不是因名而起，得到了仰韶文化的真霖谛沐？

非也！纵然我迄今仍记得老师的训诫和家父的"赏赐"，我也自读小学起就没一天停过用笔，但写出的字仍如家父所斥："八脚爬楼"！现今有人把字丑归罪于电脑，说"一手好字让电脑给废了"时，而我却气不敢喘，因我电脑打字至今还是拼音"一指禅"。

因此我认为，韶霖的成功，是他的执着与灵性所赐。有人说，韶霖一周拿毛笔的时间，超过他一年握筷子的时间。这话，我信！因韶霖自师从田树苌先生起，30余年的坚持与坚守，加上他那天生就"不老实"的悟性，他不暴名，谁暴名？

105年，蔡伦发明了造纸术。其后，他的高徒孔丹，一日偶见一古檀木枯倒溪边，不经意间被烂树皮感悟，于是有了宣纸。孔丹之后，又有弟子为纪念孔丹，尽全身之技，囊极优之材，造出四尺宣纸，且命其名曰："四尺丹"。韶霖说，当你写得宣纸满地丢时，你的书法就练成了。

于是我想，叶韶霖，就是那四尺丹上的耕夫！

丁酉之季春记于延城

八、正山茶业研究所

2006年3月9日，福建国家级自然保护区正山茶业有限公司正山茶叶科学研究所，经武夷山市科学技术局批准（武科〔2006〕2号），正式成立，江元勋任所长。一是在张天福、骆少君等茶界前辈的指导下，对金骏眉适制品种、采摘时间、采摘标准、制作工艺，包括萎凋、搓捻、发酵、干燥的温度、湿度、时间的掌握上进行试验、分析、比较，于2007年定型，开始批量生产，2008年正式投放市场。

二是研究开发新产品。先后成功开发上市了银骏眉、百年老枞、妃子笑、水底香、正山小种野茶、骏眉红等各具特色、高端红茶的标杆产品。

三是举办培训。围绕红茶知识、制作工艺、企业文化等每年对企业员工、社区茶农、经销商，开展培训，提升业务技能。同时，还与有关部门联合，对外开展评茶员、制茶师培训班。2016年10月29日至11月2日，在武夷山国家自然保护区桐木关茶产区，与福建经贸学校共同举办了为期5天的2016武夷山正山堂首期"评茶员"培训班。来自各地51名学员，通过《六大茶类知识》理论及冲泡演示品鉴、《销售流程及技巧》《茶文化》《茶与健康》《公司产品知识提升》《高级评茶员教程》理论与操作等的培训学习，经鉴定考试合格后获得了国家人力资源和社会保障部、中华全国供销合作总社颁发的"评茶员"职业资格证书。

四是研究制定金骏眉行业标准。2012年，作为惟一企业单位，参与起草、制定了红茶国家标准（第三部分）。2016年6月1日，联合中华全国供销合作总社、杭州茶叶研究院、武夷山市茶业同业公会、武夷山市茶业局、福建农林大学等单位，制定颁布了金骏眉红茶的行业标准。

《中华人民共和国供销合作行业标准 金骏眉茶》

九、正山堂茶之旅

　　2011年8月中旬始，央视新闻频道和央视财经频道，一则以中国国画风格为基调、简约高雅的"正山堂"广告播出后，让更多的人萌生了踏进武夷，深度了解、感受这家专注、专业从事红茶生产、研发、种植以及茶资源生态保护、产业化运营，颇具规模、综合型红茶企业的欲望。为此，正山堂开发出了多条茶旅线路，供旅游寻茶人士选择。

(一) 寻踪研茶，五天四夜深度游

　　第一天：抵达武夷山，入住酒店。欢迎晚宴结束后，观看《印象大红袍》。

　　《印象大红袍》，由张艺谋主导编排。它是我国目前唯一展示中国茶文化的大型山水实景演出，其观众席为全球首创三百六十度旋转式的。场面之大，演员之多，科技手段之新，震撼人心。

　　第二天：跟随岩茶传承人的步伐，游走岩茶核心产区"三坑两涧"，感知武夷茶的博大精深。之后游览深藏位于武夷山景区中心位置的佛教名刹——天心永乐禅寺，同时观赏禅茶表演。午餐后参观岩茶名企，了解茶文化，交流如何品饮大红袍。晚餐后品鉴武夷各类特色茶品。

　　第三天：上午游九龙窠，观瞻六株母树大红袍。大红袍系武夷岩茶中的"茶中之王"，相传在明末清初时就有采制，距今已有300多年的历史。20世纪80年代，大红袍经人工繁育成功，经专家鉴定，无性繁殖的大红袍保持了母树大红袍的特征特性及品质，通过不断的试制提高，其制作工艺日益精湛，无性繁衍的速度加快，现已大量上市，走入寻常百姓之家。

　　午饭后，驱车直奔武夷山国家级自然保护区的核心地带"桐木关"。这里是世界红茶发源地，生态环境良好，生物链完整，拥有"鸟的天堂""蛇的王国""昆虫的世界""开启物种生物基因库钥匙"等美誉。

　　中途在哨卡、三港，停车休息。亲山亲水亲自然，感知保护区独特自然的青山绿水；与短尾猴群近距离交流，体会人和动物和谐相处的乐趣；随后再到桐木关顶。

　　桐木关，曾是古时进出福建的三大关口之一，如今是福建与江西的分界处。桐木关游玩结束后，驱车到金骏眉创始企业正山堂，品茗、观看红茶起源文化纪录片，欣赏正山堂书画院陈列的名家字画，参观正山堂红茶博物馆，听正山小种第二十四代传人江元勋先生讲述红茶知识并与之合照留念。

　　茶主题晚宴后，观看由正山堂清丽灵动茶艺师演绎的《金骏眉十八道茶艺》表演。之后，入住金骏眉山庄。

　　金骏眉山庄坐落在武夷山国家级自然保护区核心地带桐木的庙湾，由一座主楼、两座副楼组成。主楼高五层、副楼高三层，建筑面积5 000多米^2，有大小客房（套房）30间，有容纳20多人的小型会议室两间、50～60人的中型会议室一间、100米^{2}高档KTV一间，设施齐全，舒适卫生，环境优雅。

　　第四天：上午上山采茶、参观青楼。在金骏眉制作大师的指导下，动手制作属于自己能带回家的红茶。午餐后驱车来到九曲竹筏码头，搭乘竹筏，顺流而下，从另一个角度欣赏武夷真山水。晚上组织开展茶叶知识学习交流。

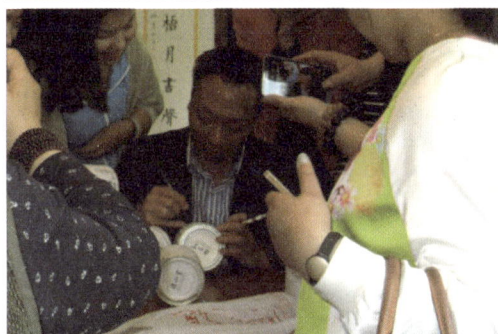

第五天：返程。

（二）访茶觅古，三天两夜中度游

第一天：上午抵达武夷山，入住酒店休息。下午游走"三坑两涧"，晚上观看《印象大红袍》。

第二天：早饭后出发，中途在皮坑、哨卡休息，亲山亲水亲自然；继续前行到三港，戏猴后，驱车到达桐木关顶。午饭是柴火灶，农家菜。一杯茶后，到金骏眉创始企业正山堂，品茗、观看红

金骏眉山庄

茶起源文化纪录片，欣赏正山堂书画院陈列的名家字画，参观正山堂红茶博物馆，听正山小种第二十四代传人江元勋先生讲述红茶知识并与之合照留念。返程途中停车参观青楼，三姑晚饭后，观看《武夷水秀》演出。

《武夷水秀》以三个农民畅游武夷九曲溪的奇幻经历为主线，将虚拟特效与真实表演高度结合起来，每幅场景的转化都是一幕故事的开始，通过各不相同的十二幕场景将武夷山九曲溪水的九个美德：纯洁、美丽、智慧、力量、生命、财富、永恒、和谐、想象力等一一呈现，壮观、绚烂、秀美、刺激、震撼。

第三天：上午参观下梅古民居。下梅既是"万里茶路"的起点，又是武夷山世界文化遗产地的组成部分。它历史悠久，人文荟萃。别具明清特色风格的古民居建筑群，融砖雕、石雕、木雕艺术为一体，外观古朴，带有浓郁的乡土气息。

餐后参观岩茶名企，了解茶文化，交流大红袍等茶品的品饮。参观结束后返程。

（三）跟师习茶，桐木一日轻松游学

上午：通过正山堂示范基地负责人，带领学员游走茶山，参观正山小种百年老厂，听取老茶师讲述红茶诞生传奇的故事，使学员了解正山小种与金骏眉红茶生长环境、核心产区特点、品种特征、发展历史、工艺流程等红茶文化。

下午：由正山堂培训师，为学员讲述桐木茶叶世家——江氏家族在传承红茶400年制作工艺的基础上，创立正山堂品牌，开发金骏眉等高端红茶的经历。带领学员参观正山堂红茶博物馆和正山堂书画院名家的书画作品。在正山堂专业审评人士的指导下，学习红茶审评专业技术知识，学会如何泡好一杯武夷红茶。

一〇、红茶世家的过去、现在与将来

《茶博览》2009年第一期刊登了林小玲、陈卓栋采写的题为《江元勋：红茶世家的过去、现在与将来》的文章，较全面地介绍了红茶世家的过去、现在与将来。现予转录：

2008年11月16日至11月18日，第二届海峡两岸茶业博览会在武夷山隆重举行。这一茶业盛会引来各方的关注，其时正在武夷山视察工作的中共中央政治局常委李长春，也在百忙之中抽空参观了茶业博览会的展馆。当时，正山茶业有限公司董事长兼总经理江元勋，也和其他茶业公司老总一样，平静地站在展位，等领导人经过时向其介绍自家产品。但令人意想不到的是，李长春进入展馆后，并未绕场参观，而是在福建省、南平市、武夷山市等各级领导的陪同下径直走向正山公司展位。

回忆起那时的情形，江元勋就像回到了当日的展馆，激动如初。他表示，当时李长春和其他领导除询问了正山公司的经营情况外，还特意问起了江元勋独创的红茶极品——金骏眉，并给予其极高评价。江元勋一边吩咐茶博士冲泡金骏眉让他们品尝，一边向他们介绍金骏眉、"元正牌"正山小种红茶在市场的销路。

"当时其实是感到很意外的，没想到国家领导人首先就来到正山公司的柜台，激动得连话都差点说不清了，只是一个劲地重复，金骏眉创出后，海内外茶客都十分喜欢，市场反应热烈，这是对我祖业的最大肯定！"

过去：祖业·祖父

在江元勋的创业历程中，"祖业"与"祖父"是两个关键词。"祖业"是指其家传的红茶事业，而祖父江润梅则将"祖业"牢牢刻在江元勋的脑海之中。

江元勋介绍，他是桐木关江氏家族的第24代传人。对于家族的传承历史，江元勋可谓倒背如流。"我的家族是在河南固始地区发源，北宋后期迁到江西，一直到南宋后期才定居在当时的福建崇安县桐木关，也就是今天的武夷山桐木关。"

据历史记载，桐木关江氏家族的始祖为盖一公，盖一公在桐木关开田园创基业。江氏历代都以制茶为生，在明朝后期始创红茶制作，创出了如今的正山小种红茶。"现在，人们谈到桐木关江氏，第一印象都会想到正山小种。我们家族与正山小种已经连为一体。"江元勋骄傲地说。

历史上的正山小种红茶是中国红茶的代表，享有着崇高的历史地位。据统计，这种始创于明朝后期的红茶品种，大约在清朝乾隆后期正山小种红茶达到了历史最高峰：中国出口的红茶中，印有Lapsang Souchong(正山小种红茶)标志的茶叶占据所有出口红茶的85%，而原产地域内的正山小种红茶的最高历史产量也不过是100余吨。

"17世纪的时候，正山小种是英女王和皇室的御用茶。当时的安妮女王每日下午一杯正山小种，让正山小种成为整个欧洲上层社会的抢手货。"江元勋并向记者背诵出一段文字："'我一定要去求助于武夷的红茶：真可惜酒却是那么地有害，因为茶和咖啡使我们更为严肃。'这是拜伦在《唐璜》中写下的，'武夷的红茶'就是指正山小种。第一次知道这段话，是祖父告诉我的。"

江元勋的祖父名叫江润梅，字润梅。"没有他，可能就没有今天的我。"江元勋与祖父感情至深。为了追忆祖父，江元勋曾亲自撰写一篇文章，开篇便尽显暖暖亲情，"依稀记得祖父温暖的手牵着我走在青翠的茶山中，依稀记得祖父中风后拄着拐杖在茶楼上指导村民们做茶，依稀记得祖父病重时祖母仍然蹒跚地抬回几十斤的茶青，依稀记得祖父去世那天下了一整天大雨，河水涨到了家门口的杨柳树根上……"

江润梅是江氏家族中一位杰出人物，在其接手家族产业前，正山小种已进入衰落期。当时清朝国势衰败，正山小种红茶难以抵挡印度、锡兰红茶的冲击。国内军阀又连年割据混战、民不聊生，桐木关几乎与外界完全隔绝，正山小种红茶几乎走到了灭绝的边缘。

"接手祖业时，祖父也是迫于无奈。"据江元勋表示，江润梅早年醉心仕途、无意制茶，无奈其父病重，将产业尽数托付给江润梅。或许是家族中与茶有不解之缘，接手没过多久，就摸索出做正山小种的技巧，"而且祖父待人温和、不计得失，没过多久，祖父就成为整个桐木关制茶第一人。"

其后，两位茶界前辈吴觉农与张天福先后来到桐木关，在资金、技术上给予江润梅极大的帮助。整个20世纪40年代，江润梅大展拳脚，对正山小种的种植、制作、销售等环节进行了一番彻底改造，将正山小种起死回生。在他的努力下，正山小种红茶在1949年后得到人民政府的关心，迅速走上了恢复的道路。可以说，江润梅是延续正山小种血脉的一代大家。

"祖父对做茶倾注了一辈子的心血，在过世之前，他再三嘱咐'一定要把正山小种红茶继承下去，这个祖宗的东西不能丢'。"

无题　刘青作

现在：有机茶认证·金骏眉

历史总是惊人的相似，当祖传产业落到江元勋肩上的时候，他发现遇到的处境与当年祖父面对的竟如此相似。而江元勋的选择，也是与祖父一样，勇于面对，在逆境中奋斗，重新树起"正山小种"这块金字招牌。"至今我都觉得，所做的一切不能说太出色，但毕竟没有辜负祖父的嘱托。"

时光来到20世纪90年代，正山小种的生存因各种原因再次遇到困境。当时，正山小种红茶这一红茶鼻祖几乎灭绝，每斤卖价不足10元，山上茶园荒芜，生产工艺濒临失传，全村只剩2家村民零敲碎打地生产一点，之中就有江元勋。

"最低谷时，仓库里积压着上百万元的茶叶无人问津，山上的茶青无人采摘，制茶季节几乎闻不到茶香，有的村民甚至改茶山种毛竹，别说外地人，就是武夷山知道正山小种红茶的人都非常少。"

由于桐木村地处保护区内，这里树不能砍、山不能挖、猎不能打，又没有田地可耕，村民的生活资源只有茶叶和毛竹，而可以给村民带来收入的红茶因知者甚少，又不能给村民带来收入。江元勋看在眼里，痛在心里，为了不使红茶被淹没，他暗下决心，这辈子对红茶要不离不弃。

随着武夷山获得世界双遗产品牌，旅游形势日益红火，正山小种红茶也日渐为人所知，来探访红茶鼻祖的游客逐渐增多。于是，当地党委、政府决定，扶持江元勋在盛产红茶的茶山脚下建立元勋红茶厂，后又改为正山茶业有限公司，推出了"元正"品牌的正山小种红茶。由此，江元勋的祖业复兴之路走出第一步。

但是这第一步，江元勋走得并不轻松。"有些事不是下定决心就可以成功的。"在红茶厂建立之初，江元勋仍然采用传统的制茶方式与老式分散经营，在市场上毫无吸引力和竞争力，因此红茶一直卖不上价。为了改变困境，江元勋还尝试做起乌龙茶。"桐木关千百年来还从没有人做过乌龙茶，回想起来这次尝试实在冒险。"但当年的冒险并未太见成效，搞了两年，整整积压了25吨乌龙茶在仓库里。再加上积压的红茶，江元勋气都喘不过来，工厂的机器也慢慢停转。

"眼看撑不下去，但中国人有句古话叫否极泰来，大概在2000年时，我遇到高人了！"江元勋所说的高人就是祖耕荣。8年前祖耕荣以乡镇党委副书记身份下派到茶厂担任营销助理。在他的帮助下，江元勋先是贷到19万人民币的款项，使工厂重新运作。接下来，祖耕荣又给江元勋出了一个点子：在正山小种的传统市场欧洲，正盛行有机茶。如能取得有机茶认证，桐木茶厂的红茶就可以直接进入欧盟市场。在祖耕荣的建议下，江元勋决定再次做出冒险，下大力气向德国BCS有机食品保证公司申请有机茶认证。

为了申请该认证，江元勋与祖耕荣花费一年的时间，一同踏遍桐木关周遭的所有茶园采集各种数据，不知踏破了多少双鞋。"桐木距城区有80公里，路况又不好，坐班车要颠簸上3个小时。有时刚刚跑回到城里，第二天又要赶下去。光这样跑还好，最头痛的是申请认证时的手续，麻烦极了。写报告，填表格，送样品，还要翻译成德文，还要找专家，前前后后好几次。弄到后来，差一点自己都没信心了。"所幸苍天不负有心人，2001年，"元正"品牌正山小种红茶被确认为有机茶，并成为福建省第一个取得德国BCS认证的茶产品。随后日本JAS、美国OCIA等多家国际权威有机认证机构认证也被江元勋一一收入囊中，使产品顺利打入欧洲市场。目前，江元勋有60%红茶出口美国、德国、法国、日本等地区。

与此同时，武夷山政府在旅游促销宣传上，把正山小种红茶与大红袍共同向外推介。每每遇此，江元勋总是积极参与政府组织的各种推介活动，带上茶样和宣传资料，为正山小种红茶在各种活动中争得一席之地，以此提高正山小种红茶在市场上的知名度和影响力。经过多年努力，正山小种红茶逐渐为市场认可。

所谓好事成双，就在经营状况持续好转的情况下，江元勋又在一次偶然的机会创出了红茶的极品金骏眉，将祖传的手艺发扬光大。"大概在2005年的时候，两个朋友来做客，聊着聊着就向我提议，正山红茶能不能学绿茶类那样做出些高端产品？"当时江元勋也有了灵感，便集合公司几位造茶师傅试验，将新采的茶芽尖用手搓搓，再进行发酵。待发酵好后立刻用火炭进行烘焙。"做好以后，发现茶叶散发一股独特的香气，色泽金黑相间，而且有一层绒毛。"

次日，江元勋将茶叶捧出、开泡品尝。发现这种茶叶有蜜香、薯香、花香等综合高山韵味，甘甜回味悠久、爽口滑喉。由于形状像海马，在茶盘中的茶叶就像奔腾骏马一般。"几个朋友一合计，就取其色泽和形状，命名为'金骏眉'"。如今，"金骏眉"已成为正山茶业有限公司的拳头产品，市场价格每500克可达1万元人民币。

将来：蓝图·辉煌

近年来，江元勋奔走于各地茶业展销会，凭借"元正"品牌与高品质的"金骏眉"产品，获得同行一波波的赞誉。但面对这一切，江元勋并没有被冲昏头脑。因为他觉得，距离历史上正山小种最高峰时期的辉煌，目前还相差甚远。在他脑海里，早已有一幅未来发展的蓝图。

"一方面要继续把企业做强做大，带动农民增收，从而实现保护当地环境的目的。另一方面在过去单纯依托出口市场的模式下，力拓国内市场，在主要大中城市设立正山小种红茶营销网点，以提升正山小种红茶的知名度。同时，与武夷山强势茶企业联手，共同拓展国际市场，恢复正山小种红茶历史上的辉煌！"

一一、为世界制作最好红茶

2011年11月中国书局出版了由林永传、彭戈主编的《八闽茶商》。该书刊载了八闽大地46位成功茶人的创业历程，江元勋被收入其中，全文如下：

2010年8月24日，中央电视台新闻频道播出了一条关于福建武夷山正山茶业有限公司的新闻，江元勋董事长在接受记者采访时说："为世界制作最好的红茶，是我们责无旁贷的职责和义务。"他说，从世界范围讲，红茶是世人品饮的主要饮料，红茶的产销量占世界茶叶市场70%的市场份额。从国内来说，尤其是金骏眉和正山小种为主的红茶，近几年备受茶叶市场的礼遇，带动了中国红茶的大发展。

中国是世界红茶的发源地，正山小种红茶是世界红茶的鼻祖，如今风靡世界的欧式下午茶即起源于武夷山的正山小种红茶。年销售额30亿美元的世界第一大茶企立顿，就是由正山小种红茶衍生而来。红茶，作为全球范围内最为流行的茶，其保健作用早已经得到了翔实的科学论证。在欧美发达国家，红茶的美容、暖胃、减压、提神等保健作用已经深入人心，而且是各阶层国民精神生活不可缺少的一部分。据英国BBC公司关于最能代表英国国民特性的调查中，"每天喝一杯红茶"高居榜首。

"造世界之正，做正山之传人。"这是正山茶业公司董事长江元勋和他的团队的誓言。他说，正山茶业秉持着为世界培育最好红茶的宗旨，怀抱为传统中华文化之一的茶文化复兴贡献力量的精神，坚持不懈地为传统茶产业的现代化与创新发展努力。"金骏眉"正是这种持续不断努力的成果。江元勋将"金骏眉"归于"正山堂"系列，一是表明"金骏眉"

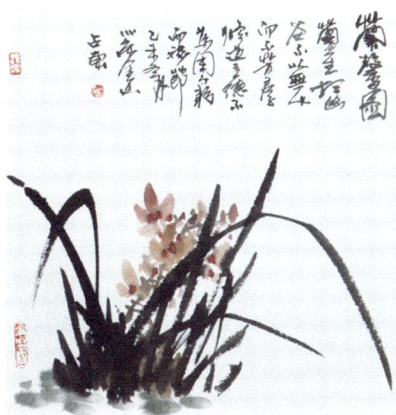

兰馨图 赵占东作

陆羽拜竹 刘青作

是正山传人秉持红茶世家精神的产物；二是表明"金骏眉"是代表了当今中国红茶品质与技术的创新水平。

正山小种红茶原产地，坐落在拥有世界"双遗"美誉的武夷山桐木关，这里山高林密，云起雾绕，茶树都分散在崇山峻岭之中，被誉为"最为完美的茶山"。传承四百余年的正山小种红茶卓越的制作工艺，再配之以深厚而丰富的文化内涵，自然就造就了正山小种红茶脱俗的品质。在正山小种红茶基础上创新的金骏眉，无疑将正山小种红茶特殊的产地、传统的工艺、卓越的品质、深厚的文化凝练一体，展现了正山小种红茶乃至中国红茶的高贵。

据介绍，19世纪末，以正山小种为代表的中国茶叶在世界市场上受到巨大冲击，对英国的红茶销售也节节败退，到了20世纪，武夷红茶的对外销售更是每况愈下。民国时期则是武夷红茶的最衰败时期，积年累月的战争使"正山小种"红茶几乎面临绝迹。新中国成立后，"正山小种"红茶的命运也几经波折，到80年代"正山小种"红茶因销售问题面临砍与留的抉择。我国著名茶叶泰斗张天福先生在给福建省人大的议案中支持说"正山小种"是福建省独家经营的外销商品，不能单凭眼前经济效益来衡量得失，应慎重考虑从全局长远和生产观点出发，因此才得以保留。

作为正山小种红茶的第二十四代传人，江元勋借着此股东风在当地政府的大力支持下创建了正山茶业有限公司，并不断地发展壮大，使"正山小种"红茶有了新的发展和质的飞跃。

福建武夷山正山茶业有限公司是一家集茶园基地、研发生产、加工出口传统"正山小种"红茶的支柱企业，是武夷山市委、市府重点扶持的农业企业之一，同时还是福建省、南平市农业产业化龙头企业。实行"公司+农户"运作方式，带动地方茶农1 500余户，解决1万多名茶农的生计问题，促进了地方经济，创造了显著的社会效益。

由于"正山小种"红茶拥有优越的地理生长环境，独树一格的加工工艺和悠久的红茶文化，使得"元正"牌正山小种红茶获得国家第一批"原产地标志"注册，获得福建省著名商标、福建省名牌农产品、全国放心茶协推荐品牌等荣誉称号。还得益于武夷山国家级自然保护区内完美的茶山，产品已经连续10年获得德国BCS、日本JAS、美国NOP有机茶认证。2005年4月18日和20日分别在上海国际茶文化节和武夷山大红袍茶文化节成功将珍藏30年的"正山小种"30克分别以12.6万元和13.6万元拍卖出。在中国（芜湖）国际茶叶博览会上获金奖、中国厦门国际茶文化节获"五星级国际茶王"、中国武夷山首届茶文化艺术节"正山小种"茶王奖等荣誉称号。代表极品红茶的金骏眉弥补了福建省没有高端红茶的历史。金骏眉、银骏眉已经被茶博会指定为礼品茶。之后，正山人又积极开发研制出了百年老枞、妃子笑等品质高贵的手工红茶。正山红茶正引领着中国红茶的发展方向。

在谈到正山堂金骏眉的品牌价值时，江元勋认为：金骏眉的产生并能火热，这说明金骏眉卓越的品质是根本，而"正山堂"赋予金骏眉的就是文化内涵。现在市场虽然很乱，但好的金骏眉正在于其好的品质，品质作为决定性因素最终会起到优胜劣汰的作用，正因此，"正山堂"金骏眉因其品质而具备了品牌特征。

江元勋说，首先，"正山堂"所具有的红茶历史文化底蕴之深厚是任何其他金骏眉所不具备的，这表现在以下几个方面：其一，这种深厚底蕴首先源自具有四百余年历史的正山小种红茶世家的历代传承，加之近代由第二十二代传人江润梅先生在吴觉农和张天福等茶学大师的帮助下注入的创新和复兴精神。而这种创新和复兴精神始终以吃苦耐劳的农民本性为基础，离此则无所谓茶叶创新。其二，来自于十余年正山小种红茶品牌"元正"打造的积累下的经验——品质在长时期内的保证与不断提升以及文化内涵的发掘与融合无间。虽然金骏眉很不同于正山小种，但可以说没有"元正"红茶，就没有金骏眉，也就没有"正山堂"。"正山堂"有"元正"为基础就好比大树有深根也就能愈加繁茂。其三，社会和茶界的认可是金骏眉能够走向名牌的关键因素，这种认可就是品牌价值的支柱点所在。江元勋作为第二十四代正山传人，其对金骏眉的创新和品质的保证，为茶学界和社会上的认可打下基础，也就是为"正山堂"注入了品牌基础。

俗话说，真金不怕火炼。正山堂金骏眉品牌已经成功走出了一条突破之路。江元勋表示，"离开正山茶业谈'金骏眉'红茶，就是无本之木，无水之源。"

其实，在正山堂金骏眉刚刚研发出来的时候，正山茶业就意识到了会出现今天的市场局面，这是他们预料之中的。所以，正山堂义无反顾地扛起大旗，打造好的品牌，不仅给金骏眉这个产品一个正大的名号，也让茶人和消费者能够增加对金骏眉的信心和信任。这也是金骏眉能否走向长远，走过坎坷的关键所在。江元勋坚持认为，率人先正己，充分发挥优势，为中国红茶的大发展奔走呼号。

由于创新发展了正山小种的工艺，江元勋因为对红茶发展的突出贡献，获得了茶叶王国的桂冠"陆羽奖"、武夷山市"茶产业发展突出贡献奖"等殊荣。但江元勋感到并不轻松，他认为，作为世界红茶的发源地，武夷红茶在世界茶叶格局上所占的份额太小。江元勋说，中国产的都是好茶，关键在于如何经营好。所以，作为红茶的发源地，我们立志要"为世界做最好的红茶"，进一步发展农业产业化，使之成为自己的"立顿"。

"保护环境与茶叶发展，表面上看是矛盾的，其实是相辅相成的。保护是为了发展，发展才是最好的保护。"江元勋说，武夷山的茶之所以拥有独特的优良品质，是因为它们生长在良好的生态环境里。武夷茶叶的可持续发展，离不开绿色产业的支持。只有独特的生态环境才能孕育绿色产品的独特价值，这一价值一旦为市场所认可，品牌的形成带动龙头企业的崛起，绿色产业就会得到快速发展。所以，我们更懂得珍惜和回馈。"武夷山的每根草都是甜的。"江元勋说，"好山、好水、好政策、好思路是绿色茶产业兴旺的根本。"

从一个小作坊起家，发展到中国红茶的龙头企业，江元勋对生态与茶产业的相互依存感触颇深。他说，没有武夷山得天独厚、保存完好的自然生态，就不可能有正山小种红茶的发展。茶叶品质与生态环境息息相关。在武夷山，上百年的茶树自然生长在一个动植物王国里，那里有平衡的食物链，茶树长了虫，会有天敌把它吃掉，茶农不用喷农药。

对于生态环境保护与利用的关系，人们的认识一步步在加深。1998年刚建茶厂时，好茶叶没人要，茶农一斤青叶才卖8毛钱，经过10年的开拓，正山小种红茶名气叫响，茶农每斤青叶分别卖到20～750元不等的高价，仅茶叶一项收入达到人均5万元。茶农富了，也就没人再上山砍树，而且簇簇茶树像一道天然防火墙，在保护区内发挥着自己的生态卫士作用。江元勋说，茶产业是真正的绿色产业，要让正山小种红茶名扬天下。

江元勋说，如今的武夷山将不再是纯粹的旅游胜地，其所蕴藏的生态价值和文化价值得到进一步的提升，资源保护与新产业、新经济将有机结合起来。武夷山发展到今天，靠的是碧水青山，未来，武夷山的跃升发展要靠新兴的产业，要靠人文底蕴和岩韵茶香。红茶历史上的两次变革看似发端于偶然，但其中却蕴含着丰厚的茶道精髓。江元勋说："茶字的构成就是草加人加树，人是支撑点。所以一个真正的茶人应该要先学做人再学做茶。"

"就正山茶业而言，首要的就是保证产品品质，建立畅通的销售渠道，让消费者购买到正宗的正山红茶。"2009年年底，江元勋着手开设"元正皇家红茶"专卖店，通过专卖店的专业规范来给消费者提供放心的产品、放心的购物环境和满意的服务。

身为南平市人大代表的江元勋告诉记者，他目前最大的意愿，是更好地传承江氏四百余年制茶传统，让正山小种红茶这个曾经风靡欧洲上层社会的尤物，在21世纪重放异彩；让当地百姓真正从茶上受益，从而彻底解决武夷山桐木溪一带的环境保护与经济发展的矛盾。我们也相信，作为"世界红茶的发源地"，武夷山正山小种红茶将会焕发出新的光彩，越来越多的民众也能品饮到这种自然天成的好茶。

几年来，江元勋着手与世界茶叶委员会、欧盟茶叶委员会共同发起世界红茶节，在武

三思图　老等作

夷山汇聚英国、德国、法国、意大利等红茶消费国和印度、斯里兰卡、印度尼西亚、马来西亚等产茶国代表，以及中国15个红茶省的业界代表，形成产销高端对接，以此促进整个中国红茶发展。这些都进一步提高了正山小种红茶的身价。

曾子曰："士不可以不弘毅，任重而道远。"江元勋表示，成绩和荣誉都只能说明昨天的我们；一如既往地秉承为"世界提供最好的红茶"的使命，向不断富裕的中国人民倡导高雅、健康的生活方式，希望通过自身的不断发展与完善，能够为正山小种红茶的复兴做出新的贡献，为中国红茶的辉煌做出新的贡献，这是今天的我们；通过脚踏实地的努力，成为中国的"立顿"，为世界制造最好的红茶，那是明天的我们。

江元勋是这样说的，他和他的团队也一定这样走下去。我们有理由相信，我们有理由期待，我们有理由祝福。

拾

饮茶益寿福万家

正山堂茶红
金骏眉

ZHENGSHANTANG CHAJING
JINJUNMEI

◇◇◇◇◇

茶中乾坤　徐庆生摄

　　茶既是一种饮料，又是一种食品。对人体具有养生、保健的作用。这是因为茶叶里含有很多人体生理需要的元素。现代科学研究表明：茶叶中含有500多种化学成分，其中具有药用价值的就有300多种。它们多以有机物的形态存在，如茶多酚、咖啡因，其中茶多糖、氨基酸、维生素、芳香油以及多种矿物质和微量元素等，是人体不可缺少并各具功效的重要营养和药用物质。

　　饮茶不但能解渴，还能防治疾病，提高机体免疫功能和健康水平，是一种非常有益人体心身健康的保健养生饮品。

一、茶是良药

　　饮茶最早是从药用开始的。成书于战国时期的《神农本草经》曰："神农尝百草，日遇七十二毒，得茶（荼）而解之。"自此以后，先民们就以吃茶来解毒治疾。关于茶的药用功能，《神农本草经》云："茶味苦，饮之使人益思、少卧、轻身、明目。"

　　华佗《食论》云："苦茶久食益意思。"梁代陶弘景《杂录》称："苦茶轻身换骨。"《唐本草》说："茗，苦茶，味甘苦，微寒无毒，一主瘘疮，利小便，去痰，解渴，令人少睡。"唐陈藏器在《本草拾遗》中说："止渴除疫，贵哉茶也，上通天境，下资人伦，诸药为各病之药，茶为万病之药。"

　　唐代茶圣陆羽在《茶经》写道："茶之为用，味至寒，为饮最宜，精行俭德之人。若热渴、凝闷、脑痛、目涩、四肢烦、百节不舒、聊四五啜，与

益寿

李时珍

醒醐、甘露抗衡也。"又指出茶有"解毒、治病、醒酒、兴奋、解渴"等功效。

唐代刘贞亮把饮茶作用概括为"十德"：以茶散郁气，以茶驱睡气，以茶养生气，以茶除病气……

宋代吴淑《茶赋》说："夫其涤烦疗渴，换骨轻身，茶荈之利，其功若神。"

明代顾元庆《茶谱》中记载："人饮真茶能止渴、消食、除痰、少睡、利水道、明目、益思、除烦、去腻，人固不可一日无茶。"明史《食货志》："番人（指少数民族）嗜乳酪、不得茶，则困以病。"明代著名医学家李时珍《本草纲目》："茶苦而寒，最能降火。火为百病，火降则上清矣。温饮则以因寒气下降，热饮则借火气而升散。又兼解酒食之毒，使人神思阔爽，不昏不睡，此茶之功也。"

《本草纲目》载："茶体轻浮，采摘之时芽蘖初萌，正得春生之气。味虽苦而气则薄，乃阴中之阳，可升可降。"

清代黄宫绣的《本草求真》称："茶禀天地至清之气，得春露以培，生意充足，纤芥滓秽不受，味甘气寒，故能入肺清痰利水，入心清热解毒，是以垢腻能降，炙傅能鲜，凡一切食积不化，头目不清，二便不利，消渴不止，及一切吐血、便血等服之皆能有效。"《桃源县志》载："以茶配五味汤，云为'伏波将军'（马援）所制，用御瘴疠。"

英国人威廉·格莱斯顿说："你感觉寒冷时，茶使你温暖；你感觉燥热时，茶使你清凉；你感觉激动时，茶使你镇静。"

饮且食兮寿而康　杨小诗书

中华医学把茶的药理归为二十四功效：

少睡　安神　明目　清头目　止渴生津
清热　消暑　解毒　消食　醒酒
去油腻　下气　利水　通便　治痢
去疾　祛风解表　坚齿　治心病　疗疮治瘘
疗饥　益气力　延年益寿　其他

二、饮茶益寿

"茶"字为上、中、下三层结构，上层为"廿"，中层为"八"，下层为"木"，可看成"十个八"，即八十。"20+8+80=108"。所谓茶寿，即108岁。

日本"茶祖"荣西禅师（1141—1215）在《吃茶养生记》上卷开篇写道："茶者，养生之仙药也，延龄之妙术也。山谷生之，其地神灵；人伦采之，其人长命。"

中国学者陈望道说："饮茶可以唤回你的青春、勇气和健康。"

饮茶益寿，众所周知。自古以来，屡见不鲜。唐代诗人李白在《答族侄僧中孚赠玉泉仙人掌茶（并序）》中述：

余闻荆州玉泉寺近清溪诸山，山洞往往有乳窟，窟中多玉泉交流。其中有白蝙蝠，

茶者寿　叶韶霖书

大如鸦(一作鸭)。按《仙经》：蝙蝠一名仙鼠，千岁之后，体白如雪，栖则倒悬，盖饮乳水而长生也。其水边处处有茗草罗生，枝叶如碧玉。惟玉泉真公常采而饮之，年八十余岁，颜色如桃花。而此茗清香滑熟，异于他者，所以能还童振枯，扶人寿也。余游金陵，见宗僧中孚，示余茶数十片，拳然重叠，其状如手，号为仙人掌茶。盖新出乎玉泉之山，旷古未觌，因持之见遗，兼赠诗，要余答之，遂有此作。后之高僧大隐知仙人掌茶发乎中孚禅子及青莲居士李白也。

> 常闻玉泉山，山洞多乳窟。
> 仙鼠白如鸦，倒悬清溪月。
> 茗生此中石，玉泉流不歇。
> 根柯洒芳津，采服润肌骨。
> 丛老卷绿叶，枝枝相接连。
> 曝成仙人掌，似拍洪崖肩。
> 举世未见之，其名定谁传。
> 宗英乃禅伯，投赠有佳篇。
> 清镜烛无盐，顾惭西子妍。
> 朝坐有余兴，长吟播诸天。

　　这首诗说的是，湖北丹阳县玉泉山上玉泉寺外水边，生长着一种仙人掌茶，玉泉真公常饮此茶，得以还童振枯。

　　唐代医学家孙思邈在《养性》中指出："人之所以多病，当由不能养性。"而品茶正是修身养性的最好方法之一。通过品茶，人的精神得以放松，心境达到空明虚静，心情感到怡悦惬意，故可以健康长寿。

　　历代茶人多高寿。"茶神"陆羽活到七十二岁、"茶僧"皎然活到八十一岁、"别茶人"白居易活到七十四岁，这在"人生七十古来稀"的唐代都算是长寿了。宋代"眼明身健残年是，饭软

张天福夫妇与武夷茶人　正山堂提供

茶甘万事忘"的桑苎翁陆游活了八十六岁；明代"何当借寿长生酒，只恐茶仙不肯容"的大画家文徵明活了九十岁；明末清初，自称"君有绝荣不绝茶"的杜茶村，在贫困交加中仍活了七十七岁；清代自称"君不可一日无茶"的乾隆皇帝活了八十八岁；曾称"尝尽天下之茶"的袁枚活了八十三岁；一生"笔床茶灶常相随"的茶隐阮元活了八十六岁，这些都是著名的茶人寿星。但从有记载的文字来看，饮茶之最高寿者，当属让唐宣宗为之惊讶，并赐茶、赐住、赐名的洛阳和尚。

宋朝钱易在《南部新书》中载：唐代大中三年，洛阳有个和尚进京，年纪居然有130多岁，唐宣宗见之惊讶，问吃什么药能如此延年益寿。老和尚答：生性爱茶，每天要喝40～50碗。宣宗当场赐茶50斤，并让其住在京师的保寿寺，同时将其饮茶地，命名为"茶寮"。

现代茶人饮茶高寿的应属中国现代茶界泰斗张天福先生，他一生爱茶嗜茶、研究茶，105岁高龄时仍能奔走各地茶区。2017年6月4日在福州离世，享年108岁，堪称现代人饮茶长寿的典范。

三、红茶药用成分

现代药理学研究，茶叶具有多方面的药理功能。动物实验和人体验证发现，茶药理作用的发挥，有些是由单一成分来完成的，有些则是几种成分联合发挥作用，有的是几种成分互补协同完成的。因此，在某种程度上，茶对肌体的药理作用的发挥是各种成分综合作用的结果。茶叶的药用成分主要有生物碱、茶多酚、芳香类物质、多糖类物质、氨基酸、维生素、矿物质和微量元素等。

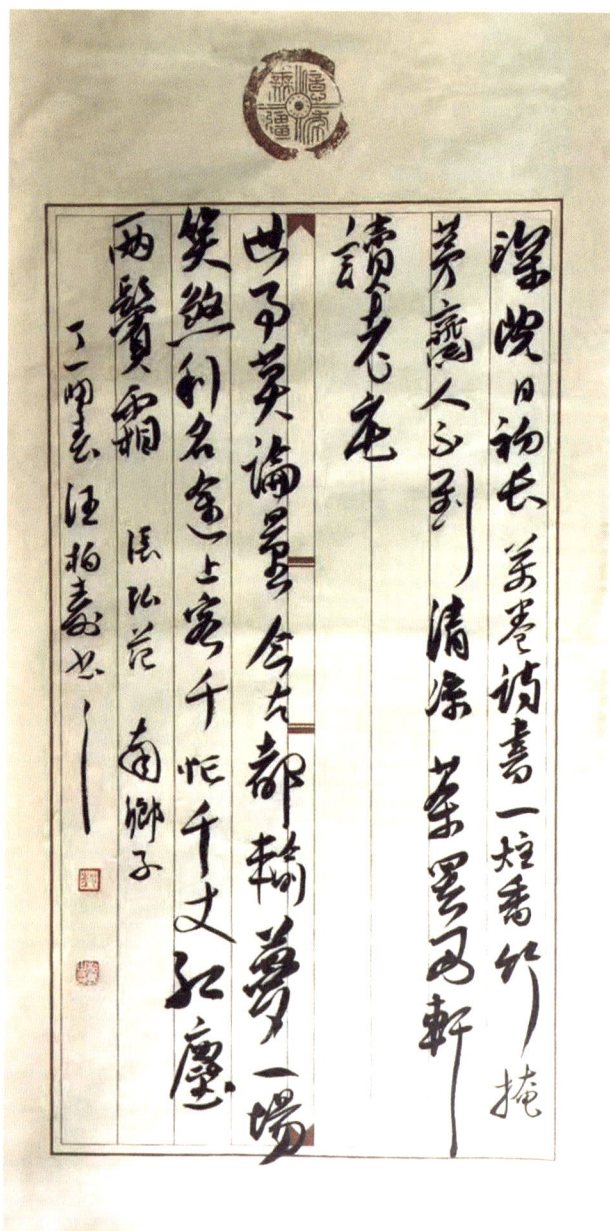

张弘范《南乡子》　汪柏寿书

不同种类的茶叶，其药用成分是基本相同的，但含量因茶的种类和产地的不同而有所不同。顾谦等编著的《茶叶化学》认为：红茶水浸出物中含有：10%～20%的多酚类物质、0.4%～2%的茶黄素、5%～11%的茶红素、3%～9%的茶褐素、0.2%～0.5%的氨基酸、3%～5%的咖啡因、2%～4%的可溶性糖、1%～2%的水溶性果胶、1%左右的有机酸、0.02%左右的芳香油。此外，还有盐及其他物质。

（一）多酚类物质

茶多酚，俗名茶单宁，是茶叶30多种多酚类物质的总称。它是红茶最为主要的药用成分。其功能是增强毛细血管的作用，抗炎抗菌、抑制病原菌的生长，并有灭菌的作用；能刺激叶酸的生物合成，影响维生素C的代谢；能影响甲状腺的机能，有抗辐射损伤的作用；作为收敛剂可用于治疗烧伤；可与重金属盐和生物碱结合，起解除中毒的作用。除此之外，还具有缓和胃肠紧张、防炎止泻作用等。

茶多酚主要由儿茶素类、黄酮素类化合物、花青素和酚酸四类物质组成。儿茶素类含量最高，约占茶多酚总量的70%，是红茶药效的主要活性成分。它具有防止血管硬化、动脉粥样硬化、降血脂、消炎抑菌、防辐射、抗癌、抗突变、延缓老化等效用。儿茶素类能与单细胞的细菌结合，使蛋白质凝固沉淀，以此抑制和消灭病原菌。细菌性痢疾及食物中毒患者喝红茶颇有益。民间常用浓红茶水涂抹伤口、褥疮和香港脚，防治细菌生长扩散的效果显著。

茶黄素是由茶多酚及其衍生物氧化缩合而成的产物，其分子小，结构稳定，吸附力特别强，是红茶主要生理活性物质。它能通过多种途径，有效调整人体的代谢水平，抑制能量摄入，加速代谢，从而渐进性、治本性地起到纤体轻身的功效。能减少脂肪在肠道内的吸收，延长甲肾上腺素在体内停留的时间，促进体内脂肪的燃烧和代谢。能抑制淀粉酶、蔗糖酶的活性，减少机体对糖的吸收，具有增强血液活力，软化血管，防止血管硬化、降血脂、消除自由基、预防和改善心血管疾病和糖尿病的功能，享有茶中"软黄金"的美誉。

茶黄素自1957年被发现以来，始终为各国茶学家、医药家所关注研究。近年来对茶黄素的医药价值和保健功能更是日益为人们所认识，并成为研究的热点。1995年由联合国粮农组织发起，在英国、美国和加拿大联合开展红茶对人体健康作用的研究。结果表明，茶黄素类不仅是一种有效的自由基清除剂和抗氧化剂，而且具有抗癌、抗突变、抑菌抗病毒，改善和治疗心血管疾病，治疗糖尿病等多种生理功能。2003年，国际著名医学杂志《美国医学会杂志》刊登了美国科学家主导的一项临床实验结果，证实茶黄素具有降血脂的独特功能，特别是降低血脂中胆固醇和低密度脂蛋白的水平。该研究指出，茶黄素不但能与肠道中的胆固醇结合形成不溶物，减少机体对来自食物的外源性胆固醇的吸收，还能抑制人体内源性胆固醇的合成，从而降低人体内的整体胆固醇水平，在调节血脂、预防心脑血管疾病方面发挥积极作用。日本原征彦等的研究发现，茶黄素对肉毒芽孢杆菌、肠炎杆菌、金色葡萄球菌、荚膜杆菌、蜡样芽孢杆菌和贺氏细菌均有明显的抗菌效果。国内一些研究机构还发现茶黄素对ACE酶（血管紧张素转换酶）有着显著抑制效应，具有降血压、降黏液滞度的功效，能预防心血管疾病、高脂血症、脂代谢紊乱、脑梗死等疾病。

正山堂金骏眉的茶黄素含量较一般红茶高，故汤色金黄。因而，在冲泡时，应选用无污染的好水，煮沸，快冲，快出水，以促进茶黄素的释放。

饮茶諀訣
烫茶伤人 糖茶和胃
姜茶治痢 饭后茶
消食空腹茶心慌
午茶提神晚茶失眠
隔宿茶伤脾
过基茶消瘦胆
茶温饮清香养人
丁酉四月 郭霖

（二） 生物碱

茶叶中生物碱主要分为嘌呤碱和嘧啶碱两种类型。嘌呤碱包括咖啡因、可可碱、茶碱、黄嘌呤、次黄嘌呤、拟黄嘌呤、腺嘌呤、乌便嘌呤等八种。红茶中的咖啡因含量最高，约占总量的3%～5%；其次是可可碱，占总量的0.05%；再次是茶碱，约占0.002%；其他嘌呤含量很低。

咖啡因具有重要的药理功能，它能刺激中枢神经，兴奋大脑皮层，减少疲乏，增强思维，提高工作效率；能抵抗酒精、烟碱和吗啡等的毒害作用；能强化血管，是血管的舒张剂；能提高胃液分泌量，帮助消化；能加快肾脏血液循环，提高肾小球的过滤率，起利尿作用；能松弛平滑肌，消除支气管和胆管痉挛，对气管哮喘有一定的疗效；能控制下视丘的体温中枢，调节体温；降低胆固醇和防止动脉粥样硬化。

茶碱的功能与咖啡因相似，兴奋中枢神经系统的作用较咖啡因弱，强化血管和增强心脏的作用、利尿作用、松弛平滑肌的作用比咖啡因强。另据实验证明，茶碱还能吸附金属和生物碱，并沉淀分解，这对面临饮水和食品工业污染的现代人而言，不啻是一项福音。

可可碱的功能与咖啡因、茶碱相似，兴奋中枢神经的作用比前两者都弱；强心作用比茶碱弱，但比咖啡因强，利尿作用比前两者都差，但持久性强。

（三）芳香类物质

红茶为全发酵茶，在加工过程中发生了化学反应，香气物质从茶青中的50种增至325种。2005年，姚珊珊、郭雯飞、吕毅、江元勋等，对正山小种红茶品质化学的检测中，共鉴定出49种芳香类物质，包括17种醇、12种酚、7种醛、5种烯烃、2种酮、2种酯、2种酸、1种醚和1种环氧化合物。萜烯类有杀菌消炎、祛痰作用，可治支气管炎。酚类有杀菌、兴奋中枢神经和镇痛的作用，对皮肤还有刺激和麻醉的作用。醇类有杀菌作用。醛类和酸类均有抑杀真菌和细菌，以及祛痰的功能。酸类还有溶解角质的作用。酯类可消炎、治疗痛风，促进糖代谢的作用。

（四）氨基酸

茶叶所含氨基酸以两种形态存在。一种存在于蛋白质里，即组成蛋白质的氨基酸；另一种以游离态存在于叶内，称为游离氨基酸。《茶叶生物化学》载：茶叶中的氨基酸通过提取、纯化、分离，鉴定共有26种，其中20种是组成蛋白质的氨基酸，6种是非蛋白质氨基酸。数量较多的有：茶氨酸，占50%以上；谷氨酸，占9%；精氨酸，占7%；丝氨酸，占5%；天冬氨酸，占4%；其次是缬氨酸、苯丙氨酸、苏氨酸等。茶氨酸是形成茶叶香气和鲜爽度的重要成分。氨基酸是人体必需的营养成分，谷氨酸有助于降低血氨，治疗肝性脑病；蛋氨酸能调整脂肪代谢；α-氨基丁酸对高血压有明显的降压效果。

（五）维生素

茶叶中含有多种维生素，包括维生素A、维生素D、维生素E、维生素K、维生素C、维生素P、维生素U、B族维生素和肌醇等，其含量占干物质总量的0.6%～1%，有水溶性和脂溶性两种。茶叶维生素含量丰富，可称为"维生素群"。饮茶可使"维生素群"作为一种复方维生素补充人体对维生素的需要。维生素A是人体不可少的物质，具有促进人体生长发育，维持上皮细胞与正常视力的生理功能。维生素D能促进肠壁对钙和磷的吸收，调节钙和磷的代谢，有助于骨骼钙化和牙齿的形成。维生素C能增加血管韧性，抵抗病菌侵袭，降低胆固醇，防色素沉着等作用。

（六）其他物质

除此之外，茶叶中还含有：有机酸、糖类、酶类、类酯类、无机化合物等。红茶中的氟对于防龋齿和防治老年骨质疏松有明显效果，钾有助于降低血压，铜是酚氧化酶的辅基，锌是DNA和RNA聚合的辅基，铁是细胞色素氧化酶的辅基。正山小种红茶含有较丰富的硒，据《中国茶经》载："硒具有抗氧化、抗突变、抗肿瘤、防辐射之功效，能阻断N-亚硝基化合物的作用，可有效降低和防治克山病，使人延年益寿。"

四、红茶独特的保健功能

无论是流行病学研究，还是基础实验结果均表明，红茶及其有效成分对心脏病和脑血管疾病、癌症、帕金森病、降脂降糖降压、强壮骨骼以及流感等多种疾病，都具有很好的预防和保健作用。

（一）防治心脏病和脑血管疾病

红茶具有舒张血管，有益心脏的特殊功能。饮茶可以降低人体血液中有害胆固醇的含量，增加有益胆固醇的含量，降低血压。可降低血液黏度、抗血小板凝集，对预防脑血栓、冠心病等心血管疾病有效。美国医学界在最近的一项研究发现，心脏病患者每天喝4杯红茶，血管舒张度可从6%增加到10%。常人在受到刺激后，则舒张度会增加到13%。

这项研究是由波士顿大学进行的，研究报告说，红茶的疗效虽然无法使病人的血液流通恢复正常，但却有助于改善血管畅通的状况。还有研究表明，红茶中含有一种黄酮类化合物，其作用类似于抗氧化剂，能防治中风和心脏病。

荷兰一项研究显示，每天喝1杯红茶与不喝者相比，前者得心脏病的风险要比后者低44%；每天喝4杯以上红茶，可使患动脉粥样的危险性降低69%。日本大阪市立大学实验指出，饮用红茶一小时后，测得经心脏的血管血流速度改善，证实红茶有较强的防治心梗效用。

（二）提神消疲、利尿

红茶中的咖啡因能刺激大脑皮质，兴奋神经中枢，促进提神、思考力集中，使思维反应敏锐，记忆力增强。加之对血管系统和心脏也具有兴奋作用，能强化心博，加快血液循环，促进新陈代谢，排泄乳酸，达到消除疲劳的效果。

此外，红茶中的咖啡因与芳香物质能联合作用，增加肾脏的血流量，提高肾小球过滤率，扩张肾微血管，并抑制肾小管对水的再吸收，增加尿液量，有利排除体内尿酸、过多的盐分、有害物质等，缓和心脏病、肾炎造成的水肿。

（三）降脂降糖降压

茶中的儿茶素类化合物能分解脂质，并促进排泄，以减少血液中的吸收量，调节胆固醇到维持适量。同时，还有抑制血小板聚集和帮助血液抗凝的功能，降低血栓发生的几率。有实验表明，20毫克红茶或30～40毫克绿茶，可抑制每毫升含血清纤维蛋白原1毫克的血浆凝固。屠幼英《茶与健康》载：据1 746名阿拉伯妇女摄入红茶后血脂水平的横断面资料研究结果表明，每天饮红茶6杯者，其血浆胆固醇、甘油三酯、低密度脂蛋白和极低密度脂蛋白升高的风险性要低于不饮茶者。英国剑桥大学Dunn临床营养中心的一项研究发现，红茶的摄入可能对特定的基因型个体特别有效，具体表现在载脂蛋白E（Apo E）的基因型能够调节红茶对血脂水平的影响。

糖尿病是一种由于血糖浓度过高，引起代谢紊乱的疾病。临床症状是典型的"三多一少"即多饮、多尿、多食及消瘦。红茶可通过其内含的儿茶素类化合物、茶色素及复合多糖类等有效成分的抗炎、抗变态反应来改变血液的流变性，起到抗氧化、清除自由基等作用，从而降血糖，使糖尿病患者的主要症状得到改善，降低空腹血糖值、B-脂蛋白、尿蛋白，改善肾功能。因此，长期坚持饮用红茶具有辅助治疗和预防糖尿病的功效。

有关机构研究还发现，红茶中的儿茶素类化合物可以抑制血管紧缩素Ⅱ的形成活动，有助于降低血压至正常状态。同时，能发挥增强血管弹性、韧性、抗压性的作用。

（四）养胃、暖胃、驱寒

绿茶有天然的轻逸之感，但喝绿茶后常会感到胃部不舒服。这是由于绿茶中所含的重要物质——茶多酚具有收敛性，对胃黏膜有一定的刺激作用。特别是胃寒的人或空腹情况下刺激性更为明显。而红茶是经过发酵烘制而成的，茶多酚在氧化酶的作用下发生酶促氧化反应，这些茶多酚的氧化物能消炎，保护胃黏膜，能养胃暖胃。

红茶生热暖胃，可养人体阳气，增强人体的抗寒能力。中医认为"时届寒冬，万物生机藏闭，人们的生理机能处于抑制状态，养身之道，贵乎御寒保暖"。故冬日严寒时节以喝红茶为理想饮品。同时，由于红茶茶性温ργ，所以在民间常以其作为暖胃、助消化的良药，四季皆可饮用。对体质虚寒者来说，夏天更应常饮红茶，它可祛湿养胃，通畅气血。

（五）强壮骨骼，防龋齿

在各种饮品中，红茶的多酚类含量最多，为17.4%、绿茶为12%、红葡萄酒9.6%、鲜橘子汁0.8%。2002年5月13日美国医师协会发表对497名男性和540名女性经10年以上的调查，指出饮用红茶的人骨骼强壮，因为红茶中的多酚类有抑制破坏骨骼细胞物质的活力。如在红茶中加入柠檬，则强壮骨骼的效果更佳。为防治女性常见的骨质疏松症，专家建议每天坚持喝一杯红茶，坚持数年，其效果明显。

另外，饮茶可以抑制口腔中龋齿分泌的一种酶，使得龋齿菌不能粘着在牙齿表面，能起到防龋齿的效果。红茶含有丰富的氟，与牙齿钙质有很大的亲和力，它们结合之后可以补充钙质，使抗龋齿的能力明显增强。所以用红茶漱口可预防蛀牙和过滤性病毒引起的感冒。美国杂志还报道，红茶抗衰老的效果强于大蒜、西蓝花和胡萝卜等。

（六）预防帕金森病

帕金森病是一种常见的神经功能障碍疾病，其症状为病人静止时手、头或嘴不由自主地震颤，肌肉僵直，运动缓慢，姿势平衡障碍等。迄今，帕金森病的致病原因仍不完全清楚，也无根治良方。据统计目前全球帕金森病患者已超过400万人。新加坡国立大学杨潞龄医学院和新加坡国立脑神经医学院的研究人员调查了6.3万名45~74岁的新加坡居民，发现每个月至少喝23杯红茶的受调查者，患帕金森病的几率比普通人低。

研究人员认为，红茶中的酶有助预防帕金森病，而咖啡因无此功效。研究人员希望今后能从红茶中提炼出有效成分制成预防帕金森病的药物。

（七）预防癌症

红茶具有预防癌症的作用，其机理在于茶黄素对肿瘤细胞起始阶段的抑制。科学家在乌干达的一项调查表明，长期饮用红茶可预防肺癌的发生，每天只要饮用2杯以上红茶就可降低肺癌发生的

张荔红摄

危险系数，这种作用对小细胞肺癌和鳞癌型肺癌更为明显。每天饮用大于1.5杯红茶可降低患结肠癌的概率。

美国研究人员使用脱咖啡因的绿茶、红茶提取物，观察其对亚硝酸胺类致癌物诱发小鼠癌变的抑制作用，结果表明：喂食绿茶、红茶提取物的小鼠其肿瘤繁殖量分别减少67.5%和65%，0.6%的红茶提取物约减少肿瘤发生率63%。另一项研究发现，红茶提取物在浓度0.1～0.2毫克/毫升时，能够强烈抑制纯合子型鼠肝癌细胞和DS19小白鼠白血病细胞中的DNA合成，对急性早幼粒白血病细胞有较强的细胞毒性。

茶色素是一种安全有效的免疫调节剂，可调节血液透析病人血清IL-8接近正常水平，对恶性肿瘤患者放化疗后白血病细胞下降有显著的保护作用。

除此之外，红茶还可以有效阻止流感等多种病毒在人体内的扩散。

雄关漫道真如铁，而今迈步从头越。正山茶业由最初作坊式、小得不能再小的一个企业，脱颖而出，由小变大，由弱变强；品牌从无到有，遽尔成为耀眼于中国大地上的一颗明珠，收获五湖秋。有耕耘就有收获。用正山堂堂主江元勋的话说："干事业，绝不可能是一帆风顺的。一分耕耘一分收获，多一分耕耘多一分收获。"

1997年

● 正山小种红茶第二十四代传人江元勋凭8 000元借款，创办"武夷山自然保护区元勋茶厂"。

1998年

● 没有品牌，正山小种卖不出好价格。元勋企业尝试用桐木小叶种生产乌龙茶。

1999年

● 企业产品大量积压，陷入困境。

2000年

● 武夷山市市委决定，选派城东乡党委副书记祖耕荣先生任元勋茶厂厂长助理，帮助企业生产、销售、技术攻关。

● 贷款19万元，重新恢复生产。

● 以武夷山自然保护区元勋茶厂名义，独立向德国BCS有机食品保证公司申请有机茶认证。

原 产 地 标 记 注 册 证

兹证明： 福建武夷山国家级自然保护区元勋茶厂

同意：福建省武夷山小种叶销制木溪质

申请的原产地标记产品经国家质量监督检验检疫总局认定，
符合《原产地标记管理规定》，特发此证

注册范围： 武夷山正山小种红茶（元正牌）

注册证书号： 0000023   发证日期： 2002年 月 日
                               有效日期： 至200 年 月 日

0000197

2001年

● 设计、申请、注册"元正"商标。

● "元正"正山小种通过德国BCS有机茶认证。

● 申请并取得日本JAS、美国NOP有机茶认证。

2002年

● 武夷山桐木元勋茶厂，更名为"福建武夷山国家级自然保护正山茶业有限公司"，江元勋任董事长兼总经理。

● 占地1 000米^2，建筑面积4 000米^{2}的"正山茶业"精制厂房顺利落成。

● "元正"商标获准，成为"正山茶业"的注册商标。

● "元正"正山小种红茶，通过中华人民共和国质量监督检验检疫总局"原产地注册"。

● 参加中国（芜湖）国际茶叶博览会，"元正"正山小种红茶以其独特的品质获得金奖。

● 经福建省外经贸厅批准，"正山茶业"成为武夷山市唯一一家拥有茶叶进出口经营权的生产企业。

● 中国茶界泰斗张天福老先生为二十四代正山小种传人江元勋先生题字"茶业世家"。

2003年

● "正山茶业"通过国家出入境检验检疫局出口食品卫生注册。

● 参加中国厦门国际茶文化节荣获"五星级国际茶王""国际名茶优质奖"。

● "元正"正山小种获得中国武夷山首届茶文化艺术节"正山小种茶王奖"。

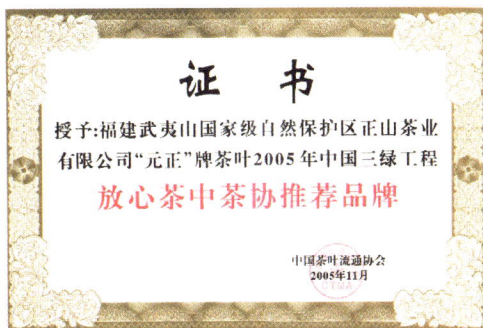

● 中国茶界泰斗张天福老先生为公司题字"正山小种发源地"。

2004年

● 公司通过国家ISO 9001-2000质量管理体系、HACCP食品安全管理体系认证。

● 荣获福建省"守合同重信用企业"称号。

2005年

● 在第十二届上海国际茶文化节上，"元正"正山小种红茶获得"中国名茶金奖"，50克珍藏30年的"正山小种"以12.6万元惊人的天价拍出，被广州大红袍茶庄林庆艺先生收藏。

● 公司荣获2001—2004年度南平市"守合同、重信用企业"。

● 金骏眉研发获得成功。

● 荣获中国三绿工程"放心茶"，中茶协推荐品牌。

● "元正"荣获"闽北知名商标"。

● 公司获得福建省"有机茶推广先进单位"称号。

2006年

● 正山茶叶科学研究所获准成立，江元勋任所长。

● "元正"正山小种获得第四届"闽茶杯"红茶一等奖。

● "元正"商标被确定为"福建省著名商标"。

● "元正"正山小种在首届"中华名茶"比评中，获得红茶类金奖。

● 银骏眉、百年老枞红茶研发成功。

武夷山市科学技术局文件

武科〔2006〕2号

关于同意成立《福建国家级自然保护区
正山茶业有限公司正山茶叶科学研究所》的批复

江元勋同志：

根据你的申请报告和提供的资料，经我局审核认定，符合武政〔1998〕综字199号文的规定，同意成立《福建国家级自然保护区正山茶业有限公司正山茶叶科学研究所》，主要从事武夷茶历史、文化研究，正山小种红茶的科研开发，茶艺、茶文化教学交流。性质为民营科技企业，实行独立核算、自负盈亏。

望该研究所立后，要服从科技管理部门和工商、税务部门的管理，按照企业章程规定，依法从事各种研究、开发和经营活动，为提升武夷茶的价值做出贡献。

特此批复

武夷山市科学技术局
二〇〇六年三月九日

主题词：民营　科技　服务机构　批复

● 江元勋参与编写的《中国名茶丛书 世界红茶的始祖：武夷正山小种红茶》由中国农业出版
  社出版发行。

2007年

● "元正"牌正山小种红茶荣获"福建省名牌产品"。

● "正山茶业"公司被确定为"福建省山海协作重点骨干项目"。

● 被福建省授予"正山小种明星企业"称号。

● "妃子笑"小种红茶研发成功。

● 是年起，公司董事长江元勋先生连续当选南平市第三届、第四届人大代表。

2008年

● 董事长江元勋荣获海峡两岸茶文化"陆羽奖"。

● 公司被确定为福建省农业产业化省级重点龙头企业。

● "元正"牌正山小种红茶被确定为"福建省名牌农产品"。

● "水底香"小种红茶研发成功。

2009年

● "元正"正山小种红茶荣获北京国际茶博会"红茶优质奖"。

● 在中国武夷山国际茶博会名茶大赛中，"元正"牌正山小种荣获"红茶茶王"，"元正"
  牌正山小种被授予"武夷茶十大品牌"称号。

● "正山堂"金骏眉在第六届中国国际茶业博览会上，获得优质奖。

● "元正"商标，再次被确认为"福建省著名商标"。

2010年

● "元正"正山小种红茶，通过国际GAP认证。

● 公司被南平市授予"守合同重信用企业"。

● 元正·正山堂金骏眉荣获第七届"闽茶杯"红茶金奖。

● 公司被武夷山市委、市政府授予"茶产业发展突出贡献奖""品牌创建先进企业"称号。

● "元正"正山小种红茶在武夷山春茶评比中获得"红茶类特等奖"。

● 公司被南平市授予2008—2009年度"纳税信用A级单位"称号。

● 元正·正山堂金骏眉，在2010上海世博会名茶评优活动中，获得"红茶类"金奖。

● 公司获得"福建二十强茶叶企业"称号，江元勋被授予"福建十大茶人物"。

● 公司荣获"中国红茶十大品牌"称号。

● "百年老枞小种红茶"被选为著名歌唱家关牧村"五茗六品"推荐茶。

● "元正"品牌荣获中国茶品牌"金芽奖"称号。

● 元正·正山堂被首届海西奢享会评为"海西顶级红茶品牌"。

● "元正"正山小种红茶再次被确认为"福建省名牌产品"。

● 正山堂电子商务中心在厦门成立。

● 出闽联姻，正山堂信阳红诞生。

2011年

● "元正·正山堂"金骏眉红茶荣获"2010年厦门消费者最喜爱的十大品牌茶"。

● 公司董事长江元勋荣获"2010福建年度人物"称号。

● 元正·金骏眉、妃子笑、正山小种同时被中国（上海）国际茶业博览会组委会评选为"中国名茶"金奖。

● 元正·金骏眉被第九届海峡两岸项目成果交易会指定为唯一的红茶品牌。

● "正山茶业"冠名举办第三届海峡茶艺电视公开赛闽北分赛。

● 江元勋当选第一届海峡两岸茶业交流协会副会长。

● 由徐庆生、江志东、徐希西、祖帅撰写的《中国名茶　元正金骏眉》由中国农业出版社公开出版发行；为纪念该书的出版发行，金骏眉创始者——江元勋先生，亲手制作了一款限量版金骏眉，送给长期以来关心帮助正山茶业发展的茶友。

● 公司获福建省"省级重点龙头企业"称号。

● 中国茶界泰斗张天福老先生为公司题字"金骏眉发源地"。

2012年

● 公司正山小种红茶被确定为第六届海峡两岸茶业博览会武夷山茶文化节唯一指定用茶。

● 公司被授予"福建省地理标志商标龙头企业"称号。

● 元正牌商标荣获"福建省著名商标"。

● 正山堂商标荣获"福建省著名商标"。

● 《中国名茶丛书　名门双姝——金针梅、金骏眉》出版发行，该书是中国农业出版社中国名茶丛书中的一部，由徐庆生、祖帅合著。

2013年

● 公司被评为"2009—2012年南平市守合同重信用企业"、首届福建省消费者最信赖茶企、福建省农业产业化龙头企业协会会员单位、2012年度质量管理先进企业、福建省2013年度民营企业文化建设优势企业；

● 正山堂金骏眉被福建省农业厅评为"2013年度名茶"、在2013年北京国际茶业展茶叶评比中荣获"金奖"。

- 江元勋被授予"南平市首批特级制茶工艺师"、被福建农林大学聘为兼职教授、荣获 "2013年中国茶叶行业年度经济人物"、光荣当选福建省第十二届人大代表，成为武夷山本 土茶企首位省人大代表；同时，参与正山小种红茶国家标准制定的起草。

- 正山堂会稽红问世。

- 正山堂南方运营中心在厦门成立。

2014年

- 江元勋应邀为中国孔子学院南方基地厦门大学讲授茶文化、多次被厦门大学等高等院校邀 请授课、参与起草了金骏眉红茶企业标准的制定、获得了武夷山科技进步奖、被授予"福建 省高级制茶工程师"称号。

- 元正获"中国驰名商标"称号。

- 公司获得"南平市工商信用优异企业""首届南平市政府质量奖"、福建省AAA级工商信 用优异经营户、2012—2013年度纳税信用A级单位等称号。

- 依规注册成立"正山堂书画院"，并以"翰墨迎中秋　缘聚正山堂"为主题，与厦门日报社 成功在厦门、福州等地举办了首届茶文化书画巡回展。

- 与安徽黄山新安源有机茶公司合作，研发正山堂新安红。

- 在厦门举办"正山堂十周年　千人博饼节"。

- 原创歌曲，正山堂之歌——《金骏眉》与听众见面。

2015年

- 江元勋当选武夷山市工商业联合会副主席、荣获"南平市劳动模范"称号；被华侨茶业发 展研究基金会聘请为第六届理事会顾问。

- 元正获"2014年福建名牌产品"称号。

- 公司荣获"全国诚信优秀企业""武夷山第二届十佳诚信茶企""福建省2012—2014年度 诚信经营先进单位"等称号；

- 中国楹联学会武夷山茶文化交流中心成立，中心聘请中国楹联学会副会长、福建省楹联学 会会长陈健担任主任；在全国范围举办了首届茶诗词楹联暨书法征集评选活动。

- 正山堂齐儒红、普安红研发成功。

● 在北京设立办事处。

● 正山堂之歌——《红茶醉美中国梦》与听众见面。

2016年

● 正山茶业公司获得"武夷山茶产业纳税突出贡献奖"、福建省第八轮2016—2020农业产业化"省级重点龙头企业"等称号。

● 江元勋被武夷山市委、市人民政府授予"茶科技推广先进工作者";荣获第十六届福建省优秀企业家和首届兴文强茶贡献奖(茶祖印象杯)杰出茶人荣誉称号;当选福建省诚信促进会第三届理事会副会长;获"中国红茶功勋人物"称号。

● 面积500米^{2}的正山堂红茶博物馆建成并对外开放,该馆是目前闽北地区唯一的一家红茶博物馆。馆名由福建省南平顺昌人,现任首都师范大学中国书法文化研究院教授、博士生导师、中国书法家协会理事叶培贵先生茶题写。

● 正山堂潇湘红、红安红,推向市场。

● 举办第二届全国茶文化诗词楹联书法征集评选大赛。

2017年

● 江元勋当选南平市工商业联合会、南平市总商会副会长;荣获吴觉农茶学思想研究会"觉农勋章"和"海峡两岸十大领军茶人"称号。

● 连续两年邀请国内16位著名书法家,以茶为题材创作茶联,并印制成春联,主动融入各地新春"万福送万家"活动。

● 与云南凤庆滇红集团合作开发正山堂滇红。

● 融福建武夷山和云南高黎贡两个国家级自然生态与技术优势,研发"两山茶"。

● 举办第三届全国茶文化诗词楹联书画征集评选大赛。

大道无形 徐庆生摄

金骏眉作为红茶的后起之秀，兼容并蓄，清甘香甜。如大山云雨，沁心润肺，耐人寻味；又似古寺钟声，舒坦绵长，浩荡悠远。它有厚重的内涵，传承的载体，流动的血脉，犹如穿越千古风霜的耆老，又似充满青春活力的少壮。它填补了中国高端红茶的空白，演绎出了红茶的业界传奇，更带动了我国红茶内销市场的复兴，它是几代人的夙愿，凝聚了几代的心血，是众人智慧的结晶。

一、融入了茶界前辈为复兴正山小种红茶的精神理念

正山小种是世界红茶的鼻祖，曾风靡欧洲社会几百年。然而，19世纪末以来，由于各种因素，逐步走向没落，至1941年生产量仅0.05万公斤。如何保护这一特殊茶产，重树正山小种的历史地位，是吴觉农、张天福、骆少君、江润梅、姚月明、叶兴渭、叶启桐、江素生等茶界前辈的夙愿。

吴觉农说："中国不能没有世界顶级的红茶"，"正山小种应在继承中创新"。

张天福说："要发展世界顶级红茶"，"正山小种完全有条件再度成为世界顶级红茶"。

骆少君说："武夷山是未受污染的世界环境保护的典范，是茶界的福气。""武夷茶不能以量取胜，而应在创新的过程中提高品质，以价取胜。"

江润梅说："一定要把正山小种红茶继承下去，这个祖宗的东西不能丢。"

……

如果说正山小种的产生是偶然发现的产物，那么金骏眉的产生则完全是正山小种红茶历史文化、制作工艺不间断传承和改良创新的必然。它融入了茶界前辈复兴小种红茶的精神，以及为之实践而努力形成的理念和倾注的心血。

（一）吴觉农

吴觉农（1897—1989），系我国知名的爱国民主人士和社会活动家，著名的农学家、农业经济学家、现代茶叶事业复兴和发展的奠基人。

吴觉农，1897年4月14日诞生于浙江省上虞县城（今上虞市丰惠镇）西大街吴家。乳名吴龙山，入学时取名吴荣堂。因立志要献身农业，故在浙江甲等农业专科学校就学时，更名为吴觉农。曾使用过"荣堂""咏唐""池尹天""施克刚""Y·D"等笔名。

其父郑忠孝（1853—1916），上虞县郑家堡人。家境贫寒，成年后，在四明山区的梁弄镇作雇工，过而立之年，尚无钱娶妻。因此，入赘西大街吴家。与夫人吴阿凤生育三女二子，长女秀梅，长子燕山，次女秀姑，从父姓郑；幼女文桂，幼子龙山，从母姓吴。

吴觉农于1919年留日，是我国第一位去国外攻读茶学的学生。留日期间，他撰写了《茶叶原产地考》，以大量事实证明茶树原产于中国，引起各方重视。他一生著作甚丰，其《茶经述评》是当今研究陆羽《茶经》最权威的著作。他曾担任农业部首任副部长兼中国茶叶公司总经理、中国茶叶学会名誉理事长、全国政协第一至四届委员、第二、三届政协副秘书长、第五、六、七届政协常委；1949年参加中国民主建国会，历任第一、二、三、四届中央常委，1988年改任民建中央咨议委员会副主任，1989年10月28日因病在北京逝世，享年92岁。他为我国茶业事业的发展做出了卓越的贡献，有当代"茶圣"之称。

吴觉农在崇安（武夷山）工作期间，以茶树更新改造、茶业复兴为己任。他在1942年9月18日研究所纪念日作《关于本所的工作方针》的讲话，明确指出："中国茶业的历史是最久的……但是后来因为其他产茶国家的研究改良，天天有进步……所以，我们的研究工作尤当迎头赶上，需要更切，希望更大……"他广泛深入开展调查研究，多次到桐木、星村、三十六峰、九十九岩进行实地考察，搜集正山小种、武夷岩茶的历史资料、自然地理数据，编制了《整理武夷茶区计划书》，刊

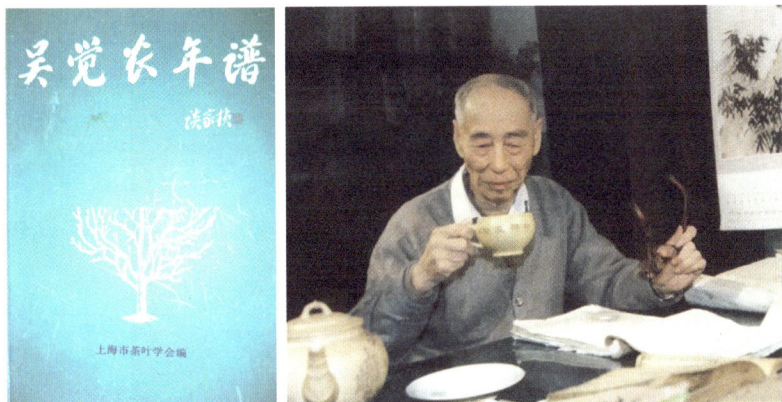

吴觉农

登在1943年崇安茶叶研究所《茶叶研究丛刊》第2号上，为武夷茶区茶业的恢复和发展做出了重大的贡献。据上海市茶叶学会编《吴觉农年谱》载：1945年吴觉农在《三年来茶树更新工作之检讨》中说："1942—1945年，以300万元经费，维护10万余亩之茶园，更新1 000万余丛之茶树，茶叶研究所还是作出很大的贡献。""不惟如是，茶树更新之推行，并已收获若干无形之效果：一是使茶业工作者益增茶业复兴之信念；二是便利新茶政之推行；三是一部分茶农也获得了更新的新知识，将会产生大效益。此三者，实较有形之收获，价值尤为巨大。"

吴觉农博学多才，艰苦创业，矢志许茶，创建了中国第一个高等院校的茶学专业和全国性茶叶总公司，在武夷山首创了茶叶研究所。

（二）张天福

张天福（1910—2017），有"中国茶界泰斗"之称，是福建茶业科研与教育的创始人。与吴觉农、王泽农、陈椽、庄晚芳、胡浩川、方翰周、冯绍裘、李联标、蒋芸生，被《中国农业百科全书·茶业卷》列为现代十大茶叶专家。

他一生从茶、嗜茶，惟茶是求，以身许茶，与茶有不解之缘。因为茶他曾踌躇满志，也因为茶而含冤受屈，又因为茶而蜚声茶届。他是个有着传奇色彩的人物，是当代中国茶界的代表性人物。作为茶界一代宗师，他于1996年提出了"俭、清、和、静"的中国茶礼，他认为：茶尚俭，勤俭朴素；茶贵清，清正廉明；茶导和，和衷共济；茶致静，宁静致远。他为福建茶、中国茶、茶产业、茶文化、茶品牌做出了卓越的贡献。用中国工程院院士、原中国农业科学院茶叶研究所所长陈宗懋先生的话说："张天福先生不仅是属于福建的，更是属于中国的、世界的。"

乡情，总会浓浓地浸润在每个人的血脉里。一个人一生中，经常让你牵挂，最让你放不下的，就是那曾经工作生活过的地方。

桐木是张天福先生70余年前工作过的地方。2002年6月20日，93岁的张天福在时任中共武夷山市委副书记黄雄、武夷山市茶场场长祖耕荣等人的陪同下来到阔别60年的桐木，重登桐木关。看望

2002年6月，张天福先生60年后重游武夷山桐木关与老茶农江润梅（已故）的妻子及孙子江元勋合影。左二为张天福先生，右一为骆少君女士

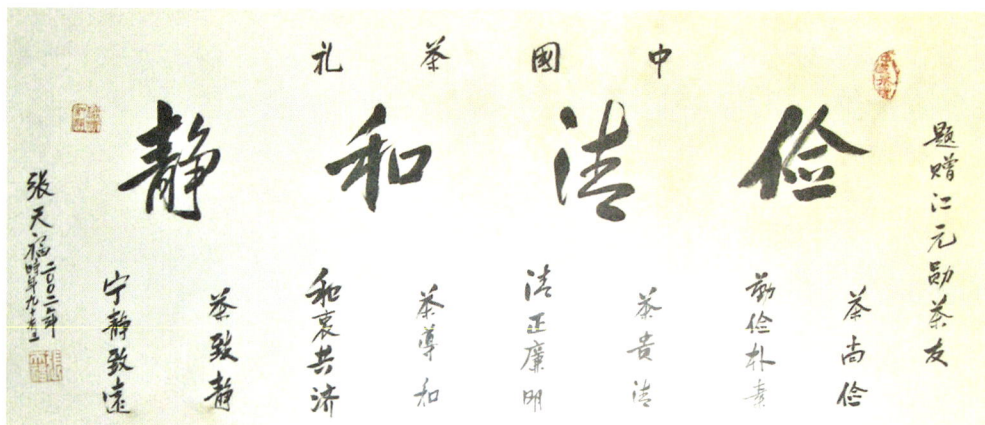

当年庙湾茶业合作社理事主席江润梅的老伴，问寒问暖，并赠以厚礼。

当看到江润梅孙子、正山小种第二十四代传人江元勋继承祖业，事业有成，十分高兴。在交谈中，张天福对江元勋说："正山小种完全有条件再度成为世界顶级红茶"。"看得准，还必须抓得紧，看准了抓紧了就得干。看得准、抓不紧，不如不干，干好一个，再干一个。干事业切记一心二用，事无巨细，从细微入手。"并欣然命笔题写了"正山小种发源地"与"茶业世家"两幅墨宝赠与江元勋。这无疑是对江元勋和桐木茶农的一种鼓励，更是一种鞭策。

张天福此次桐木之行，为立志继承祖业、做大做强正山小种红茶事业的江元勋，给予启发，指明了方向，使江元勋看到了新的希望与更大的发展前景。

2004年6月15日，为庆祝福建省茶叶学会张天福茶学研究会成立，江元勋由心而发，撰写了题为《六十年半世纪情感故人心　为茶农为茶业心系桐木关——记茶界泰斗张天福爷爷60年后重返桐木关》的文章，在大会上交流。现予转录：

六十年半世纪情感故人心　为茶农为茶业心系桐木关
——记茶界泰斗张天福爷爷60年后重返桐木关
江元勋

2002年6月20日，对桐木人来说是个难忘的好日子。在武夷山市委副书记黄雄、市茶场场长祖耕荣、武夷星老总何一心先生的陪同下，桐木关迎来了一位世纪老人——当代茶界泰斗张天福老先生。桐木的山欢了，水笑了，桐木关的茶农以及我家四代人都沉浸在无比的快乐和激动中。因为我们盼望着这一天的到来已太久、太久了。60年了，张爷爷再度光临桐木关，是我家继承先人与其交往，使得这种情谊能承上启下得以延续。张爷爷的到来坚定了我继承先辈从事茶业事业的信心，这将给正山小种红茶带来新的希望，新的发展。

光阴似箭，日月如梭，60年一晃而去。当年风华正茂的张厂长，现在已是九十有三高龄的茶界泰斗。张爷爷从车中下来，健步来到寒舍，他老人家容光焕发，谈笑风生。关心地问我们的生产、生活和今后的发展，并总结性地将他几十年的经验告诉我们，要我们好好干。尤其令人难忘的是张爷爷拉着我奶奶的手，问寒问暖，了解我祖父去世后这几十年期间我家的情况，并赠予她老人家厚礼。此情此景让人感动，难以言表，真可谓山高水长、情深义重。这足以体现了张爷爷怀旧，不忘旧交的可贵情怀。

来到厂区后，张爷爷高兴地与我们讲起了60年前（1941年）来桐木关的过程及桐木关当时正山小种红茶的发展情况，并欣然留下"正山小种红茶发源地"与"茶业世家"两幅墨宝，为正山小种和我家、我厂"正名"，并将他总结的茶学精髓"俭、清、和、静"题匾赠予我，以勉励我今后努力工作，并教诲我为人和创业的道理……

抚今追昔，张爷爷60年前第一次来时，桐木关是处于大山深处的穷乡僻壤，与外界几乎隔绝，这里没有农田，没有交通，唯一与外界相通的是崎岖弯曲而又陡峭的羊肠小道，居住在这里的人，开门见山，生产生活靠的是肩挑背驮。

桐木早在明末清初就创制生产了正山小种红茶，并一度闻名繁荣于欧洲茶叶市场。大革命时期受战争影响，桐木关人烟凋敝，一片凄凉，土匪出没，打家劫舍，茶园荒芜，正山小种红茶生产几乎绝迹，茶农的生活苦不堪言。可幸的是，就在这危难之时，正当华年的张爷爷为振兴中国茶业，改善茶区人民生产生活，在崇安创建了福建示范茶厂，并担任厂长。为发掘和恢复正山小种红茶的生产，他不顾道路艰险，从崇安赤石徒步翻山越岭，北上桐木关，往返途中借宿于荒野人家；冒着生命危险带着大笔生产资金来到桐木，为的是建立桐木关"正山小种红茶示范基地"，并将其管理工作交付于我祖父江润梅办理。我祖父在张爷爷的关心和帮助下开展茶叶工作，使桐木部分茶园又恢复生产制作。桐木关的茶农在青黄不接之际又有了生活来源。这些使得正山小种红茶得以延续发展，为中华人民共和国成立后正山小种红茶的复兴奠定了坚实基础。这都得益于我祖父结识了张爷爷这位良师益友。

古老的正山小种红茶几百年来一直是桐木人民赖以生存的主要经济来源之一。它也是众多红茶的奇葩。中华人民共和国成立后，正山小种红茶原始的手工制作已无法适应生产需要，在党和人民政府的关心下，20世纪50年代，桐木关改用了张爷爷发明的木制揉捻机械，大大提高了正山小种的制作水平和品质，节省了大量的人力、物力和财力。由此正山小种红茶在原"桐木示范基地"的基础上有了较大的发展，为新中国成立后的经济建设、出口创汇作出了积极贡献。在此期间的几十年里，张爷爷虽未来桐木，但他还一心牵挂着桐木茶农的生产生活。就如何更好发挥正山小种红茶的经济效益，解决好桐木茶农的生产销售出路，使茶农能够逐步走向富裕等问题，他向有关部门提出建议和意见。如在计划经济的20世纪80年代初，由于受市场的影响，正山小种红茶又一次面临何去何从的选择时，他在省政协的提案中提出建议，"保留生产闽红三大功夫和正山小种红茶"。他说："正山小种是我省唯一独特的外销产品，市场容纳量多了不行，少了也不行。据传英国皇后每天早晨起床后第一件事就是要泡一杯正山小种红茶，其成为贵重的珍品。正山小种在国内外是我们福建独家经营的商品，因此我们对上述两个品种红茶的砍留问题，不能单凭眼前经济效益去衡量得失，应慎重考虑从全局和长远观点出发，采取定点定量发展生产，努力提高品质，积极开拓市场，增加出口品种花色等办法，并合理调剂外贸出口盈亏汇率或省财政部门申请拨补扶植生产款项（特别提示：正山小种是产于崇安桐木关老区根据地），以求保持我省茶叶种类多、出口货源丰富多彩的优势。"在张爷爷的建议、支持和帮助下，政府部门给予重视，使得正山小种这一传统红茶，得以继续保留并发挥效益。

在改革开放的今天，市场经济繁荣发展。在机遇与挑战面前，我作为"茶业世家"正山小种茶事的传人，茶界泰斗张爷爷的谆谆教导深深烙在我的脑海中，正如他老人家教导我时所说："看得准，还必须抓得紧，看准了抓紧了，就得干。看得准，抓不紧，不如不干。干好一个，再干一个，干事业切忌一心二用，事无巨细，从细微处入手。"他还教导我："为人处世应正直坦荡，胸怀有志，做个对社会对人民有用的人。"这两年来我虽逐步取得一些小成绩，但这些成绩的取得，无不与他老人家的谆谆教诲有关。他的言传身教，给人以精神力量，这种精神力量鞭策着我去努力、求上进；这种精神力量也来自张爷爷"俭、清、和、静"四字箴言的启示。我想这种精神不仅是张天福精神，也是中华茶人的精神，是民族的精神。他不为名利，胸怀大众，勤俭朴素，清正廉明，待人和蔼，不畏权贵与困难，为中国的茶叶事业辛勤工作，无私奉献。他广博精深的茶学思想，直接或间接地影响了一代又一代茶人，已成为我国优秀茶文化宝库中重要的组成部分。他的高尚人格值得所有茶人及后生晚辈尊崇和学习，是与今天党中央提出的"三个代表"重要思想完全一致的。今天，张天福茶学研究中心的成立，无疑将有助于弘扬中华优秀传统文化。在此我祝愿张天福茶学思想研讨会取得圆满成功，并发扬光大。值此之际，我祝愿张爷爷他老人家健康长寿。

张天福爷爷是我们茶业战线上的老师、茶界泰斗。我只是一名新兵，他的茶学思想全面丰富，我接触的只是大海中的一滴，虽然我有幸能走近当代茶界泰斗，但认识肤浅，不免错误，敬请指正。

骆少君在武夷山

骆少君（左一）品鉴金骏眉

（三）江润梅

江润梅（1914—1973），字福显，武夷山桐木村人，正山小种第二十二代传人，制茶与审评专家，是桐木关江氏"茶业世家"杰出的代表人物，被誉为延续复兴正山小种征程中的"一代大家"。

江润梅早年醉心仕途，无意制茶，无奈其父病重，将产业尽数托付。此时，正山小种红茶已进入衰落期，几乎到了灭绝的边缘。1940年后，在吴觉农和张天福两位茶界前辈技术指导与资金的极大帮助下，江润梅不但成为方圆百里制茶审评第一人，更为中华人民共和国成立后正山小种红茶的复兴奠定了坚实的基础。

（四）骆少君

骆少君（1942—2016），籍贯惠安，研究员、高级评茶师，中国著名的茶叶品质化学研究专家，第九、十、十一届全国政协委员，从事茶叶生产、研究及质检工作40余年。

曾任中华全国供销合作总社杭州茶叶研究院院长、国家茶叶质量监督检验中心主任、劳动和社会保障部特有工种（茶叶）职业技能鉴定站站长、《中国茶叶加工》杂志社主编、国家科技奖轻工专业评审委员会委员、中国实验室国家认可委员会化学分会副主任。主持完成的"茉莉花茶工艺改革"，1993年被国家科学技术委员会列入"国家科技成果重点推广计划"项目，获联合国技术信息促进系统中国国家分部的"发明创新科技之星奖"；创建的茶香气化学实验室填补了我国茶叶香气形成机理与品质等级相关性的化学研究及茶用花香化学研究的空白，使我国进入了世界风味化学研究的最新领域。

她钟爱武夷山水，更钟情于武夷茶。自1967年以来，每年都要几上武夷山，与茶人同吃同住，共商茶叶发展，也不知道品鉴了多少武夷茶。武夷岩茶丰厚的岩韵，正山小种独特的"山韵"，每次都让她难以忘却，深烙心里。她认为："武夷茶不能以量取胜，而应在创新的过程中提高品质，以价取胜"；"武夷茶要提升价值，不能追随市场，而应呼唤市场，让市场了解自己、认识自己。武夷茶不变的是品种、品质、工艺和环境，变的是呼唤市场的经营策略和手段"。"武夷山是未受污染的世界环境保护的典范，是茶界的福气，更是武夷山人的福气，要通过武夷山水的旅游平台，让全国的老字号茶商和主要销区的大茶商实地考察武夷山，从而了解、认识武夷茶。并通

姚月明（右一）指导茶叶加工

过这些能呼唤市场、撬动市场，有影响力的人来推销武夷茶，宣传武夷茶，传播武夷茶，使武夷茶真正走向世界。"

　　在她的努力下，全国著名的老字号茶店、茶馆，如北京的张一元、上海的湖心亭以及欧盟茶叶委员会成员都先后来到武夷山，实地考察了解武夷茶，为促进武夷茶的发展和武夷茶品牌价值的提升，做出了重要的贡献。

　　正山小种作为我国的特种茶，有悠久的历史文化和内涵，其发展传承与桐木江氏家族密不可分。为弘扬中国这一民族品牌的光辉，20世纪90年代以来，骆少君再忙，每年都要上桐木正山小种第二十四代传人江元勋家中住几天，指导加工、提高品质；鼓励创新、培训员工；规范管理、打造品牌。在她的主持下，由叶兴渭、叶启桐、祖耕荣、叶勇、修明等同志共同完成了正山小种企业标准的制定。对金骏眉的研发，在方向方面、技术方面和推广方面给予了很好的指导与把关。

（五）姚月明

　　姚月明（1932—2006），江苏无锡人、著名茶叶栽培专家、武夷岩茶泰斗。是武夷茶发展史上一个承前启后的关键性人物。1953年毕业于安徽大学茶叶专业，曾任福建省崇安茶叶试验场场长、场党委书记，建阳地区茶业科学研究所所长，武夷山市政协副主席、南平地区茶叶学会理事长、福建省茶叶学会理事、中国茶叶学会会员、中华茶人联谊会会员、武夷山市茶叶学会荣誉理事长等职。

　　20世纪60年代，姚月明开始从事"大红袍"无性繁殖研究，1979年获得成功，培育出来后沿用吴觉农先生当初命名的"北斗一号"，1983年开始批量投放市场，得到茶界和客商的高度赞扬。由其主持攻关生产的烘青绿茶，被定名为"崇安高级莲心"，是当时国家主要的外交礼茶；武夷水仙被评为农业部部优产品；《武夷肉桂丰产优质研究》，荣获福建省科技进步三等奖。

（六）叶兴渭

　　叶兴渭，1938年生，福建闽侯县人，高级工程师、高级评茶师。2003年起担任国家职业技能鉴定高级考评员（茶叶），系闽北地区迄今唯一的一位可以考核高级评茶师的高级考评员。

路主任：

您这次参加艺博会 回访茶博会，其遍世界向世人推介正山小种红茶的悠久历史及优良品质，让世人认识小种品尝享受她的优良品质，将会起很大作用。

桐木及其邻近县市小种茶区 地处武夷山国家级自然保护区内，山青水秀 森林茂密，土壤肥沃发育丰富，茶树病虫害少无 故少用 不施农药 化肥，茶树生长旺盛，叶嫩肥厚，鲜叶有一股松香味（九抱树下 竹林也能障荫涵养）配用特有加工艺造就正山小种香实粗壮 结实，乌黑油润，香气浓郁甘醇久，汤色清沏明亮 金圆宽厚 叶底肥软有张力呈古铜色，香醇味浓持久 不带杏味 略带枣蜜枣香，不失为极品。

正山小种红茶深受欧洲一带皇家及贵族的垂爱 造就了英国红茶文化。而国内少有人赏识，叹山高险峻 路远难到 也少有人进山研究 开发，我模心了40余年 一事无成 惭愧。

今我在无偿尽力耕耘 争取一号传统及改进型的红茶，请下派于新祝耕荣及封廷书江素忠送去，希望向评委们介绍一下正山小种的优良品质，听取意见以便改进。若方便请他们来山村考察 品尝正山的品质，当就将给他们下一辈子的美好回忆，久之不能忘却的回味。有意的加入研究并宣传小种红茶请

全身投加光明，致七

栗呈渭皮七
2001.4.5

叶启桐

自1962年福安农业专科学校茶叶专业毕业之后，叶兴渭就开始从事小种红茶的生产与加工技术的研究，足迹遍及小种红茶的每个角落。

他技术老到，评鉴精准，是目前闽北地区学术研究时间最长、最深、资历最老、最具权威的茶叶专家。如今活跃在闽北及周边地区小种红茶的技术人才皆师承于他，被业界及产区茶农称之为"小种红茶的祖师爷"，也有的茶人尊之为"叶帅"。

是他将传统在青楼内明火萎凋、发酵、烘焙，且存在着很大安全隐患的工艺改为在青楼外挖坑道，让热力通过坑道送入室内进行烘焙的新工艺。该工艺既减少了安全隐患、节约了成本，又降低了二氧化碳的排放量，为保证茶农的健康，起到了积极的作用，该办法至今仍在沿用。是他力导保留了增进正山小种香气、汤色、口感等品质因素的传统工序——过红锅；是他从专业的角度向国内著名茶叶专家，推介宣传正山小种独特的品质和独一无二的生态环境，并幕后策划力荐元正"正山小种"参展中国（芜湖）国际茶业博览会，拿到了金奖；是他受武夷山国家自然保护区管理局之托，协助筹办小种红茶实验厂，培养技术人才，引导茶农发展低碳有机茶叶生产，为保护区内人与自然、茶与环境的和谐发展探出了新路，得到联合国教科文组织的充分肯定和推广。

如今已是80岁高龄的叶兴渭，仍不知疲倦地奔走在茶叶生产一线。

（七）叶启桐

叶启桐，1945年生，福建周宁人，农艺师、高级评茶师，20世纪60年代初毕业于福安农业专科学校茶叶专业。曾任武夷山市茶场场长、市岩茶总公司副总经理等职，是首批国家级非物质文化遗产武夷岩茶制作技艺传承人。

叶启桐出生于茶叶世家，其父叶先顺担任过崇安县茶叶局局长，姐夫陆道启创办了岩福茶厂，其弟其妹也和茶叶渊源颇深。他乐心茶叶事业，长期从事茶叶生产、制作与研究工作。在茶管办工作期间，一直是武夷山市茶叶产品质量检验所感官评审负责人，经常帮助茶叶企业和茶农进行感官评审，退休后也经常给茶叶企业和茶农上课。先后主持制作了两次武夷岩茶国家标准样品（2004

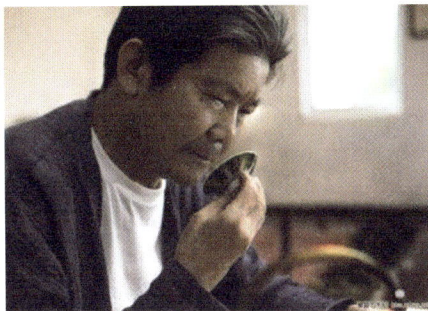

黄镇国

年、2006年）并参与了正山小种国家标准的制定，著有《中国名茶丛书　名山灵芽——武夷岩茶》一书，是福建业界令人尊敬的茶叶专家之一。同时，也是目前武夷岩茶界的元老级人物。他参与了金骏眉研发前期方案的制订及后期加工生产的部分技术指导工作。

（八）江素生

江素生（1942—2014），武夷山桐木人，正山小种第二十三代传人。长期从事茶叶栽培、加工、销售及正山小种基地的管理工作，有丰富的茶叶生产与加工、销售经验。20世纪80年代中后期与吴觉农过往甚密，深得吴觉农茶学思想的影响和熏陶。曾任武夷山市茶场茶叶协会高级顾问、吴觉农茶学思研究会理事。

（九）黄镇国

黄镇国，1940年生，福建永春人，农艺师，高级评茶师。1961年毕业于福建福安农业专科学校茶叶专业，曾任武夷山市星村镇茶叶站站长、武夷山市岩茶总公司经理、武夷山市茶叶局局长等职务；长期从事、主管武夷山茶叶的加工制作与研究工作，与陈德华、叶启桐等制茶大师通力合作，成功研发出了大红袍。元勋企业起步伊始就得到黄镇国先生无私的帮助；江元勋的制茶与审评技术，更是在他手把手的指导下，脱颖而出成为行家里手。

二、凝聚了以江元勋为核心研发和参与团队的精气神

金骏眉是以江元勋为核心的研发团队，历时五年研究出来的新品红茶。它填补了中国没有顶级红茶的空白，更带动了中国红茶内销市场的振兴。

金骏眉研发团队，由江元勋、祖耕荣、江素忠、吕毅、龚雅玲五位成员组成。他们有的来自茶叶世家，世代为茶；有的半路出家，转向事茶：有的来自高校，长期研究茶。虽然，生活环境、教育背景有所不同，但出于喜茶、爱茶之故，走到了一起。他们以茶产业的振兴发展为己任，潜心研究，立志要为世界生产顶级红茶。功夫不负有心人，金骏眉的问世，对改善农业结构，提高茶农收入，繁荣一方经济，起到重要的推动作用。

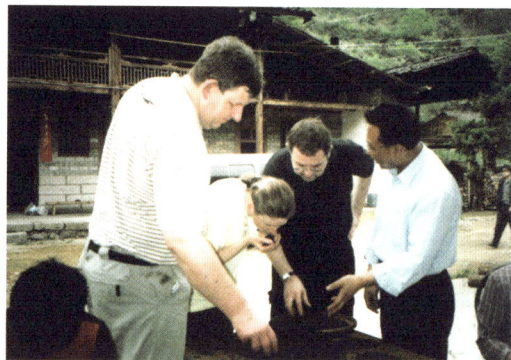

江元勋向德国客人艾希拉介绍正山小种红茶

左起：吕毅、祖耕荣、徐庆生

江元勋　这是一个富有内涵和寓意的名字。"元为本正，春为首；勋是鸿献，学当先。""元勋"是这两句话的首字。"元正"商标，是"元为本正"的缩写。

江元勋系正山小种第二十四代传人，生于1964年7月，武夷山桐木村人，中共党员，高级评茶师，现任福建省茶叶学会理事、武夷山市茶叶学会理事、张天福茶学思想研究会会员、中国国际商会武夷山商会副会长、福建省人大代表、福建武夷山国家级自然保护区正山茶业有限公司董事长兼总经理、正山茶叶科学研究所所长。是他让武夷红茶走出困境，风生水起，重放异彩。同时，也因其在金骏眉研发中，所起的核心主导作用，故又有"金骏眉之父"之誉。

鉴于江元勋在红茶发展上的突出贡献，他获得了茶叶王国的桂冠"陆羽奖"、武夷山市"茶产业发展突出贡献奖"等殊荣，2010年海峡茶叶交流协会、福建农学会授予其"福建十大茶人物"；在中国新闻社福建分社举办的以彰显"2010福建精神"为取向的2010福建年度人物评选中，获得了"2010福建年度人物"称号。

祖耕荣　1964年11月生，福建浦城人，现为国家茶叶标准化技术委员会（SAC/TC339）委员、高级评茶师，武夷山国际禅茶文化研究会副会长。

他长期从事基层农业工作，历任武夷山市星村镇团委副书记、镇人民政府副镇长，武夷山市城东乡副乡长、党委副书记，武夷山市茶场第二十任场长、武夷山市对台办公室主任等职。

左起：江骏发、徐善友、梁骏德、江元勋、温永胜、江骏生、龚瑞发7人为元勋茶场创办之初的工作人员

　　祖耕荣先生对茶情有独钟，嗜茶、种茶、制茶、研究茶，独立研发创出了中国名茶金针梅，成功策划组织了第一、二、三届"正岩杯"茶叶质量评比大赛，引起了轰动。曾代表武夷山市委下派福建武夷山国家级自然保护区正山茶业有限公司，任民营企业助理、负责市场营销、产品开发，为武夷山正山茶业的发展和桐木正山小种红茶的振兴做出了特殊的贡献。作为中国国家标准化管理委员会（SAC/TC339）委员，他参与了茶叶标准的草拟和审查工作。

　　江素忠　1961年生，武夷山桐木村人，中共党员，系正山小种茶叶世家的重要骨干。他长期从事茶叶种植，生产加工，新品种开发，优惠政策制定，正山小种保护恢复、利用和发展工作。历任桐木村团支部书记、村党支部书记等职。任村党支部书记期间，通过制定优惠政策，实施木材盈利切块扶持等具体方法，鼓励茶农发展正山小种生产，使桐木村正山小种走出低谷，面积由1994年的4 300亩，发展到2003年的6 000亩，农民收入大幅度提高。现为吴觉农茶学思想研究会理事。

　　吕毅　女，1969年4月生，浙江大学茶学博士，高级评茶师，长期从事茶与健康的研究工作，在各类学术刊物上发表了大量的论文，著有并出版了《饮茶与健康》《就是要这样喝茶才健康》等著作。现任中国四川成都茶与健康研究中心副主任。

　　龚雅玲　女，1950年出生于泉州石狮。现为武夷山中远生态茶业有限公司总经理。她长期从事茶叶栽培、生产、加工及研究工作。1986年作为特殊人才，被福州市茶叶公司聘为业务科长、南方茶厂厂长、经济师，负责茶叶出口和加工等业务，是福建省为数不多熟悉红茶、绿茶、乌龙茶、花茶等各种茶叶制作工艺的茶叶专家。2000年她辞职，进驻武夷山，先后在武夷山风景区和自然保护区内的建阳坳头、光泽干坑建立了三个面积达1 000亩的生态有机茶基地。率先在武夷山茶企中进行有机茶课题试验与开发，探索总结出了一套栽培、制作有机茶的经验，成为武夷山有机茶生产制作的先驱人物。

与此同时，一批受聘进入元勋企业的茶人，积极热心地参与了金骏眉的研发制作。他们在董事长、总经理、正山茶叶研究所所长江元勋的领导下，按照"顶级红茶"研发的技术标准、方法步骤，并根据研发团队收集反馈的信息，以及不断调整完善的实施方案，反复进行制作比较，最终定型投放市场。他们为金骏眉的研发问世，做出了不可或缺的贡献。元勋每每谈及他们，总是由衷发出真诚的感谢。

较早进入元勋企业的有江骏发，2000年进入元勋企业，现任茶师、生产部经理；胡结兴，2001年进入元勋企业，现任车间主任、技术员；梁骏德，2001年4月被聘为技术员，2008年4月离开，创办骏德茶厂，任厂长；温永胜，2002年被聘为业务员,2008年离职自己办厂；江骏生，2002年被聘为物流仓储部经理。此外，还有伍建民等人。

梁骏德与江骏发、江骏生三人是叔伯兄弟，同属"骏"字辈，骏德先生从母姓。

"正山茶业"一路走来，从小变大，由弱变强，他们既是企业发展的见证者，同时又是参与企业做大做强、进言献策的实践者。他们为"元勋企业"的发展、"正山茶业"的腾飞"金骏眉"的研发，付出了汗水，做出了贡献。

三、汇入了以张猛江为代表一批文人雅士的宣传推介

"酒香还怕巷子深。"新新产品要变成商品，商品要走向名品，名品要转化成名牌，一般需要有一个较为漫长的宣传认知过程。金骏眉何以在较短的时间里，窜红茶界，引发中国红茶热，成为喜茶爱茶之人和成功人士心中的最爱？

一是深厚的历史文化底蕴，独一无二的生态环境，优秀的制作工艺，造就了金骏眉卓越的品质，这是社会和茶界认可的关键与基础。

二是骆少君、叶兴渭、赵玉香、吕毅、祖耕荣、修明等茶界权威人士、权威机构对金骏眉品质客观公正、实事求是的鉴定意见，这也是金骏眉能够从新产品走向名牌之路的一个非常重要因素。

三是得益于以张孟江为代表一批文人雅士的宣传推介。

金骏眉在从新产品走向名品的过程中，特别值得一提的是北京的张孟江先生、孙连泉先生和阎翼峰先生，是他们将金骏眉带入北京，成为当时社会部分极为重视养生之道、成功人士圈内的"尤物"。由于这些极为重视养生之道、成功人士的大力推崇和口口相传，金骏眉旋风迅速从北京刮向全国。一时间金骏眉几乎成了中国极品红茶的代名词，能够品上一杯金骏眉在当时已是一种时尚。

如果说张孟江先生不经意间的一句话，是引发金骏眉诞生问世的启蒙；那么随后，张孟江、孙连泉、阎翼峰等人，把金骏眉从深闺之中带入北京，则是金骏眉从新产品变成名品和后来中国的名茶，起了关键性的第一步。

左起：江骏生、阎翼峰、梁骏德、马宝山、江元勋、张孟江、温永胜、江骏发

　　"正山小种，海外卖"是过去武夷山的一大怪。无独有偶，"墙内开花墙外香"的金骏眉，被人称为现在武夷山的一大怪。为探密金骏眉，一睹雄姿，2007年以来，全国各地文人雅士、新闻媒体纷至沓来，昔日穷乡僻壤的小山村，顿时热闹非凡、车水马龙、人来人往，有效扩大和提升了金骏眉在全国的知名度和消费者的认同度，它带来了当地茶业经济的大发展和大繁荣。

　　据不完全统计，自2007年以来，全国各地报纸杂志、广播电视等新闻媒体共刊登播放有关金骏眉的报导近3万篇次；2 000多名文人雅士，累计共为金骏眉撰写楹联近3 000条、诗赋歌曲过500首、金骏眉专著二部。

　　《中国名茶　元正金骏眉》是继《中国名茶　金针梅》之后，中国第二本茶品牌个性化的文化专著。本书系福建省茶叶学会会员、厦门市茶叶学会副会长、厦门百人评茶团长、副研究员、高级评茶师、中共武夷山市委原常委、组织部部长徐庆生先生，与中国人民大学博士研究生江志东、华侨大学茶文化硕士研究生徐希西、福建中医药科技大学辅导员祖帅三位80后年轻人撰写，2011年由中国农业出版社对外公开出版发行。它为消费者走进金骏眉、感知金骏眉、分辨良莠金骏眉，产生了积极的作用。

　　2012年，由徐庆生与祖帅撰写的《中国名茶丛书　名门双姝——金针梅、金骏眉》，被列入中国名茶丛书，再次由中国农业出版社出版发行。它为提升正山小种的红茶文化，注入了新的内涵。

　　金骏眉与金针梅是武夷山顶级姐妹红茶。它们源于正山小种，都是对正山小种优良制作工艺继承和创新发展的产物。

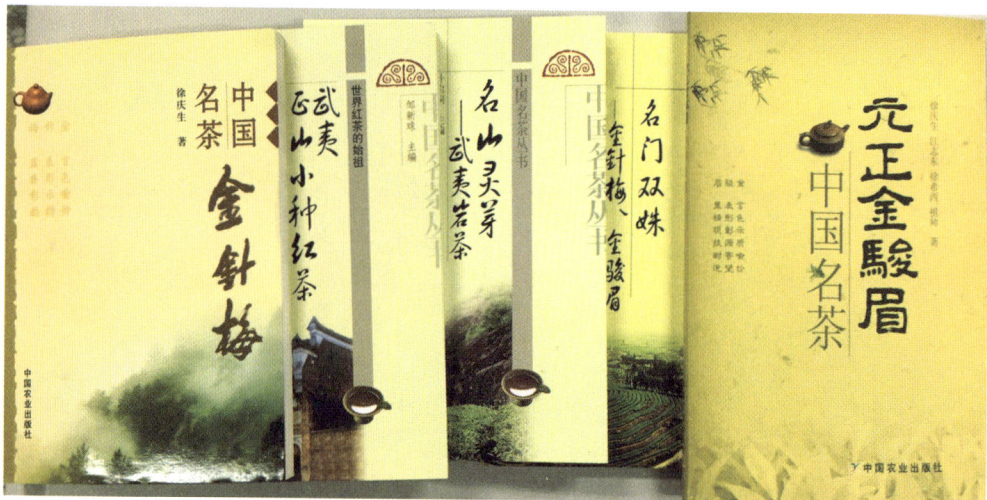

《中国名茶 元正金骏眉》《中国名茶丛书 名门双姝——金针梅、金骏眉》《中国名茶 金针梅》《中国名茶丛书武夷正山小种红茶》《中国名茶丛书 名山灵芽》，都是在穆祥桐先生策划推动下，由中国农业出版社出版发行的

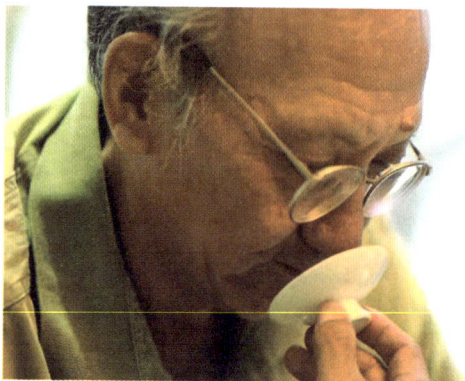

穆祥桐

作为无名英雄，在武夷山知道穆祥桐先生的人并不多。他是一位学者型的茶叶专家，爱茶、嗜茶、研究茶，是武夷茶对外宣传有力的推动者。

穆祥桐 1950年4月生于北京，回族人，中国农业出版社编审，中国农业历史学家，中国农业古籍整理出版专家，农业部专家组成员、南京农业大学人文学院兼职教授、华侨茶业发展研究基金会顾问、京华茶业大世界茶博馆专家顾问。

作为学者，他辑录整理出版了《中国农史资料选编》《中国近代农史系年要录》；参加编写了《中国农业科学技术史稿》《中国农业百科全书·农业历史卷》；参与了《四库全书存目丛书》的编纂工作；担任《中国基本古籍库》农学类主编，编辑《农书集成》；担任《中华大典·农业典》主编；参与了武夷山金针梅和南京荷香白茶的研发。

作为出版家，先后参与了国家古籍整理出版"九五""十五""十一五"和"2010—2020"重点规划农业部分的制定及执行工作；主持制订了中国农业出版社农业古籍整理及农业历史研究专著出版的重点规划、长远规划；参与编辑或作为责任编辑，编辑出版了《中国农业百科全书》中的《茶业卷》《林业卷》《农业历史卷》《中国稻作史》《中国古代耕织图》《中国农业通史》等数十部国家重点图书；策划编辑了《茶史初探》《茶经述评》《茶业通史》《茶经校注》《图说晚清民国茶马古道》《中国茶疗》《中华茶文化基础知识》《湖南十大名茶》《中国茶文化学》及《中

荈赋　汪柏寿书

国茶文化丛书》《中国名茶丛书》等近300种茶叶生产与茶文化图书，其中不少茶书，有的甚至整套丛书被境外出版商买断版权，在境外出版发行。

穆祥桐还配合高等农业院校茶学科组策划编辑了大量的农业高等院校茶学教材，如著名茶学家施兆鹏主编的"九五"国家级重点教材《茶叶审评与检验》、著名茶学家刘勤晋主编的"十二五"规划教材《茶文化学》就是由他编辑出版的。许多茶业工作者是读着这些教材成长起来的。

由于在学术研究和出版领域的贡献，先后获得中国科技图书一等奖、国家图书奖、国家图书荣誉奖、国家古籍整理图书一等奖、农业部科技进步一等奖、国家科技进步三等奖，2000年被评为全国百佳出版先进工作者。

四、集结了江志东一代青年建立起来的消费认同市场

这是一个品牌的时代。茶叶实行品牌经营，已成为茶企发展和消费认同的必然选择。一个茶叶品牌有影响力，指的是消费者经由过往的购买体验或口碑传播而产生的信任，并且这种信任随不断的购买体验得以强化，进而在下次购买时直接选择。茶叶有了品牌力，消费者就会产生持续购买力和推荐购买力。由此可见，茶品牌的真正内涵是消费认同。

建立茶叶消费认同，需要经历一个持续和不断强化的过程。在这个发展过程中，文化是桥梁，更是纽带，它是传递价值、建立消费信任的关键因素。当然，茶品牌文化的发展和建立，必须要以品质为前提。离开品质讲文化，只能是"无根之树，绿不持久"。

茶既是饮品，也是文化符号。它是凝结在物质之中又游离于物质之外，能够传承国家或民族历史、地理、风土人情、传统习俗、生活方式、文学艺术、行为规范、思维方式和价值观念，并以精神文明为导向进行融汇和渗透，是人们进行交流普遍认可的一种具有物质与精神双重属性的特殊商品。

江志东

现在，我们不少茶企，误解了茶品牌文化的真正内涵，以为通过请明星代言、制造噱头、广告创意、增加传播投放密度，茶叶就会有品牌力，就能建立消费信任和认同，实则谬之千里，殊不知它解决的仅仅只是单次交易的问题，没有持续性。

我国著名茶叶专家骆少君女士曾说过："当今人们前所未有的关注健康，中国茶普罗了满汉全席的健康功能，可以说没有哪个国家可以与之媲美。武夷茶属名门望族，茶中极品。其独特的文化内涵是任何茶不能替代的，因此，不能按一般的茶来做。要保持优良的传统加工工艺和自己的特长，让市场了解自己，而不是改变自己，我们要相信这一点。武夷茶的前景很大，自然清净，无不显露出它的很多魅力，一旦被消费者真正感悟之后，便会产生强烈的偏爱及无限的忠诚。"

金骏眉生长环境独特、制作工艺独特、产品质量独特。如何围绕这些独特的基因，把对金骏眉的价值认同转化为消费者对价格的认同，并持久传播，是正山茶业必须解决的问题。

2009年以来，以正山小种第二十五代传人江志东为代表，现拥有博士生、硕士研究生及211、985本科生等高学历人才占90%以上，总人数在110人的营销队伍，通过分析当下国内外茶叶企业成功的销售模式，以及消费者对茶叶认知路径的深入调查研究；以金骏眉独特的生长环境、制作工艺、产品质量、文化内涵为题材，通过与全国性、地方性的社团组织联合成立中国楹联学会武夷山茶文化交流中心、厦门日报书画院创作基地、正山堂书画院、正山堂摄影创作基地、正山堂养生堂，举办"正山堂杯"全国金骏眉诗词楹联、书画、摄影作品征集大赛，正山堂全国茶文化楹联书画作品巡回展，红茶鉴别与养生文化培训等，不断把精力和重心从概念传播转移到茶与文化融汇、渗透、信任的强化上来，先后整合发展设立专卖店500家，分布于全国各大中型城市，做到正山堂专卖店开到哪里，金骏眉诗词楹联、书画、摄影作品征集大赛与茶文化楹联书画作品巡回展就跟到哪里。

茶融墨香。这种借助茶之风骨，以红茶为砚，以诗词楹联文化为水，以书画摄影艺术为墨，将中华数千年优秀的书画艺术文化与四百余年红茶文化巧妙地交融于一体并走进大众生活，它展示了红茶深厚的文化底蕴，彰显了中华数千年的人文精神和艺术情怀，感受到了中华书画艺术文化与茶文化的博大精深；重要的是，它开辟了消费信任的窗口，疏通了持久传播的渠道，让消费者感知金骏眉内涵，潜移默化地认同了正山堂金骏眉的品质和价值，有效地传递提升了价值认同转化为价格认同的能力，走出了一条强化提升品牌影响力和消费认同的路子。

江志东 正山小种第二十五代传人，1985年生于武夷山桐木，中共党员；2008年毕业于中国人民大学行政管理专业；2011年中国人民大学城市规划管理专业硕士研究生毕业，现为中国人民大学商业经济学——茶叶流通在读博士研究生。他为人谦和，尊重前辈，守礼有德，人缘好；加之勤奋好学，肯吃苦，有很强的学习力，有比同龄人更加成熟和完美的思维能力，更有"少年心事当拿云"的气度；因而，无论是茶农、茶商，还是茶人、茶客，都乐意与之交流切磋。他青出于蓝而胜于蓝，而立之年就成了一名优秀的企业家。是他把"正山堂"作为文化企业，从武夷山推向全国。是他将"正山堂"的品牌作为资本，进行运作输出；通过与输入地生态、品种、人文的有机结合，把"金骏眉"技术带到全国，深耕铸造出了正山堂信阳红、正山堂会稽红、正山堂齐儒红、正山堂普安红、正山堂新安红、正山堂潇湘红、正山堂闽南野生茶等红茶名品；是他改变了长期以来，中国红茶以外贸为主导的格局，变外贸主导为内贸主导，自主定价、定标准，极大地提高了茶农的收入。

振兴正山小种，是江氏四代人为之不懈奋斗的目标。用江志东的话说，"正山堂有今天的发展态势，主要是抓住了市场，形成了消费认同；其决策思维、经营理念的形成，源自纪宝成①和杨宏山②两位导师。"

---

①纪宝成，1944年11月生，江苏人。经济学家、中国职业技术教育学会第四届理事会会长、国务院学位委员会委员兼学科评议组成员、中国人民大学原校长、博士生导师。主要从事市场与商品流通、商业经济、市场营销等领域的教学和研究；是中国商业经济学界知名学者和主要学术带头人之一。他在教育改革、教育管理、教育研究和公共管理方面也很有建树，被我国和美国、日本、韩国等的多所高等院校授予名誉博士、名誉教授称号或被聘请为兼职教授。荣获了"国内贸易部部级专家""2006年度十大创新英才""2008年中国思想力人物""改革开放30年中国教育最具影响力30人""改革开放30年中国教育风云人物""2010中国最具魅力校长"等称号。
②杨宏山，1971年11月出生，安徽全椒人，政治学博士。现任中国人民大学公共管理学院教授、公共财政与公共政策研究所副所长。兼任全国政策科学研究会理事、北京城市管理学会理事、教育部重点研究基地北京大学政治发展与政府管理研究所研究员、中国人民大学公共治理与和谐城市研究中心副主任、《公共管理与政策评论》编辑部主任。主要研究方向为：中国政府治理、城市管理与公共政策。主讲"中国政府治理""城市管理学""公共政策""政策执行""政治学基础"等课程。获得北京大学优秀博士学位论文奖、霍英东教育基金会全国高等院校青年教师奖、北京市高等教育精品教材奖、中国人民大学"十大教学标兵"称号。

五、离不开各级领导对武夷山茶产业发展的关心鼓励

茶产业是典型的民生产业和健康产业，它横跨第一、二、三产业。茶产业的兴衰成败不仅关系着产业本身的发展前景，更关系着地区经济的持续发展和稳定，关系着千家万户的生活。新中国成立后，党和政府十分重视茶产业和茶文化事业的发展。毛泽东、朱德、周恩来、邓小平、胡耀邦、江泽民、胡锦涛、习近平等多次视察过浙江、江西、云南、福建、陕西等地的茶园、茶馆、茶博物馆以及茶叶的加工企业等。

习近平同志高度重视茶产业发展和茶文化交流。在福建工作时指出，要利用良好的自然和生态条件，把茶产业做好；在浙江工作时提出了"一片叶子，成就了一个产业，富裕了一方百姓"的经典论述。2005年8月15日，在安吉余村考察时还指出："绿水青山，就是金山银山。"在这一科学论断的指导下，安吉茶区走出了一条绿色发展、和谐发展的路子。

2017年5月18日，首届中国国际茶叶博览会暨中国茶业国际高峰论坛在浙江杭州开幕。中共中央总书记、国家主席习近平向茶博会致贺信。他在贺信中指出："中国是茶的故乡。茶叶深深融入中国人生活，成为传承中华文化的重要载体。从古代丝绸之路、茶马古道、茶船古道，到今天丝绸之路经济带、21世纪海上丝绸之路，茶穿越历史、跨越国界，深受世界各国人民喜爱。希望你们弘扬中国茶文化，以茶为媒、以茶会友，交流合作、互利共赢，把国际茶博会打造成中国同世界交流合作的一个重要平台，共同推进世界茶业发展，谱写茶产业和茶文化发展新篇章。"令人备受鼓舞。

武夷山作为世界红茶和乌龙茶的发源地，茶产业和茶文化持续不断的发展，得益于党和国家的富民政策；受益于武夷山历届市委、政府"咬住茶业不放松，不因班子换届茶产换届"的韧性；更离不开各级领导对武夷茶人、茶企的关心和鼓励。

2008年11月6日，中共中央政治局常委李长春，在武夷山参加第二届海峡两岸茶博会正山茶业展厅与江元勋等人座谈时指出："茶文化内涵深刻，是中华文化的代表之一，我们要多宣传武夷茶文化，提高武夷茶文化知名度，使之成为中华文化联系海外文化的纽带，向世界展示中华文化的独特魅力。"

2009年9月9日，国务院原副总理吴仪在时任福建省委书记卢展工、南平市委书记雷春美等领导的陪同下，视察福建龙头企业——正山茶业，了解企业发展情况，鼓励企业要做大做强。她说："我国是世界的产茶大国，但不是产茶强国；我国是茶叶的原产地，但在国际市场上，我国七万家茶厂敌不过英国一个立顿；你们茶人任重而道远，你们一定要努力，把我国的茶产业做强做大；造福人类，这样才无愧于茶的故乡。"

2011年6月5日，全国政协副主席、全国人大常委会副秘书长、台盟中央主席林文漪视察武夷山，在武夷山庄接见了正山茶业董事长江元勋，充分肯定了其在红茶发展上的贡献并勉励继续努力做大做强。

"忆当年六株母树五百年流芳，看今朝数亿红袍千万里飘香。"该茶联出自全国政协副主席、福建省原省委书记卢展工之手。他情注武夷，爱茶至深，曾多次深入武夷茶区调研，对武夷山茶产业的发展寄予厚望。他指出："小茶叶是大产业。它横跨一、二、三产业；小茶叶是大民

生。发展茶产业能够促进就业、农民增收等民生问题的有效解决。小茶叶是大文章。发展茶产业事关民生改善、文化发展、社会和谐，大有文章可作。小茶叶是大形象。一是拼搏的形象。没有艰苦奋斗、勇于拼搏的精神，就不可能推动茶产业大发展。二是创新的形象。发展茶产业离不开思想的解放、观念的转变、思路的创新。三是文化的形象。茶有文化，有以文化人、以茶润心的独特文化内涵，茶产业的发展与文化、旅游业发展紧密相连，展示的是一个地方的文化形象。四是诚信的形象。茶是一种饮品。民以食为天，食以安为先，安以质为本，质以诚为根。讲诚信才能重质量，重质量才能保安全，才能满足人民群众的需求，才能推动茶产业有序持续发展、更好更快的发展。五是惠民的形象。发展茶产业，一方面要惠及广大茶农，茶商要把握合理的利润空间，更多地回馈茶农来调动广大茶农的积极性；另一方面要惠及群众，茶商要更多地关注产品质量，不要过度包装，使广大人民群众喝上质好价廉的茶。"

福建省人民政府原省长黄小晶，特别关心武夷山茶产业的市场培育和品牌建设。在第二届海峡两岸茶业博览会暨武夷山旅游节期间指出："武夷山茶产业经过上千年的发展，其种植、加工、产品质量等已经比较成熟，而市场培育、品牌建设等方面还相对薄弱。今后应以市场和消费导向为主。稳定茶园面积，重点鼓励茶叶从农业形态向工业形态转变、向营养保健品形态转变。要注意培育龙头企业，整合一切能利用的资源，充分体现武夷山'茶之乡、茶之祖、茶之源、茶之韵'的重要地位和独特魅力，不断提升实力，进一步把茶产业做大做强，多为福建的软实力建设做贡献。"在与正山堂茶业董事长江元勋交谈的过程中，他说："如今福建省的茶产业正处于高速发展的阶段，正逐步孕育着民族品牌的诞生。"他希望正山堂能够抓住机遇，乘势而上，打造出茶叶的民族品牌。

茶叶自古以来，就是一种特殊的商品，它具有物质与文化的双重属性，是中华文化精华的载体。在交通闭塞的历史岁月里，中国在世界的形象，就是由丝、瓷、茶为代表的商品构成。

一位茶人曾形象地比喻说："茶有两个名字，一个叫'茶叶'另一个叫'茶业'。茶叶、茶业，如果没有文化的融入，就是树叶；有了文化的融入，才能成就事业，茶叶变茶业。"

武夷山原市委书记张建光，既是武夷山市茶产业发展的决策者与推动者，同时也是武夷茶文化挖掘形成的领路人。他在"茶叶麻袋装着卖"的时代，提出并形成了"抓茶叶加工，就是抓工业""茶旅必须结合"的工作思路，经过十多年的努力，现已开花结出丰硕的果实。"酒香还怕巷子深"，他对武夷茶文化的挖掘研究、宣传推动，更是头顶肩扛，紧紧抓在手上。我们通过早年他刊登在《问道·武夷茶》创刊号上的《茶之红：关于武夷红茶的中外贸易辉煌历史与衰弱》这篇文稿，就能感知其把武夷茶文化的纵横研究以及对外宣传推介作为己任。现将该文转录于下：

金秋时节 王国正作

双清图 赵占东作

　　江元勋的二十世代先祖在这明末某年的夏天，心中无比的烟熏火燎。昨晚朝廷的官兵不知为何夜宿武夷山的江墩庙湾。兵丁们把采摘的茶青作为热被，横七竖八睡了一夜。江氏见状敢怒不敢言，只有等部队拔离开桐木关，才急急忙忙清理起茶叶来。茶青已经开始发红，顾不得心痛，江氏先将茶叶搓揉后，用当地特有的马尾松柴块认真烘烤。可是做出的茶叶与先前大不一样，色，乌黑油润；香，一股清清的松脂；味，甜甜的蜂蜜。家人和乡党都不愿饮用。无法，江氏只得将茶雇人挑到几十里开外的星村贱卖。没想到第二年竟有人上门指要此茶并以数倍价格订购。

　　这就是中国六大类茶之一的红茶（black tea）诞生经过。一位茶农出于对茶的热爱，不经意间实现茶叶史上一场伟大的革命。如果从其日后对世界影响看，这一小小技术变化不亚于任何一个重大发明创造，就武夷山本身而言其意义更是不可估量。

　　武夷茶（wuyi tea）初名于汉。汉武帝品饮之后赞曰，"久味之，殊令人爱，朕之精魂不觉洒然而醒"。到唐已颇具知名度。诗人徐夤有诗云，"武夷春暖月初圆，采摘新芽献地仙"。朝廷高官孙樵赠送武夷茶时，还要修札一封，特别交待，"此徒皆清雷而摘，拜水而和。盖建阳丹山碧水之乡，月涧云龛之品，慎勿贱用之"！及至宋朝更是登峰造极名声大噪。不仅范仲淹、梅尧臣、欧阳修、苏轼、司马光、黄庭坚、陆游、朱熹等大家赋诗题词，"从而张之，武夷茶遂名驰天下"，就连皇帝宋徽宗也亲力亲为，品茶分茶，撰写《大观茶论》，赞武夷茶"本朝之兴，岁修建溪之贡，龙团凤饼，名冠天下……采择之精，制作之工，品第之胜，烹点之妙，莫不盛造其极"。到了元代，武夷茶地位仍然尊贵。"积年不啜建溪茶，心窍黄尘塞五车"，成吉思汗的大臣耶律楚材如此道来。所以他"敢乞君侯分数饼，暂教清兴绕烟霞"。正因此茶珍贵，朝廷便在九曲溪畔设立了皇家御茶园。

　　时光转到明代，武夷茶却名声大跌。明洪武二十四年，一道特殊的诏令从紫禁城里发出。诏令规定，从今往后贡茶一律由团茶改为散茶。因为团茶制作要求甚高，耗时耗力。布衣出身的明朝开国皇帝朱元璋不知是体恤茶农疾苦，还是要表明励精图治，下令"罢造团茶"。一向制作龙团凤饼的武夷山，不谙芽茶的加工，一时难以适应。

　　清代的周亮工这样描述当时武夷茶的尴尬处境，"前朝不贵闽茶，即贡亦只备宫中浣濯瓯盏之需"，茶农尽砍其茶，以致连非贡不可的茶叶，也只得以延平府之茶代之。对武夷茶颇有研究的邹新球先生认为，正是红茶的出现，一改武夷茶的明朝颓势。"岁所产数十万，水浮陆转、鬻之四方，而武夷之名，甲于海内矣"。而武夷红茶能够应运而生，得益于政治和技术两大因素。

　　斯时建宁太守上奏免贡芽茶，使得当地茶农可以休养生息，积极改良茶叶栽培和加工。"崇安县令招黄山僧以松萝法制建茶"，带来了加工技术上的重大突破。所谓"松萝制茶法"实际上就是炒青绿茶的工艺。用这种办法加工发酵过的茶叶，就成为今日红茶的传统工艺，那就是"茶青—萎凋—揉捻—发酵—过红锅—熏焙—复火"，有关茶书记载了这一变法，"近有以松萝法制之者，即试之色香亦具足。经旬月，则紫赤如故"。色多紫赤、汤色红艳恰恰是全发酵红茶的品质特征。史实表明，明朝后期红茶在武夷山已经呼之欲出，而江元勋先祖偶然的把经过天然萎凋揉捻和发酵的茶叶，按照当时"松萝法"去加工，于是便催生了武夷正山小种红茶(lapsang souchong black tea)。历史往往是这样富有戏剧性。"有心栽花花不发，无意插柳柳成荫"。明明向着目标前行，抵达的却是另一个彼岸。然而伟大的发明创造往往肇始于偶然。

　　江元勋的先祖绝对没有想到，他意外做成的红茶能够卖得那么俏，走得那么远，以致今日世界各类茶叶销售中，红茶的份额占总量的80%以上。一部武夷山茶叶历史就是这方碧水丹山开放的历史。武夷红茶走向世界，不外水陆两路，不少专家认为最早将武夷红茶介绍给外国人的是郑和。15世纪初，郑和七下西洋，带出大量武夷茶作为礼品馈赠沿途各国，打开了茶叶出国之门。而首开武夷红茶海上贸易之路的是荷兰东印度公司。16世纪末的荷兰"海上的马车夫"老大，商船吨数占欧洲总数的3/4。按照中国茶经叙述，1610年荷兰东印度公司的船队把少量的茶叶运回国内后，就像久旱逢甘露一样，茶叶饮用很快在欧洲风靡起来，于是茶叶成了西方与中国贸易的主要物产。荷兰商人当时大都在今日印度尼西亚爪哇、不丹购买由厦门人运去的茶叶。而这些交易的红茶便是武夷红茶。不少书籍都记载了这一史实。《与雷诺阿共进下午茶》一书写道，"在17世纪时，已经开始制作红茶，最先出现的是福建小种红茶，这种出自崇安县星村乡桐木关的红茶，当17世纪荷兰人开始将中国茶输往欧洲时，它也随着进入西方社会"。清初，朝廷实行"海禁"，但是已经一日不可无茶的西方和追逐高额利润的中国商人，顺应变化开辟了陆上的武夷茶路。

　　两个地名被当时茶商们常挂在嘴边，那就是茶路的起点和终点——福建武夷山的下梅村和中俄边境的小城恰克图。恰克图在俄语里意思就是有茶的地方。1727年，中俄签订《恰克图界约》，清政府要求，所有中俄贸易只能在这个小城中进行。从武夷山下梅村起程，一

丁李青提供

路往北，翻过分水关，到铅山装船，沿信江过鄱阳湖，经九江，过长江转汉水至湖北襄樊起岸，然后经河南到山西大同、张家口，再出关穿过蒙古草原到达恰克图。迢迢万里，车装船运马驮骡拉身挑肩扛，大江大河高山峡谷草原沙漠，这是一条继丝绸之路之后，又一条著名国际贸易线路——万里茶路。它凿通了闭塞的中国与遥远西方的联系，造就一大批诸如"晋商"之流民族企业家，也催生了古老的中国文明与欧洲文明融合发展。

武夷红茶给欧洲文明带去的美感，不仅仅是生理的，而且是文化上的，甚至是渗透灵魂的。应当感谢那位葡萄牙公主凯瑟琳，她在同英皇查理二世的婚礼上，频频举杯。杯中的饮料并不是法国露易十三葡萄酒，也不是澳大利亚的蓝山咖啡，而是晶莹剔透、清香甘甜的武夷红茶。红茶的美轮美奂和神秘高贵，倾倒了皇家贵族。据说参加婚礼的法国皇后为了打探红茶秘密，竟派卫士潜入皇后寝宫侦察。凯瑟琳因为开创英伦三岛贵族饮茶风气，遂成为"饮茶皇后"。同样，俄国沙皇罗曼诺夫，1638年从贵族斯塔尔科那里获得两桶武夷红茶，品饮后深深爱上它，喜欢之余还四处热情介绍。正因为皇室带头，武夷红茶的身影遍布欧洲每个角落，进入欧洲人生活的方方面面。应当说中国茶种类丰富，出口品种也不仅限于红茶，但是从外国人对茶的称谓就可看出对武夷红茶的钟爱。原先西方按中国人的发音称茶为"Cha"，自从武夷由厦门出口后，便带有厦门口音叫"Tea"，又因为武夷红茶汤色赤红近黑，当地人原称为"乌茶"，所以也称为"Black Tea"，或者称为"Congou tea"和"Lapsang Souchong"，无论哪种称谓，都融入了与武夷山红茶有关的福建口音，1762年，瑞典植物学家Linnt把"武夷变种"作为中国茶树代表。1840年前后，西欧科学家把茶叶中分析出来的没食子酸混合物称为"武夷酸"，而Bohea意译为中国红茶，实则音译为"武夷"。

　　西方人喜饮武夷红茶是有原因的，长期食用熏制肉食品的人们，最适合口味和具有解油腻功能的是红茶，他们人体中需要这种发酵燥化的绿色植物来补充所需的营养。政治家如此，因为没有什么能像红茶那样"既止渴，又有营养，使有煽动性的政治家精力得到恢复"；工人也是如此，英国经济史学者J.A.威廉逊曾说，"如果没有茶叶，工厂工人的粗劣饮食就不可能使他们顶着活干下去"。武夷红茶既征服了西方人感官又征服了他们的心，茶道的"和静清寂"精神或多或少地影响了西方人的思维，著名学者陈艺鸿教授说，"喝茶的习俗对当时俄国人心理影响是挺大的，彪悍刚烈的性格有时也能适度地收敛"。在白雪皑皑的西伯利亚流传着这样谚语：没有茶的下午不是一个美好的下午。文人骚客对武夷红茶不吝笔墨，极尽能事大加赞赏。拜伦在"唐璜"里求助武夷红茶，易卜生在剧作中大声呼唤武夷红茶，约翰逊博士则深情写道，"以茶来盼望傍晚的到来，以茶来安慰深夜，以茶来迎接早晨"。西方人对武夷红茶的崇拜有如神明，每当贵族饮用武夷红茶时，总要起立向茶和种茶人表示尊敬。长此以往，西方形成了饮用红茶的种种礼仪传统，对饮茶时间、场所气氛、茶叶品种、茶具品质、冲泡要领，甚至摆放的方式都十分讲究。武夷红茶改变了欧洲的时尚，成了他们自诩的优美绅士文化中重要组成部分。

　　江元勋的先祖当然更没想到武夷红茶交易背后的风云变幻。同红茶高贵品质、高雅文化背道而驰，竟与阴谋、间谍和战争相联，影响了历史进程和国际格局的变化。著名作家邓九刚先生断言："以武夷山为起点的茶叶之路重点富了山西，所以在山东和长江流域爆发太平军起义时，山西基本没有响应，如果山西响应，清朝可能要提前百十年垮台。"

　　同样，茶到欧洲，也带来政治上的影响。最初茶叶经营是荷兰人垄断的，英国东印度公司进献给凯瑟琳皇后的两磅红茶也是从荷兰人手中购得，由于饮茶风日盛，英国东印度公司与荷兰人在茶叶贸易上水火不容，英国制定航海法，规定外国进口货物到自己属地包括美国，只能由英国船只载运，这就导致两度英荷海战的发生。战争以英国的胜利宣告结束，从而国际茶叶贸易也由英国垄断，1669年英国东印度公司获得政府授予茶叶专营权。马克思在《资本论》中说，这个公司除了在东印度拥有政治统治权外，还拥有茶叶贸易，同中国贸易和对欧洲往来货运的垄断权。

　　由于进口茶叶成本昂贵，英国加重征收茶叶赋税，1773年作为英属殖民地的美国波士顿茶党，将停泊在港的东印度公司船上茶叶倾入海中。这件事成了美国独立战争的导火索。但事隔十一年后，独立了的美国派出第一艘"中国皇后号"快船驶向中国，从此武夷茶进入北美市场。有资料显示，鸦片战争前八十年间，仅广州港就有五千一百多艘外国商船前来交易，载着从世界各地掠夺来的白银黄金抢购中国的茶叶，瓷器和丝绸。根据邹星球先生的计算，武夷红茶在十八世纪末出口最高年份达到60万担，加上其他产区的红茶最高年份达到165万担，每担大约可售30两白银。

　　茶叶贸易给大清帝国带来巨大财富，因为要求采用白银交换，以致外国商船驶往中国装载的百分之九十都是白银，当时世界上百分之八十的白银都聚集在中国，一度曾出现不可思议的"钱贵银贱"现象。英国为扭转巨大的贸易逆差，遂生产鸦片，倾销中国。中国奉献

给西方的是有益身心健康的茶叶饮料，换回的却是有毒罪恶的鸦片。理所当然遭到有识的中国人抵制，林则徐虎门销烟，堵住了英国人的财路。于是爆发了鸦片战争。战争结果是中国战败，五口通商。其中福建占了两个口岸厦门和福州，这是英国人最希望得到的，因为如此可以控制武夷红茶出口。不过对于英国人来说，这还不是解决问题的根本，因为武夷红茶价格之高高于黄金。当时流传喝杯红茶，要掷三块银元。

1745年1月11日，瑞典歌德堡号从广州启程回国，在距离家乡大约900米的海面上触礁沉没，损失惨重。后来人们从船上捞起30吨茶叶、80匹丝绸和大量瓷器，在市场拍卖后竟然足够支付"歌德堡号"广州之旅的全部成本，甚至有所获利。于是，英国成立茶叶委员会，着手在印度发展茶业种植和加工。不过始终没有成功，他们生产的茶叶质量太差，根本无法与中国红茶匹敌。

但是，从20世纪下半叶起，印度开始大量出口红茶，到19世纪初印茶输出首次超过中国，相当于华茶出口的一倍，到1918年中国红茶占世界茶叶市场的份额已下降至7%。这背后究竟发生什么？是什么原因终结了世界茶叶市场清一色中国茶的历史？"参考消息"登载的法国2002年3月出版的"历史"月刊披露了一个惊天秘密：英国罗伯特·福琼当年窃取了武夷红茶制茶技术。这位英国人的合法外衣是植物学家，他曾多次到过武夷山，采集过100多种西方所没有的标本送回国。他对武夷九曲风光十分迷恋，曾绘有一图在国际植物学杂志上破例发表。东印度公司为了攻下红茶的技术难关找到了他。每年500英镑报酬的诱惑，终于让他撕下绅士的外衣，充当起经济间谍的角色。从东印度公司的资料中发现，福钧于1849年2月间又秘密潜到武夷山，了解了红茶生产的过程和核心技术，并招聘8名中国工人，于

1851年3月16日乘坐一只满载武夷茶种和茶苗的船只抵达加尔各答，经过三年的努力，终于在印度成功制作出武夷红茶，至此，被称为"近五千年历史的诀窍"武夷红茶种植加工技术流传到海外。武夷红茶一统天下的风光不再。

武夷红茶又红起来，是在21世纪初，尤其被国内茶客普遍看好，2009年的春节，价格不菲的"正山小种"的"金骏眉"居然断货。品饮红茶总是充满着优雅时尚和诗情画意。或凭栏举杯，或对月端盏，你的心中便会远离客套寒暄中的暗藏玄机、觥筹交错里的刀光剑影、歌舞升平间的逢场作戏，人世上嘈杂与浮华都成为淡淡的过去。唯有手中的这樽红茶清醇动人，那梦幻般色彩仿佛春天的花，少女的唇，生命的翅，无穷的媚。然而如此高贵的红茶并不被制作者本身宠爱。

武夷山有句话，"武夷山有一怪，正山小种国外卖"。专家在调查时发现一奇怪的现象，"产区农民生产红茶而又从不饮用红茶"。其原因何在？是不习惯饮用这种另类茶叶；还是"卖油娘子水梳头"的俭朴使然？我想起了武夷红茶初入英伦三岛时的风波。当时英国朝野之间对茶分歧十分尖锐，反对者认为茶不利于健康，而且是奢侈品，清教徒说不如把喝茶的钱用于慈善事业更为博爱，英格兰甚至出现清除"茶的威胁"的声势浩大的国民运动，英国自由党人讽刺对手鲁利勋爵就用茶作为武器，"茶叶色色，何舌能辨，武夷与贡熙，白毫与小种、茶熏芬馥，麻珠稠浓"。这种争论直到工业革命全面完成，农民工人收入显著提高，红茶从皇室的特饮变成大众饮料而普及，"旧时王谢堂前燕，飞进寻常百姓家"，红茶极其高雅的文化才被社会所普遍接受。由此看来，唯有国运兴，才能红茶兴，盛世才饮红茶。

参考文献

陈杭生，2008，茶叶人生——茶界泰斗张天福一百华诞纪念文集[M].福州：福建科技出版社.

陈龙，等，2006，闽茶说[M].福州：福建人民出版社.

陈宗懋，1992，中国茶经[M].上海：上海文化出版社.

巩志，2003，中国贡茶[M].杭州：浙江摄影出版社.

巩志，2005，中国红茶[M].杭州：浙江摄影出版社.

顾谦，等，2005，茶叶化学[M].合肥：中国科学技术大学出版社.

华侨茶业发展研究基金会，2016，茶道养生师[M].北京：中国工人出版社.

江西含珠实业有限公司，2013，世事沧桑话河红[M].北京：中国农业出版社.

赖少波，2011，龙茶传奇[M].福州：海峡书局.

林永传，彭戈，2010，八闽茶商[M].北京：中国书局.

施丰声，等，2010，休宁县茶叶志[M].北京：中国文史出版社.

吴枫，2011，贵州绿茶[M].北京：中国文联出版社.

肖天喜，2008，武夷茶经[M].北京：科学出版社.

徐庆生，2010，中国名茶 金针梅[M].北京：中国农业出版社.

徐庆生，祖帅，2012，中国名茶丛书 名妹双妹[M].北京：中国农业出版社.

徐庆生，2012，品读通仙[M].厦门：鹭江出版社.

徐庆生，2015，铜钹山河红[M].北京：国家行政学院出版社.

徐庆生，等，2011，中国名茶 元正金骏眉[M].北京：中国农业出版社.

郑建新，等，2010，松萝茶[M].上海：上海文化出版社.

周重林，等，2012，茶叶战争[M].武汉：华中科技大学出版社.

邹新球，2006，中国名茶丛书 武夷正山小种红茶[M].北京：中国农业出版社.

后记

茶既是饮品，也是文化符号。它以文明为导向，是凝结在物质之中又游离于物质之外，传承国家和民族历史、地理、风土人情、传统习俗、生活方式、文学艺术、行为规范、思维方式和价值观念，在人们交流过程中普遍认可的一种具有物质与精神双重属性的特殊商品。

这是一个品牌的时代，文化是传递价值，建立消费认同的桥梁和纽带。一个没有内涵的茶叶品牌，是没有生命力的。同时，也是没有竞争力的。

正山堂如何从一个作坊式的小企业，脱颖而出，成为耀眼于中国大地上的一颗明珠。用正山堂堂主江元勋的话来说："品牌要有内涵，内涵就是品质和文化；品质是生命，文化是灵魂，离开品质就没有正文化可言。"

江元勋是位睿智的企业家，尤为重视品牌文化建设。2005年，他研发出了金骏眉，迅速走红，成了市场热捧的"尤物"；仿制者接踵而来，消费者被蒙受骗。为给元正金骏眉正本清源，2011年，在江元勋先生的提议支持下，我与江志东、徐希西、祖帅三位80后，撰写出版了《中国名茶 元正金骏眉》，从金骏眉红茶产生的历史渊源、品种选择、独特的制作工艺以及独一无二的生态环境，为消费者系统地解读了什么是金骏眉、正品金骏眉与仿制金骏眉的辨识等。据农业部茶叶专家、中国农业出版社编审穆祥桐先生事后介绍，这种以专著形式彰显一个企业个性化的品牌文化，在当时全国茶叶企业中仅有两家，另一家是武夷金针梅。

这之后，正山堂品牌文化的外延不断拓展，内涵不断丰富。谱写了正山堂之歌、凝练出了金骏眉茶道、主导制定发布了金骏眉红茶的行业标准、组建了正山堂书画院、申请成立了中国楹联学会武夷山茶文化交流中、建立了正山堂红茶博物馆等，广泛开展金骏眉诗词、楹联征集，书画、摄影大赛，优秀作品巡回展，新春佳节对联大赠送，茶与旅游、养生相结合等系列活动，宣传普及，弘扬推广中国茶文化，形成了颇具特色的正山堂文化体系。同时，通过品牌、技术、市场和文化的输出，研发推出了正山堂信阳红、正山堂普安红、正山堂会稽红、正山堂新安红、正山堂闽南野生茶、正山堂齐儒红、正山堂潇湘红、正山堂红安红等系列红茶产品，把金骏眉制作技术推向了全国，带动了区域经济文化的发展。

这种以标准为纽带、技术为指导、质量为生命、品牌为核心、文化为灵魂，旨在从分散到规模、从粗放到规范、从投机到品牌的整合与变革，不仅建立起了稳固的消费认同，提升了正山堂金骏眉的品牌价值；而且促进了正山堂茶产业的转型升级，为中国区域茶品牌的扩展提升提供了借鉴的路径。

《正山堂茶经　金骏眉》，以历史为起点，客观系统地介绍了金骏眉红茶的历史渊源和传承发展，全书共分10章，融史料性、专业性、理论性于一体，力求实用、可读。中国著名书画家赵占东、朱葵、张自生、杨剑、叶韶霖、刘青、翁万东、老等、王克敏、徐良发、刘铁平等为本书提供了书画、篆刻作品；中国知名摄影家邱汝泉先生、丁李青女士和正山堂茶业有限公司提供了部分摄影作品；同时，采用正山堂金骏眉各地方茶网站的一些资料和图片；中国人民大学原校长纪宝成为本书题写了书名；福建省老领导刘德章先生与中国作家协会、文艺评论家学会会员，福建省平潭综合实验区文联党组书记、主席陆永建先生，分别为本书作了序，在此一并致以衷心的感谢。

受作者水平学识所限，错漏之处难免存在，恳请读者批评指正。

作者

2017年6月23日于厦门